江西理工大学经济管理学院学术著作出版基金资助

吴雯雯　曾国华 ■ 著

高校毕业生就业流动的空间特征与职业选择

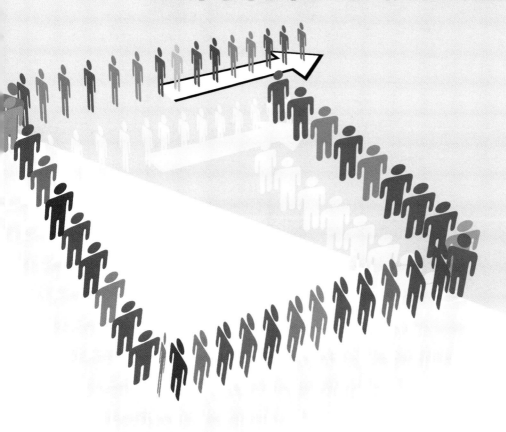

中国财经出版传媒集团

经济科学出版社
Economic Science Press
· 北京 ·

图书在版编目（CIP）数据

高校毕业生就业流动的空间特征与职业选择/吴雯
雯，曾国华著 . --北京：经济科学出版社，2024.9.
ISBN 978 - 7 - 5218 - 6362 - 8

I. G647.38

中国国家版本馆 CIP 数据核字第 20247VH725 号

责任编辑：杜　鹏　武献杰　常家凤
责任校对：刘　娅
责任印制：邱　天

高校毕业生就业流动的空间特征与职业选择

GAOXIAO BIYESHENG JIUYE LIUDONG DE KONGJIAN TEZHENG YU ZHIYE XUANZE

吴雯雯　曾国华◎著

经济科学出版社出版、发行　新华书店经销

社址：北京市海淀区阜成路甲 28 号　邮编：100142

编辑部电话：010-88191441　发行部电话：010-88191522

网址：www.esp.com.cn

电子邮箱：esp_bj@163.com

天猫网店：经济科学出版社旗舰店

网址：http://jjkxcbs.tmall.com

固安华明印业有限公司印装

710×1000　16 开　13.5 印张　240000 字

2024 年 9 月第 1 版　2024 年 9 月第 1 次印刷

ISBN 978 - 7 - 5218 - 6362 - 8　定价：99.00 元

（图书出现印装问题，本社负责调换。电话：010 - 88191545）

（版权所有　侵权必究　打击盗版　举报热线：010 - 88191661

QQ：2242791300　营销中心电话：010 - 88191537

电子邮箱：dbts@esp.com.cn）

前　言

本书得到江西理工大学经济管理学院学术著作出版基金、江西理工大学清江学术文库、国家社会科学基金"乡村振兴背景下大学生农村创业助推机制研究"（21XGL02）和江西省青年井冈学者奖励计划（QNJG2020047）资助。

党的二十大报告提出要加快构建以国内大循环为主体、国内国际双循环相互促进的新发展格局，强调深入实施区域协调发展战略。而作为第一资源的人才，无疑是实现区域经济高质量发展的重要抓手，也是欠发达地区实现地区经济追赶的契机。为此，各级政府不断加大教育资源的投入，以教育资源吸引滞留者，增强留住本地高校培养毕业生的能力。然而，欠发达地区高校毕业生大量外流，使地方政府教育资源的投入成为其他地区的嫁衣，不仅没有缓解欠发达地区经济状况，还加重了其经济负担，降低了欠发达地区教育资源投入的热情。

在新形势下，高校毕业生就业流动的空间特征和职业选择如何？如何引导高校毕业生合理流动？这是实现我国区域协调发展以及高质量高等教育发展需要重点思考和回答的问题。本书从空间特征、职业选择、学科专业和环境影响四个方面对高校毕业生初次就业流动特征及影响因素进行深入探讨，并从政府、高校、个人等多角度提出推动大学生合理流动的政策建议，以期为实现区域协调发展以及我国高质量高等教育发展提供理论依据和决策参考。

本书整体分为四大模块，结构安排和具体内容如下。

第一篇：高校毕业生就业流动的空间特征

高校毕业生是国家宝贵的人力资源，其就业情况不仅是高等教育的重要成果，也是国家关注的焦点，应当被赋予更高的优先级。那么，高校毕业生的就业状况如何？是否存在显著的地理流动？不同地区之间的就业机会是否均等？专业水平是否对毕业生的流动性产生影响？第一篇在对高校毕业生流动的总体特征和群体差异进行分析的基础上，进一步探讨了影响高校毕业生选择降级流动因素以及一流专业毕业生就业城市的选择，为吸引高素质人才、减少人才流失提供了重要理论参考。

具体内容包括：

（1）描绘了高校毕业生在其生源地与初次就业地之间流动现状，分析影响高校毕业生在初次就业地选择的各类因素。

（2）基于相对贫困理论，通过降级流动的机理分析得到了高校毕业生降级流动的主要动因，并对比分析了非降级流动与降级流动的就业质量差异。

（3）依据已知数据分析了一流专业毕业生的就业选择地，并与非一流专业毕业生进行对比，通过对高校毕业生就业城市选择实证分析得到了影响一流专业毕业生就业地选择的各类因素，为吸引高素质人才、减少人才流失提供了重要理论参考。

第二篇　职业选择

提高劳动者就业质量，实现充分就业，注重解决各类就业矛盾，破除体制机制弊端，有利于使人人都有实现自身发展的机会。然而，当前流动性减弱已成为中国社会的重要问题，职业代际传递问题凸显。同时，作为新兴劳动力的高校毕业生也面临严峻的就业形势。那么，我国职业代际传递现状如何？哪些是影响职业代际传递的关键因素？高校毕业生回生源地能否帮助其进入体制内，缓解就业压力？促进毕业生自主创业，是认真学习理论知识，还是通过实习积累经验呢？大学生通过实践积累经验会成为食之无味、弃之可惜的鸡肋，还是促进创业成功的肱骨呢？本篇在对高校毕业生职业代际传递分布的基础上，进一步探讨体制内职业代际传递的影响，细化分析体制内各部门差异，探究其影响方式和作用机理，同时从实习经历的角度出发探讨大学生创业选择的影响因素。

具体内容包括：

（1）对高校毕业生职业代际传递分布进行分析，并从职业效评和职业概率两个方向考察不同职业类型的代际传递水平差异，并重点分析了毕业生回生源地就业、人力资本和家庭背景对体制内职业选择和职业代际传递的影响，细化分析体制内各部门差异，探究其影响方式和作用机理，同时进一步剖析毕业生回生源地体制内就业的主要原因。

（2）研究实习实践时长、在校成绩等对创业行为的影响，并验证分析个体特征是否存在调节效应，如学历、性别对创业存在一定的调节作用。这些研究发现对助推大学生自主创业、提高创业行为至关重要。

第三篇　学科专业

学科结构与产业结构匹配是高等教育对经济社会发展贡献的关键影响因素，新时代需要通过建立健全学科专业动态调整机制为经济社会发展注入活力。那么，我国高校学科专业设置与产业发展契合度如何？高校如何通过学科专业设置影响就业流动趋势？面对外部宏观环境变化，高校学科结构应怎样动态调整以优化我国高校毕业生就业流动趋势？第三篇在理工科毕业生就业行业的分析基础上，通过构造专业—行业匹配度指标和专业—行业匹配度矩阵，对高校理工科专业行业匹配度及其产业异质性进行评价并找出战略性新兴产业中"双高适配区"和"失配引导区"的理工科专业，探究匹配度对行业经济发展的影响。

第四篇　环境影响

教育公平是实现国家长远发展和个人潜能充分释放的基石。但由于高校毕业生的就业流动受到诸多外部环境影响，教育公平问题变成了愈发凸显的问题。那么，家庭背景是从哪些方面影响高校毕业生流动的？高校大学生之间的同伴效应和老乡效应是如何发挥作用的？以及在当前高校毕业生作为我国各大城市的重要引进对象，高校毕业生流动呈现怎样的空间分布特质？我国各城市人才吸引力又有怎样的表现？第四篇从高校毕业生家庭背景出发并结合老乡效应、同伴效应，探讨大学生自身资源对，并进一步量化高校毕业生流动的空间特征和城市吸引。

具体内容包括：

（1）从家庭背景入手，揭示了其对我国研究生入学机会和入学质量的影响及机理路径，回答了学生干部的选拔机制如何变革才能促进教育过程相对公平。

（2）关注同伴效应和老乡效应在学业表现和就业意愿中发挥的作用，考察班级同学的同伴效应和老乡效应的广度、深度边际影响。

（3）对我国各区域、城市的人才吸引力进行测度，刻画了我国城市人才吸引力的空间分布特质，对比分析不同地区的教育资源、就业机会等因素。通过揭示高校毕业生流动的环境影响和城市人才吸引，为促进我国教育公平、高校毕业生流动、各城市吸引大学生人才的发展提供了有益的启示。

本书在写作过程中得到了诸多专家的指导和帮助，特此表示衷心的感谢。硕士研究生进行了大量的整理完善工作，其中赵蕾负责第 1 章和第 2 章、朱诗诗负责第 3 章和第 4 章、汤志华负责第 5 章和第 6 章、郑后远负责第 7 章和第 8 章、汪鹏负责第 9 章和 10 章。同时感谢编辑部认真细致地编排、校订工作。限于学识水平，书中错漏之处在所难免，恳请各位同仁及读者指正。

吴雯雯　曾国华
2024 年 8 月

目　录

第一篇

高校毕业生就业流动的空间特征

《关于进一步做好高校毕业生等青年就业创业工作的通知》指出，高校毕业生等青年就业关系民生福祉、经济发展和国家未来，要以习近平新时代中国特色社会主义思想为指导，认真贯彻落实党中央、国务院决策部署，把高校毕业生等青年就业作为就业工作的重中之重，将帮扶困难高校毕业生就业作为重点，做好当前和今后一个时期高校毕业生等青年就业创业工作。

　　高校毕业生是国家宝贵的人力资源，因此，其就业情况不仅是高等教育的重要成果，也是国家关注的焦点，应当被赋予更高的优先级。那么，高校毕业生的就业状况如何？是否存在显著的地理流动？不同地区之间的就业机会是否均等？专业水平是否对毕业生的流动性产生影响？通过深入探讨这些问题，可以为缓解我国地区间发展的不平衡和缩小各地区之间的差距提供重要的参考，从而具有深远的现实意义和战略价值。

　　本篇利用中部某省2018年高校毕业生就业行政数据和毕业生就业调查问卷数据，描绘了高校毕业生在其生源地与初次就业地之间流动现状，分析影响高校毕业生在初次就业地选择的各类因素。高校毕业生作为一类重要人力资本，是地区经济增长的强大推动力，在欠发达地区显得更为重要。为了深入了解欠发达地区高校毕业生的流失情况，运用数据进一步研究欠发达地区高校毕业生流失特征及群体差异，其结果展现了欠发达地区急需留住人才的紧迫性。

　　面对流动的高校毕业生，探究其流动去向与群体特征是解决人才流失的关键一环。基于相对贫困理论，通过降级流动的机理分析得到了高校毕业生降级流动的主要动因，并对比分析了非降级流动与降级流动的就业质量差异。

　　在"双一流"建设的推动下，虽然高等教育资源得到了显著提升，但区域不平衡的发展仍旧导致一流专业毕业生进行地理流动。为此，依据已知数据分析了一流专业毕业生的就业选择地，并与非一流专业毕业生进行对比，通过对高校毕业生就业城市选择实证分析得到了影响一流专业毕业生就业地选择的各类因素，为吸引高素质人才、减少人才流失提供了重要理论参考。

第1章 总体特征与群体差异

1.1 高校毕业生初次就业地选择空间特征

高校毕业生就业作为高等教育与产业间的重要知识交互方式（Schartinger et al.，2002），通过加快技术创新与模仿的速度推动地区全要素生产率的提高（黄燕萍等，2013），实现高校对于区域创新和经济增长的溢出效应（Abramovsky et al.，2007；Faggian & McCann，2009；Felicia，2009；Wei et al.，2016）。毕业生的区域流动特征直接决定了高校溢出效应的空间分布（Faggian et al.，2007）。也因如此，以教育资源吸引滞留者（赵晶晶和盛玉雪，2014），增强留住本地高校培养毕业生的能力是欠发达地区应对人才外流的破题之举（盛玉雪、赵晶晶和蒋承，2018）。遗憾的是，欠发达地区持续增长的教育投入并没有明显改善冰火两重天的高校毕业生就业空间分布：一边是不顾高房价、拥挤和雾霾也要扎堆"北上广"，一边是部分地区陷入人才外流、为他人作嫁衣的困境（盛玉雪、赵晶晶和蒋承，2018）。以江西省为例，2019 年高校毕业生省外就业率接近 60%，部分地市、部分高校、轻化工类和材料类专业毕业生省外就业率甚至超过 70%[①]，远高于很多学者测算的 30% 左右的全国平均省外就业比例[②]。大规模的毕业生流出将导致地区，尤其是经济欠发达地区的人才流失（Wilson，1992），使得这些地区试图通过提高高等教育投入水平实现地区经济追赶的努力以失败告

[①] 资料来源于江西省高校毕业生就业监测系统。

[②] 例如有学者使用 2005 年 1% 人口抽样调查数据发现约 88% 的大学生选择就读大学所在地就业（Liu et al.，2017）。陈希路（2018）认为，在我国大学毕业生自主择业的第一个十年，平均而言超过 70% 的大学毕业生选择在其就读学校所在的省份进行就业或深造。

终。探索高校毕业生流动规律对于地区人才政策的制定以及我国经济高质量发展具有重要的现实意义。

然而，高校毕业生初次就业城市选择和流动遵循何种模式？是循着托达罗（1969）模型中的寻求高预期收入水平，还是符合斯塔克和泰勒（Stark and Taylor，1989）相对贫困假说的追求相对地位提升，抑或是罗默（Roemer，1998）机会不平等理论中的家庭等环境因素主导？三大因素在高校毕业生就业地选择决策中有着怎样的逻辑和规律？是否存在群体固定效应？受制于微观数据获取难度、分析框架尚未统一等因素，现有研究并未给出清晰的答案。本章利用2018年中部某省高校毕业生就业数据对上述问题进行回答。

1.1.1　高校毕业生就业城市选择理论

（1）托达罗模型与高校毕业生就业城市选择。托达罗（Todaro，1969）认为农村人口流入城市的动机主要取决于城乡预期收入差异，流入城市的人口随着城乡预期收入差距的扩大而增加。托达罗认为促进劳动力流动的不是城市实际收入水平而是以城市实际收入乘以城市就业概率的预期收入水平，只有当城市部门预期收入水平高于农村收入时，劳动力迁移才会发生；否则，劳动力不会转移。在托达罗之前，刘易斯（W. A. Lewis，1954）对农村剩余劳动力流动到城市的过程进行描述后，舒尔茨（T. W. Shultz，1961）从微观角度认为个人从农村转移到城市迁移行为决策取决于其迁移成本和收益的比较结果，提出了成本—收益理论。他认为农村人口迁移到城市的决策不仅取决于收益，成本也是是否发生流动的重要原因之一。朱云章（2010）证实了劳动力在城乡之间的流动对于城乡收入差距的作用取决于进城务工人员工资水平的高低，也取决于迁移成本。但蔡昉（2002）在宏观和微观两个层面对托达罗的绝对收入差距假说提出了挑战。从宏观角度，他认为，根据绝对收入差距假说，中国应该是收入差距最大的西部地区向东部地区劳动力迁移规模最大，但事实是中部地区劳动力流向东部地区的规模比西部地区劳动力流向东部地区的规模大得多；从微观角度，绝对收入差距假说也不能很好地解释不同收入水平家庭的迁移决策，许多研究者观察的结果是，由于农村家庭和劳动者有着不同的迁移动机，会作出不同的迁移决策。因此，钟水映等（2015）从农村人口退出视角，楚永生等（2019）从决策主体、土地产权和户籍制度相关变量因素，张杰飞（2008）从生活成本，何微微等（2017）从

"经济预期"和"非经济预期"多个角度对托达罗模型进行了修正与改进。

（2）机会不平等理论与高校毕业生就业城市选择。费雷拉和吉纽（Ferreira and Gignoux，2014）发现，以家庭背景为因素的机会不平等在教育成就的差异高达35%。而专门考虑中国情形的相关研究还发现，城乡户口隔离不仅剥夺了农村居民在城市获得素质教育的机会（Liu，2005），还显著降低了农村移民学生的教育表现（Afridi et al.，2015）。根据吉纽（Roemer，1998）的机会不平等理论，不平等是由个体不可控的"环境因素"和个体可控的"努力程度"共同造就的，靳振忠等（2018）则认为，个人特征始终不是机会不平等的主要来源，而家庭因素、城乡和地域差别才是其中的重要原因。父母的社会资本和政治资本的累积为其子女所带来的教育优势将进一步转化为职场优势（谭远发，2015；李宏彬等，2012；孔高文等，2017）。马格鲁德（Magruder，2010）发现父亲会为子女在求职中提供有用的网络连接，使得子女进入自身所在行业，并且父亲提供的社会网络资源可提高儿子被雇用概率的1/3。李宏彬等（2012）发现父母的干部身份可给子女带来15%的工资溢价。岳昌君和杨中超（2012）研究家庭背景对毕业生起薪的影响，家庭收入和母亲的受教育年限是影响毕业生月起薪的重要因素。岳昌君和白一平（2018）发现家庭背景对毕业生就业的影响不仅体现在就业机会获得上，还体现在就业质量；岳昌君（2018）也证实了社会经济背景相对强势、父母受教育程度较高的家庭更能够为子女提供丰富的社会资源和发展平台，优势的家庭背景使得毕业生在劳动力市场上更容易获得高起薪和高满意度的工作。孔高文、刘莎莎和孔东民（2017）发现，具有较高家庭社会资本的毕业生，倾向于留在户籍所在地工作，从而降低了毕业生前往外地就业的可能性。

（3）相对贫困假说与高校毕业生就业城市选择。斯塔克（Stark，1989）认为家庭成员进行迁移不一定是为了增加家庭的绝对收入，而是为了改善家庭相对于特定参照群体的地位即相对贫困程度。斯塔克和泰勒（Stark and Taylor，1991）表明，相对贫困增加了家庭成员从墨西哥农村迁移到美国的可能性。斯塔克等（Stark et al.，2009）根据波兰的区域数据，证明了来自一个区域的移民与该区域的总体相对贫困呈正相关。察卡（Czaika，2011）发现，在印度，相对贫困是决定家庭成员是否进行迁移的一个重要因素，特别是在短途迁移的情况下。费利彭（Flippen，2013）利用2000年美国人口普查的数据表明，从北方移居到南方的人口，在平均绝对收入上普遍低于北方，但随着他们的迁移，他们的相对贫困程度显著降低。维萨（Vernazza，2013）发现，尽管美国洲际移民带来了绝对收入的大幅增长，但真正引发移民的是相对贫困（低相对收入）。杰西和瓦伦西亚（Jesus and M. valencia，2008）利用在哥伦比亚西两个社区收集的数据将相对贫困作为移民的原因之一。蔡昉（2002）检验了相对贫困是发生流动的显著原因。

总体来看，高校毕业生初次就业地选择受到诸多因素的影响，包括生源地与就业地预期收入差异的，也包括毕业生个体机会不平等，还包括毕业生改变相对地位。本书在对托达罗模型、机会不平等理论以及相对贫困假说是否会改变高校毕业生初次就业城市选择的三个命题进行描述性分析的基础上，构建统一分析框架，并利用多元 Logistic 回归进行验证。

1.1.2　高校毕业生初次就业地选择基本特征

（1）数据来源及指标说明。本部分采用中部某省 2018 年高校毕业生就业调查数据。该调查由该省教育厅就业办组织收集，涵盖该省所有高等院校，共 256 455 个样本数据，主要变量包括毕业生姓名、年龄、性别、身份证、户口、生源地、就读学校、就业去向、职业类型、家庭贫困情况等各项信息。

为了明晰高校毕业生流动模式和内在规律，考察预期收入、家庭资本和相对地位对毕业生初次就业地选择的影响，本书将毕业生生源地和就业地按照《2019 中国城市商业魅力排行榜》① 分别划分为一线到五线共五个城市等级。

（2）毕业生初次就业地分布。表 1.1 是该省高校毕业生生源地与初始就业地矩阵表。

表 1.1　　　　　　　　高校毕业生生源地与初始就业地矩阵表　　　　　　单位：%

生源地	就业地				
	一线	二线	三线	四线	五线
一线	73.2	15.1	5.3	4.5	1.9
二线	18.6	70.2	5.5	4.4	1.1
三线	28.3	27.8	37.7	5.1	1.2
四线	28.5	28.7	7.6	33.5	1.7

---

① 第一财经·新一线城市研究所于 2019 年 5 月 24 日发布《2019 城市商业魅力排行榜》。

续表

生源地	就业地				
	一线	二线	三线	四线	五线
五线	27.9	25.2	8.7	6.3	31.9

注：本书将所有高校毕业生样本数据按照《2019 中国城市商业魅力排行榜》对中国 357 个地级区依据商业资源聚集度、城市枢纽型、城市人活跃性、生活方式多样性和未来可塑性划分为一线城市、二线城市、三线城市、四线城市和五线城市五种城市类型。其中，一线城市包括北京、上海、广州、深圳共 4 个一线城市以及成都、杭州、武汉、天津等 15 个新一线城市，二线城市包括福州、合肥、郑州等 30 个城市，三线城市包括兰州、桂林、三亚等 70 个城市，四线城市包括韶关、常德、六安等 90 个城市，五线城市包括全国除上述 209 个城市之外的地级区（城市）。

由表 1.1 可以看出：

①同级流动（表中对角线）比例最高，且一、二线生源地毕业生同级流动的比例远高于三、四、五线生源地毕业生。例如，一线生源回一线城市就业的比例高达 73.2%，而五线生源回五线城市就业的比例仅为 31.9%。这意味着，回生源地或同线级城市就业是多数高校毕业生的选择，且生源地线级越高，同级流动的比例越高。

②向上流动（表中左下区域）高于向下流动（表中右上区域）。例如，三线生源毕业生去一线、二线就业的比例分别为 28.3% 和 27.8%，远高于去四线就业的 5.1% 和五线就业的 1.2%。

③一线和二线城市是大部分多数高校毕业生的选择，三、四、五线城市就业的高校毕业生占比较少。

为进一步定量研究生源地城市线级以及初次就业地城市线级流动效应与流动性的大小，本书借鉴卓玛草（2016）、李天舒等（2017）、卢现祥和尹玉琳（2018）等众多学者计算职业代际继承性指数和职业代际流动性指数的方法，将生源地以及初次就业地城市线级流动与职业代际继承性指数和职业代际流动性指数相对应，用来分析高校毕业生生源地和初次就业地城市线级流动的关系，计算得出流动性指数矩阵表如表 1.2 所示。

表 1.2　　　　高校毕业生生源地与初次就业地选择流出（生源地）流入（单位地）指数矩阵表

生源地	就业地					
	一线	二线	三线	四线	五线	流出指数
一线	2.577	0.459	0.278	0.318	0.351	0.351
二线	0.657	2.137	0.290	0.310	0.214	0.368

续表

生源地	就业地					
	一线	二线	三线	四线	五线	流出指数
三线	0.996	0.845	1.980	0.354	0.215	0.602
四线	1.003	0.872	0.400	2.342	0.315	0.648
五线	0.984	0.768	0.454	0.439	5.943	0.661
流入指数	0.91	0.736	0.356	0.355	0.274	

注：表格中间 5×5 矩阵表示各级生源地城市流到各级单位地城市的流出和流入指数，横向表示各级生源地城市流入各级单位地的流出指数，纵向表示各级单位地城市从各级生源地城市流入的流入指数。

假定存在 n 种就业去向，理论期望值概率为独立假设下生源地为 i 与就业地为 j 的边际概率乘积。实际观测值概率表示生源地为 i 与就业地为 j 的联合概率。同级就业指数和变级就业指数 M_{ij} 为：

$$M_{ij} = \left(p_{ij} \Big/ \frac{\sum_{i=1}^{n} p_{ij} \times \sum_{j=1}^{n} p_{ij}}{\sum_{i=1}^{n} \sum_{j=1}^{n} p_{ij}} \right) \tag{1.1}$$

当 i=j 时，生源地与就业地线级相同，M_{ij} 表示为同级就业指数。当 i≠j 时，生源地与就业地线级不同，M_{ij} 表示为变级就业指数。当 $M_{ij}>1$，表示生源地线级为 i、就业地线级为 j 的实际观测值大于理论期望值，说明生源地线级为 i 时，毕业生更可能流入 j 线级城市就业。当 $M_{ij}<1$，那么可能性就较小。

流入指数 I_j 表示为：

$$I_j = \left(\sum_{i \neq j} p_{ij} / n - 1 \right) \tag{1.2}$$

流入指数表示生源地线级不为 j、就业地线级为 j 的可能性。如果数值越小，说明流动性越小，若生源地不是该线级，则毕业生进入该线级就业就越困难；反之，说明该流动性较强，该线级城市进入开放程度较大。

代际流出指数 O_i 表示为：

$$O_i = \left(\sum_{i \neq j} p_{ij} / n - 1 \right) \tag{1.3}$$

流出指数表示生源地线级为 i、就业地线级不为 i 的可能性。如果数值越大，说明该线级城市的流动水平越高，毕业生有很大的可能不在该线级城市就业；反之，则说明该线级城市的流动水平较低。

从表 1.2 可以发现，首先，流入指数和流出指数分别与城市等级线性相关：一、二线城市流入指数高、流出指数低；三、四、五线城市流入指数低、流出指数高；生源地线级越高，流入指数越高，流出指数越低。这意味着，高校毕业生在就业地选择时，更倾向于预期收入较高的一线和二线城市，验证了托达罗模型中的假设。其次，同级流动指数呈现 U 型变化，三线生源地毕业生同级就业指数最低为 1.980，一线和五线生源地毕业生同级就业指数较高，分别为 2.577 以及 5.943。

（3）家庭地位与高校毕业生流动。为了考虑家庭收入与相对地位对高校毕业生就业地选择的影响，将高校毕业生的家庭地位根据贫困生类别以及是否出生于市区分为四类，分别是城市非困难、非城市非困难、困难（包括家庭、就业、残疾）、建档立卡贫困户。

从表 1.3 可以发现：

①从高校毕业生就业地选择人数来说，同级流动 > 向上流动 > 向下流动；且家庭地位越高，同级流动比例越高，变级流动比例越低。

②在同级流动中，一线和二线线级城市生源地高校毕业生回生源地就业比例明显高于三线至五线生源毕业生；在各线级流动中。一线和二线城市毕业生回到生源地的比例均超过 50%，最高的二线生源地家庭层次为 1 的毕业生为 80.1%；而三线至五线生源地毕业生回到生源地线级城市的比例普遍小于 50%，最高的四线生源地家庭层次为 1 的毕业生为 50.3%。

③在升级流动中，低线级城市生源地高校毕业生流向高线级城市就业比例普遍随家庭地位下降而提高，即家庭地位越差，越有可能发生升级流动。

④在降级流动中，高线级城市生源地去低线级城市就业比例随家庭地位下降而提高，即家庭地位越差，越有可能发生降级流动。

表 1.3　　　　　　　全部毕业生各线级与家庭地位流动矩阵图　　　　　　单位:%

生源地	就业地					
	家庭地位	一线	二线	三线	四线	五线
一线	1	66.7	27.3	0.0	3.0	3.0
	2	73.5	14.8	5.2	4.5	1.9
	3	69.1	18.4	5.7	4.8	2.0
	4	60.8	23.0	10.8	5.4	0.0

续表

生源地	家庭地位	就业地				
		一线	二线	三线	四线	五线
二线	1	11.7	80.1	4.0	3.6	0.6
	2	19.9	68.4	5.9	4.6	1.3
	3	23.8	64.4	5.4	5.1	1.3
	4	29.1	54.5	10.1	5.3	1.1
三线	1	23.2	23.9	47.8	4.3	0.8
	2	28.3	27.7	37.6	5.1	1.2
	3	33.2	32.5	28.1	5.2	1.0
	4	30.0	29.0	34.3	5.6	1.2
四线	1	17.8	24.7	6.2	50.3	0.9
	2	28.5	28.4	7.6	33.7	1.8
	3	32.5	32.3	7.6	26.1	1.5
	4	30.9	29.7	10.1	27.4	1.9
五线	1	25.2	24.6	5.3	5.1	39.9
	2	28.4	24.8	9.2	6.4	31.2
	3	28.7	28.7	8.8	6.5	27.2
	4	29.0	25.1	11.9	8.1	25.9

注：百分比表示生源地城市高校毕业生流向就业地城市高校毕业生人数占各个家庭地位总人数的百分比；1~4类分别是城市非困难、非城市非困难、困难（包括家庭、就业、残疾）、建档立卡贫困户。

总体来看，托达罗模型、机会不平等理论和相对贫困假说在高校毕业生就业地选择行为中均发挥了作用，预期收入、家庭资本和相对地位等因素的影响分别如下。

①预期收入显著影响高校毕业生初次就业地选择。三线城市生源毕业生去一线、二线就业的比例分别为28.3%和27.7%，远高于去四线就业的5.1%和五线就业的1.2%。高校毕业生初次就业地倾向于流向一线城市和二线城市，因为一线城市和二线城市的经济发展较快，经济收入和预期增长空间较高。

②家庭背景会影响到毕业生初次就业地选择。从高校毕业生就业地选择人数来说，同级流动＞向上流动＞向下流动；且家庭地位越高，同级流动比例越高，变级流动比例越低。

③依据相对贫困理论，家庭成员进行迁移不一定是为了增加家庭的绝对收

入，而是为了改善家庭相对于特定参照群体的地位即相对贫困程度。在升级流动中，低线级城市生源地高校毕业生流向高线级城市就业比例普遍随家庭地位下降而提高，即家庭地位越差，越有可能发生升级流动；在降级流动中，高线级城市生源地去低线级城市就业比例随家庭地位下降而提高，即家庭地位越差，越有可能发生降级流动。

1.1.3　毕业生初次就业城市选择影响因素

（1）理论模型与指标说明。为了进一步了解高校毕业生初次就业城市选择模式及其影响因素，本书采用多元 Logistic 回归模型，根据高校毕业生初次就业地与生源地组合作为因变量的分组依据取值 1~4（见表 1.4），并将第 4 组作为对照组，将其他各类高校毕业生初次就业地选择与高校毕业生初次就业地为生源地进行比较。

表 1.4　　　　　　　　　　　　　　　因变量分类

因变量	分类	解释
1	降级流动	高校毕业生生源地城市线级低于就业地城市线级
2	同级流动	除回生源地外的同级流动，高校毕业生生源地城市线级等于就业地城市线级
3	升级流动	高校毕业生生源地城市线级大于就业地城市线级
4	回生源地流动	高校毕业生回到生源地城市就业

同时，基于托达罗模型、机会不平等理论以及相对贫困假说，本书将预期收入、家庭背景、相对地位以及高校毕业生人力资本等纳入毕业生就业地选择框架，同时考虑性别、专业、父母职业、学校等固定效应，建立理论模型如下。

具体计量模型为：

$$\text{Logit}(p_i/4) = \ln\left(\frac{p(Y=i\mid X)}{p(Y=4\mid X)}\right) = \beta_0 + \beta_1 EI + \beta_2 FB + \beta_3 RD$$
$$+ \beta_4 H + \gamma_i \text{Control}_i + \text{FixedEffects} + \varepsilon \quad (i = 1,2,3,4) \quad (1.4)$$

其中，EI 表示预期收入，FB 表示家庭背景，RD 表示相对地位，H 表示毕业生人力资本。主要变量及说明如表 1.5 所示。

表 1.5 变量说明

	变量	变量名	定义
预期收入	ODD	生源地-就业地收入差	工作地人均可支配收入与生源地人均可支配收入之差
家庭背景	PrthelpCod	就业时父母帮助	1. 基本没帮助；2. 有，但帮助不大；3. 有，帮助一般；4. 有，帮助比较大；5. 有，帮助非常大
家庭地位	Familylevel	家庭层次	1. 城市非困难；2. 非城市非困难；3. 困难（包括家庭、就业、残疾）；4. 建档立卡贫困户
人力资本	RankCod	综合成绩专业排名	1. 后20；2. 后21~40；3. 前40~60；4. 前40
	IsCPC	是否党员	0. 否；1. 是
	SocietyCod	是否参加过学生社团	0. 否；1. 是
	EduLevelCod	受教育程度	1. 专科；2. 本科；3. 研究生及以上
控制变量	Sexcode	性别	0. 女性；1. 男性
	NorStuCod	是否为师范生	0. 否；1. 是
	IsHumanities	是否是人文社科类专业	0. 否；1. 是
固定效应	PrtempCod	父母单位类别	1. 党政机关单位；2. 科教文卫单位；3. 国有企业；4. 三资和民营企业；5. 社会团体和服务机构；6. 军队；7. 城镇及乡镇单位；8. 其他单位
	PrteducCod	父母文化程度	0. 没上过学；1. 初中及以下；2. 高中；3. 专科；4. 本科；5. 研究生
	UnivType	学校类型	1. 综合大学；2. 理工院校；3. 农林院校；4. 医药院校；5 师范院校；6. 财经院校；7. 政法院校；8. 艺术院校；9. 成人高校
	UniversityLevel	学校省级层次	1. 专科；2. 普通本科；3. 前10本科

　　资料来自该省高校毕业生就业调查问卷。该调查于 2018 年 5 月由该省就业办公室组织全省高校毕业生填写，有效样本量为 115 688。

　　（2）描述性统计如表 1.6 所示。

表 1.6 变量描述性统计

Variable	Mean	Std. Dev.	Min	Max
ODD	8.776	10.901	-39.294	48.721
prthelpCod	1.945	1.138	1	5

Variable	Mean	Std. Dev.	Min	Max
Familylevel	2.088	0.616	1	4
rankCod	3.124	0.893	1	4
IsCPC	0.011	0.105	0	1
societyCod	0.791	0.407	0	1
EduLevelCod	1.368	0.486	1	3
Sexcode	0.51	0.5	0	1
NorStuCod	0.105	0.306	0	1
IsHumanities	0.561	0.496	0	1
Prtemp1Cod	11.477	3.646	1	14
prteduc1Cod	1.409	0.833	0	5
UnivType	2.626	1.988	1	9
Universitylevel	1.696	0.747	1	3

（3）实证结果。本书以下部分根据回归模型（1.1），对高校毕业生对于初次就业地选择的影响因素进行计量回归分析，回归结果如表1.7所示。

表 1.7　　　　　　　　　高校毕业生初次就业地选择的影响因素

项目	降级流动	同级流动	升级流动	项目	降级流动	同级流动	升级流动
ODD	− 0.139 *** (0.00359)	0.249 *** (0.00438)	0.514 *** (0.00369)	EduLevelCod	0.495 *** (0.0443)	0.355 *** (0.0415)	0.310 *** (0.0341)
PrthelpCod	− 0.145 *** (0.0139)	− 0.164 *** (0.0130)	− 0.180 *** (0.00996)	Sexcode	0.427 *** (0.0340)	0.536 *** (0.0315)	0.432 *** (0.0243)
Familylevel	0.226 *** (0.0252)	0.211 *** (0.0231)	0.180 *** (0.0181)	NorStuCod	− 0.0565 (0.0515)	− 0.447 *** (0.0529)	− 0.859 *** (0.0431)
RankCod	0.0621 *** (0.0175)	0.0261 (0.0161)	0.0192 (0.0125)	IsHumanities	− 0.212 *** (0.0350)	− 0.294 *** (0.0322)	− 0.125 *** (0.0253)
IsCPC	0.0292 (0.124)	− 0.0928 (0.127)	− 0.0439 (0.104)	父母、学校相关固定效应	已控制	已控制	已控制
SocietyCod	0.103 *** (0.0380)	0.161 *** (0.0356)	0.188 *** (0.0272)	常数项	− 3.625 *** (0.152)	− 3.214 *** (0.137)	− 2.588 *** (0.108)

注：括号里面为稳健标准误；*** 表示 $p < 0.01$。

首先，从预期收入来看，高校毕业生初次就业地选择对于经济回报的追逐非常显著。相比于返回生源地城市就业，就业地与生源地之间的预期收入越大，高校毕业生在初次就业地的选择上越倾向于去非生源地城市，包括升级流动和同级流动，符合托达罗模型的假设；就高校毕业生家庭背景的帮助程度来说，家庭背景的帮助程度越大，高校毕业生初次就业地越倾向于回到生源地就业；从家庭地位也就是相对贫困程度上来说，相比于返回生源地就业，家庭层次越低，高校毕业生初次就业地选择更倾向于离开生源地城市，无论是升级流动、同级流动还是降级流动，由此可以发现，家庭地位相对低的高校毕业生发生流动是为了改变或者提升在生源地城市的相对家庭地位的动机。

其次，从高校毕业生的人力资本来看，专业排名越高，相比于返回生源地就业，其越倾向于降级流动；是否党员对于高校毕业生初次就业流动就业地选择没有显著性影响，但是有参加过学校社团经历以及受教育程度更高的高校毕业生在初次就业地的选择上更倾向于流出生源地就业。

最后，从控制变量来看，相比于返回生源地流动，男性相比于女性更倾向于发生流动，包括降级流动、同级流动和升级流动；师范生相比于非师范生更倾向于留在生源地城市而不发生流动，并且人文社科类的高校毕业生相比于理工科类专业的高校毕业生也更倾向于把生源地作为初次就业地。

本书基于中部某省 2018 年高校毕业生就业行政数据和毕业生就业调查问卷数据，利用描述性统计以及多元 Logistic 回归计量方法，对高校毕业生生源地以及初次就业地的选择现状进行了描述，并对高校毕业生初次就业地选择的影响因素进行了回归分析，主要研究结论如下。

第一，依据托达罗模型、机会不平等理论以及相对贫困假说，预期收入、家庭背景以及改变相对贫困程度是影响高校毕业生初次就业地选择的重要因素。高校毕业生初次就业地选择遵循追逐高预期收入的经济动机，倾向于流向一线城市和二线城市，因为一线城市和二线城市的经济发展较快；家庭背景的帮助程度会使得高校毕业生在初次就业地选择时更倾向于生源地城市；低线级城市生源地高校毕业生流向高线级城市就业比例普遍随家庭地位下降而提高，即家庭地位越差，越有可能发生升级流动；在降级流动中，高线级城市生源地去低线级城市就业比例随家庭地位下降而提高，即家庭地位越差，越有可能发生降级流动，说明高校毕业生在初次就业地选择时考虑了为改变相对家庭地位而流出生源地就业。

第二，高校毕业生在进行初次就业地的选择时会受到个体因素、学校因素以及家庭因素的影响。男性相比于女性更倾向于发生流动；相比于成绩好的毕业生，成绩差的学生更倾向于留在生源地城市而不发生流动，并且人文社科类的高校毕业生相比于理工科类专业的高校毕业生更倾向于发生降级流动和同级流动；受教育程度越高以及有过社团经验的高校毕业生更容易流出生源地工作；高校毕业生为师范生更倾向于留在生源地就业。

根据上述研究结果，本书提出的政策建议如下。

第一，根据托达罗模型以及实证结果，预期收入是高校毕业生初次就业地选择的重要因素，所以经济水平发展越高的城市对高校毕业生的吸引力越强，一线和二线城市是高校毕业生初次就业地的首选之地，三线、四线以及五线城市作为净流出地就造成人力资源在各地区之间流动不平等，所以应该利用好劳动力市场机制，使得高校毕业生在各线级城市之间合理有序地流动。

第二，对高校毕业生个人来说，努力提升自身的人力资本是促进高校毕业生有序流动的重要保证；高校毕业生也应该利用好家庭对于自身在就业时的帮助，将自身所学知识同个人能力、专业等相结合，更好地服务于社会。

1.2 高校毕业生跨省就业流动：总体特征与群体差异

人力资本作为一种关键性生产要素，不仅对地区经济增长有着巨大的推动作用（Romer，1987；Lucas，1988），也是缩小地区差距、促进经济均衡发展的重要途径（Acemoglu and Autor，2012）。高等教育作为地区人力资本积累的重要途径，高校毕业生就业地的选择会导致人力资本的跨区流动（Abramovsky et al.，2007；Faggian and McCann，2009；赵晶晶等，2016），进而改变人力资本地区分布形态（Yui and Suzuki，2015），对地区经济增长产生影响（Beine et al.，2001；Felicia，2009；Wei et al.，2016）。大规模的毕业生流出将导致地区，尤其是经济欠发达地区的人才流失（Wilson，1992），使得这些地区试图通过提高高等教育投入水平实现地区经济追赶的努力以失败告终。深度剖析高校毕业生的流动特征，特别是跨省域的流动特征是欠发达地区制定相关就业政策和区域人才政策的重要依据（赵晶晶等，2016）。

那么，欠发达地区高校毕业生留在当地就业了吗？流失程度如何？流失毕业生是否具有一定的群体特征？弄清这些问题有利于掌握高校毕业生流动规律，对欠发达地区实现经济追赶的顺利实施不仅十分必要，而且非常紧迫。本书使用

2018 年江西省高校毕业生就业监测系统行政数据，对高校毕业生流失特征及群体差异进行深入讨论，以期为欠发达地区教育和人才政策、促进区域经济协调发展提供参考和依据。

1.2.1 高校毕业生流失规模及群体差异研究述评

随着自主择业成为主流就业方式，我国高校毕业生就业地选择发生了明显的变化，欠发达地区毕业生流失现象逐步凸显。据学者们估算，2005 年约 88% 的大学生选择在就读大学所在地就业（Liu et al.，2017），2009 年这一比例下降为 60.2%，其中超过 90% 的东部和沿海地区高校毕业生选择就地择业，中部、西部地区高校毕业生这一比例仅为 55.8% 和 62.0%（马莉萍和潘昆峰，2013）。此后，岳昌君和李欣（2016）基于 2015 年全国高校毕业生就业状况调查数据发现，2015 年留在高校所在地就业的毕业生比例，京津沪是 67.9%，东部是 91.9%，中部是 63.3%，西部是 88.3%。2017 年抽样调查数据显示，2017 年"已确定单位"毕业生中，毕业于东中西部高校的比例分别为 43.2%、36.8% 和 20.0%，毕业生在东中西部就业的比例则为 51.8%、27.5% 和 20.7%，中部毕业生流失的比例最高（岳昌君和白一平，2018）。

高校毕业生流失现象不仅存在明显的区域差异，而且具有一定的群体特征。例如，女性劳动者更倾向于留在毕业院校所在省市就业的观点已得到多数学者的认可（张抗私和周晓蒙，2018；张剑宇和谷雨，2018；岳昌君，2014；岳昌君等，2016）。但与此同时，毕业院校、学科专业、学历层次对于毕业生就业地区选择的影响并未达到一致结论。

科德利茨基（Kodrzycki，2001）、哥特利布和约瑟夫（Gottlieb and Joseph，2006）指出，较高的受教育程度和学校层次对流动行为具有积极的影响。在学校层次方面，岳昌君和李欣（2016）基于 2015 年全国高校毕业生就业状况调查数据认为，学校层次越高，毕业生跨省流动的可能性越大。但李永刚和王海英（2017）利用 2015 年高校毕业生职业生涯发展与行业人才需求调查的数据发现，高职高专和普通本科高校毕业生工作流动高于"211"工程和"985"工程高校毕业生；刘旭杰（2013）也指出"211"工程高校毕业生的流动要少于非"211"工程学校毕业生。

在学科专业方面，李永刚和王海英（2017）发现，专业技能取向的学科

（工科、理科）毕业生流失率低于注重通用性能力发展的学科（人文、社科）。而张剑宇和谷雨（2018）基于吉林大学 2013～2017 年毕业生就业数据认为，自然科学专业的毕业生流失状况相对于社会科学专业更为严重。岳昌君等（2016）指出，拥有计算机类证书、有双学位或辅修经历的毕业生到更高级别地区就业的可能性更小，"弥补性"人力资本并不能提高其在大中城市就业的竞争力。

岳昌君和李欣（2016）、赵晶晶（2016）利用全国高校毕业生就业调查数据，张抗私和周晓蒙（2018）利用微观调研数据的研究均发现，高校毕业生流动性强度与学历层次正相关，跨省就业发生率随学历层次的提高而增加。而李永刚和王海英（2017）利用 2015 年调查数据发现，高校毕业生流动在教育背景上呈现出弱者流动多、强者流动少的特征，专科和本科高于硕士和博士。但张剑宇和谷雨（2018）基于吉林大学 2013～2017 年毕业生就业数据发现，东北高校毕业的硕士生和本科生的流失最为严重，博士生其次，专科生在东北就业的比例最高。

总体来看，已有研究通过分析就业地选择对高校毕业生流失问题进行了较为深入的分析，得出一些有益的结论，但关于高校毕业生流失率水平与学历层次、学科专业、毕业院校的关系的研究结论依然存在较大分歧，其主要原因可能在于：一是多样化的抽样数据来源。现有研究多使用抽样调查数据或某个高校数据，抽样调查数据可能难以全面准确反映总体毕业生就业流向的特征。二是影响毕业生就业地选择的因素错综复杂，既有地区、高校、专业的固定效应，还有毕业生个体特征的随机影响，且各因素之间相互影响。

1.2.2　江西省高校毕业生流失总体特征

本书使用 2018 年江西省高校毕业生就业监测系统行政数据，变量包括毕业生的就业去向、就业行业、单位名称、单位所在地、单位性质、工作职位、学校、院系、专业、身份证号、性别、学历、政治面貌、培养方式、民族、入学时间、毕业时间、困难生类型、生源所在地、报到证迁往地等。剔除信息不完整样本后，有效样本量为 317 900 条。

（1）总体情况。2018 年该省高校毕业生中，70.69％的高校毕业生签订就业协议形式就业，签订劳动合同形式就业的比例为 6.53％，其他录用形式就业的比例为 2.64％，5.28％的毕业生升学，0.61％的毕业生出国、出境，12.86％的毕业生在求职中。从事企业创业、网络创业、非企业创业的比例分别为 0.27%、0.11% 和 0.05%（见表 1.8）。

表 1.8　　　　　　　　2018 年某省高校毕业生就业去向一览表

就业去向	占比（%）	就业去向	占比（%）
签订就业协议形式就业	70.69	求职中	12.86
签订劳动合同形式就业	6.53	拟参加公招考试	0.08
升学	5.28	拟升学	0.05
其他录用形式就业	2.64	暂不就业	0.03
应征义务兵	0.38	签约中	0.02
从事企业创业	0.27	拟创业	0.01
地方基层项目	0.18	拟应征入伍	0.01
从事网络创业	0.11	拟出国出境	0.00
自由职业	0.11	未落实人数合计	13.06
从事非企业创业	0.05		
国家基层项目	0.04	出国、出境	0.61
在创业载体创业	0.04		
科研助理	0.00		
国内已落实人数合计	86.33		

在已落实就业的毕业生中，外省就业比例高达 52.3%。分生源地来看，省内生源中到省外就业比例为 39.23%，省外生源到外省就业的毕业生比例为 77.89%。而在省内就业的高校毕业生中，省内生源占到 84.32%，外省生源仅为 15.68%（见表 1.9）。

表 1.9　　　　　　　某省高校毕业生就业地与生源地人数矩阵

项目	省内就业比例（%）	外省就业比例（%）		省内生源比例（%）	外省生源比例（%）
省内生源（人）	60.77	39.23	省内就业（人）	84.32	49.64
外省生源（人）	22.11	77.89	外省就业（人）	15.68	50.36

（2）分毕业院校的高校毕业生省外就业情况。依据《2018 中国大学评价研究报告——中国高考志愿填报指南（校友会版）》发布的 2018 中国各地区大学综合竞争力排行榜，将该省排名前 10 的高校划为第一层次，其他本科院校为第

二层次，专科院校为第三层次。

从数据统计来看，第一层次高校的毕业生省外就业率为 60.8%；紧随其后的是第二层次高校，其毕业生省外就业率为 59.5%；而专科毕业生省外就业率最低，为53.17%（见表 1.10）。这与岳昌君和李欣（2016）基于 2015 年全国高校毕业生就业状况调查数据关于学校"层次"越高毕业生跨省流动可能性越大的观点一致。

表 1.10　　　　　　　不同类型高校毕业生省外就业情况

高校类型	省外就业率（%）	高校层次	省外就业率（%）
综合大学	58.14	本科第一层次	60.8
理工院校	63.72	本科第二层次	59.5
农林院校	59.5	专科	53.17
医药院校	39.59		
师范院校	42.16		
财经院校	59.16		
政法院校	29.63		
艺术院校	76.61		
成人高校	39.06		

在不同类型高校中，首先是艺术院校高校毕业生省外就业率最高，达到76.61%；其次是理工院校，毕业生省外就业率接近 60%；再次是成人高校、医药院校，毕业生省外就业率均不超过 40%；最后是政法院校，有不到 30% 的毕业生省外就业。

（3）分学科专业毕业生省外就业情况。分学科来看，首先是艺术学理论类高校毕业生省外就业比例最高，达到 69.44%，其次是力学类、经济学类和管理科学与工程类，均超过 60%；最后是哲学类、教育学类和法学类，未超过 50%。对比来看，同一学科的研究生省外就业率普遍低于本科毕业生。例如，本科毕业生省外就业率最高的艺术学理论类，该专业研究生省外就业率仅有 25.37%；教育学类、考古学、哲学类等学科研究生省外就业率均未超过 40%（见表 1.11）。

表 1.11　　　　　不同学科高校毕业生省外就业情况（本科和研究生）

专业	省外就业比例（%）	分学历层次省外就业比例（%）	
		本科	研究生
艺术学理论类	69.44	70.94	25.37

续表

专业	省外就业比例（%）	分学历层次省外就业比例（%）	
		本科	研究生
力学类	68.44	68.67	64.45
经济学类	61.42	61.8	55.68
管理科学与工程类	60.26	61.56	40.63
植物生产类（作物学研究生）	58.67	59.79	51.57
军事学	55.56	55.56	
数学类	54.46	55.03	50
中国语言文学类	54.19	54.79	38.68
历史学类（考古学研究生）	53.52	56.68	32.94
基础医学	51.03	52.31	42.17
法学类	47.29	49.04	38.57
教育学类	45.93	48.9	28.59
哲学类	42.98	55.77	33.33

同样，不同学科的专科毕业生省外就业率也大相径庭。其中，材料类、轻化工类专科毕业生省外就业率最高，分别达到 74.41%、73.87%；公安管理类、水文与水资源类专科毕业生省外就业率最低，仅为 16.93% 和 25.14%（见表 1.12）。总体来看，理工科专业省外就业率高于人文社科类，这与张剑宇和谷雨（2018）基于吉林大学 2013~2017 年毕业生就业数据的研究结论一致。

表 1.12　　　　　　　　不同学科高校毕业生省外就业情况（专科）

专业	省外就业比（%）	专业	省外就业比（%）	专业	省外就业比（%）	专业	省外就业比（%）
材料类	74.41	旅游管理类	60.78	环保类	50.41	临床医学类	38.66
轻化工类	73.87	艺术设计类	58.13	公共事业类	50.04	语言文化类	35.25
机械设计制造类	66.24	建筑设计类	57.02	法律实务类	48.90	水文与水资源类	25.14
计算机类	62.02	公路运输类	54.6	生物技术类	43.14	公安管理类	16.93
财政金融类	61.43	资源勘查类	52.48	农业技术类	42.34		

（4）分类型毕业生省外就业情况。与多数研究结论一致，女性毕业生省外就业率明显低于男性毕业生（见表 1.13）。分学历来看，本科毕业生省外就业率高于专科毕业生，这一结果支持岳昌君和李欣（2016）、赵晶晶（2016）、张抗

私和周晓蒙（2018）等关于高校毕业生流动性强度与学历层次正相关的结论。但专科毕业生省外就业率高于研究生这一结果又支持李永刚和王海英（2017）关于弱者流动多、强者流动少的判断。

表 1.13　　　　　　　　不同类型高校毕业生省外就业情况

类型	省外就业比例（%）	类型	省外就业比例（%）
女性	52.69	男性	61.53
专科	53.97	本科	62.55
研究生	46.11		
专科高校	53.17	本科高校	59.97
省会高校	57.53	非省会高校	49.12
非党员	57.24	党员	53.94
非师范生	59.64	师范生	37.55
非贫困生	56.99	贫困生	58.35
非人文社科	58.33	人文社科	56.21
非市区出生	59.66	市区出生	37.60

此外，非市区出生的毕业生省外就业率显著高于市区出生的毕业生，省会高校毕业生省外就业率显著高于非省会高校毕业生。而是否贫困生、是否人文社科专业毕业生在总体省外就业率方面差异并不明显。

1.2.3　中部地区高校毕业生省外就业群体差异分析

为进一步对中部地区高校毕业生省外就业的群体差异进行分析，使用二项 Logistic 模型测算学校类型、学历层次、毕业生个体特征等因素对毕业生省外就业选择的影响。回归模型为：

$$\text{Logistic}(P) = \ln\left(\frac{p_i}{1 - p_i}\right) = \alpha + \sum x_i \beta_i + \mu_i \tag{1.5}$$

其中 $P_i = P(y = 1 \mid x_1, x_2, \cdots, x_i)$ 为高校毕业生流出（省外就业）的发生概率。

在梳理已有文献的基础上，本书将学校的层次、位置，学科专业、学历以及毕业生性别、生源地、是否党员、困难生、师范生等因素纳入回归模型（见表 1.14），具体模型为：

$$\ln\left(\frac{p_i}{1 - p_i}\right) = \alpha + \beta_1 \text{NCUniv}_i + \beta_2 \text{IsUniv}_i + \beta_3 \text{IsHumanities}_i + \beta_4 \text{NotLocStu}_i$$

$$+ \beta_5 Sex_i + \beta_6 EduLevel_i + \beta_7 IsCPS_i + \beta_8 CityBorn_i$$
$$+ \beta_9 NormStu_i + \beta_{10} PoorStu_i + \mu_i \qquad (1.6)$$

表 1.14 实证模型变量情况

变量	符号	赋值及含义
已省外就业	EmpOutPro	0. 省内就业；1. 省外就业
省会高校	NCUniv	0. 非省会高校；1. 省会高校
本科高校	IsUniv	0. 专科高校；1. 本科高校
人文专业	IsHumanities	0. 理工科；1. 人文社科
外地生源	NotLocalStu	0. 本地生源；1. 外地生源
性别	Sexcode	0. 女；1. 男
学历层次	EduLevelCod	1. 专科；2. 本科；3. 研究生
正式党员	IsCPC	0. 非正式党员；1. 正式党员
市区出生在	CityBorn	0. 非市区出生；1. 市区出生
师范生	NorStuCod	0. 非师范生；1. 师范生
困难生	PoorTypeCode	0. 非困难生；1. 困难生

利用 Stata15，运用二项 Logistic 回归模型对毕业生省外就业的 10 个影响因素进行分析。所有回归的 LR 统计量相伴概率均为 0.0000，模型的拟合优度较高，Pseudo R^2 均在 10% 以上，整体效果较好。具体的估计结果如表 1.15 所示。

表 1.15 高校毕业生省外就业影响因素：边际效应（均值处）

变量	1	2	3	4	5	6
Obs.	274 445	274 445	274 445	274 445	274 445	274 439
学校固定效应						Yes
专业固定效应					Yes	Yes
省会高校				− 0.0487 ***	− 0.0347 ***	
本科高校			0.0054 *	0.0059 *	− 0.0276 ***	
人文社科		0.0166 ***	0.0165 ***	0.0144 ***	− 0.0237	− 0.0477 **
外地生源	0.4002 ***	0.3999 ***	0.3993 ***	0.3984 ***	0.4133 ***	0.4095 ***
性别	0.0730 ***	0.0769 ***	0.0770 ***	0.0760 ***	0.0339 ***	0.0293 ***
学历层次	0.0334 ***	0.0335 ***	0.0301 ***	0.0302 ***	− 0.1409 ***	− 0.1841 ***
正式党员	− 0.0804 ***	− 0.0798 ***	− 0.0786 ***	− 0.0784 ***	− 0.0144 *	− 0.0172 **
市区出生	− 0.1070 ***	− 0.1074 ***	− 0.1075 ***	− 0.1082 ***	− 0.1074 ***	− 0.1082 ***

续表

变量	1	2	3	4	5	6
师范生	− 0. 2282 ***	− 0. 2334 ***	− 0. 2339 ***	− 0. 2339 ***	− 0. 2016 ***	− 0. 1386 ***
困难生	0. 0082 ***	0. 0083 ***	0. 0083 ***	0. 0083 ***	0. 0060 ***	0. 0054 ***
LR chi2 (6)	47 119. 6	47 175. 9	47 179. 2	47 272. 9	54 207. 5	61 806. 3
Pseudo R^2	0. 1240	0. 1242	0. 1242	0. 1244	0. 1427	0. 1627
Correctly classified	66. 77%	66. 65%	66. 65%	66. 75%	69. 02%	69. 95%

注：*** 表示 $p < 0.01$，** 表示 $p < 0.05$，* 表示 $p < 0.1$。

在第 1 列的回归模型中，考察性别、学历层次、正式党员、外地生源、市区出生、师范生、困难生等毕业生特征对其省外就业概率的影响。从结果来看，外省生源毕业生比本地生源毕业生到省外就业的概率高 40.2%；男性比女性毕业生省外就业的概率高 7.3%，学历越高，省外就业概率越高；困难生省外就业的概率也更高；而党员毕业生、市区出生、师范生的省外就业率偏低。第 2 列控制人文社科专业后，各变量的回归系数均未出现明显变化，人文社科类毕业生省外就业的概率相对其他专业高 1.6%。此后，第 3 列、第 4 列分别控制本科高校和省会高校，除了贫困生系数不显著之外，其他变量未发生明显变化，省会高校的毕业生留在省内就业的概率高于非省会高校，本科高校毕业生更倾向到省外找工作。在第 5 列控制专业固定效应之后，本科高校毕业生、人文社科专业毕业生、学历层次更高的毕业生到省外工作的概率从正变负。这意味着本科高校的毕业生更倾向留在本省工作，学历越高的毕业生越倾向在本省工作。同时，第 6 列进一步控制学校固定效应，学历对毕业生外省工作概率的影响依然显著。

总体来看，外地生源、学历层次、师范生和市区出生是影响高校毕业生省外就业概率的主要因素。外地生源高校毕业生省外就业概率比本地生源高 40% 左右，学历提高使毕业生省外就业概率下降 18%，师范生、市区出生的毕业生更倾向于留在本省工作。此外，人文社科类专业毕业生留在本省工作的概率高于理工科 4.7%。省会高校、本科高校、女性、正式党员的毕业生到省外就业的概率降低。

进一步运用二项 Logistic 回归模型对不同类型的高校毕业生流出影响因素进行了分析，结果如表 1.16 所示。

表 1.16 不同类型高校毕业生流出影响因素分析：边际效应（均值处）

变量	专科生	本科生	研究生	男性	女性	非困难生	困难生	人文社科	理工科
Obs.	154 228	104 501	8 601	134 565	132 770	232 305	35 031	147 303	120 033
专业固定效应	Yes	Yes	Yes	Yes	Yes	Yes	Yes	Yes	Yes
省会高校（−）	−0.0872***	0.0337***	0.0638*	−0.0081	−0.0485***	−0.0422***	0.0207**	−0.0462***	−0.0159**
本科院校（−）				−0.0118***	−0.0280***	−0.0179***	−0.0486***	−0.0489***	0.0187***
外地生源（+）	0.4522***	0.3713***	0.4477***	0.3496***	0.4880***	0.4368***	0.3145***	0.4419***	0.3978***
性别（+）	0.0469***	0.0177***	0.0466***			0.0352***	0.027***	0.0255***	0.0469***
学历层次（−）				−0.0738***	−0.1940***	−0.1343***	−0.0886***	−0.2050***	−0.0577***
正式党员（−）	−0.0984**	0.0152	−0.0620***	−0.0278**	−0.0045	−0.0214**	−0.0090	−0.0285**	0.0024
市区出生（−）	−0.1245***	−0.0952***	−0.0712***	−0.1062***	−0.1152***	−0.1158***	−0.0706***	−0.1211***	−0.0986***
师范生（−）	−0.4415***	−0.1011***	−0.2004***	−0.1487***	−0.2456***	−0.2109***	−0.2197***	−0.2236***	−0.1631***
困难生（−）	0.0068***	0.0049***	0.0110	0.0073***	0.0053***			0.0059***	0.0068***
LRchi2（6）	34 513.5	16 560.4	2 160.2	19 205.1	33 954.3	49 854.6	4 838.0	32 014.7	22 402.0
PseudoR²	0.1616	0.1167	0.1821	0.1044	0.1848	0.1550	0.1003	0.1568	0.1352
Correctly classified	69.83%	67.93%	72.19%	66.35%	71.77%	69.47%	65.17%	68.72%	69.24%

注：变量列括号里标注了该变量对毕业生总体省外就业概率的影响，＋表示省外就业概率更高，−表示省外就业率更低；*** 表示 $p < 0.01$，** 表示 $p < 0.05$，* 表示 $p < 0.1$。

根据回归结果可以发现：一是外地生源毕业生更倾向省外就业尤其体现在专科和研究生群体，其中，女性、非困难生、理工科的外地生源毕业生的省外就业概率更高。二是学历层次越高，毕业生省外就业倾向越低，尤其体现在女性、非困难生和人文社科类毕业生上。三是男性省外就业倾向高于女性，尤其是专科、研究生毕业生，非困难生和理工科毕业生省外就业倾向更高。四是省会高校毕业生总体省外就业率更低主要是通过专科生、女性、非困难生、人文社科专业毕业生更高的就地择业率来实现的。五是正式党员毕业生总体省外就业率更低主要是通过专科和研究生、男性、非困难生、人文社科专业毕业生更高的就地择业率来实现的。六是市区出生、师范类专科生、女性、非困难生和人文社科毕业生就地择业的概率更高。

欠发达地区高校毕业生大量流出会损害地区人力资本积累，影响地区经济追赶的顺利实施。本书使用 2018 年江西省高校毕业生就业监测系统行政数据，采取二项 Logistic 模型分析欠发达地区高校毕业生的省外就业特征及群体差异，研究结果表明。

（1）欠发达地区高校毕业生省外就业率高。中部地区高校毕业生总体省外就业率为 52.3%，远高于马莉萍和潘昆峰（2013）、岳昌君和李欣（2016）基于抽样调查数据的判断。

（2）外省生源毕业生省外就业率高达 77.89%，比本省生源省外就业率高38%，尤其是专科和研究生、女性、非困难生和人文社科专业外省生源毕业生的省外就业率更高。

（3）学历层次提高会明显减少高校毕业生省外就业率。这与岳昌君和李欣（2016）、赵晶晶（2016）、张抗私和周晓蒙（2018）关于跨省就业发生率随学历层次的提高而增加的判断不一致，支持李永刚和王海英（2017）关于弱者流动多、强者流动少的研究结论。其中，男性、困难生和理工科毕业生的省外就业倾向更为明显，而女性、非困难生和人文社科专业毕业生省外就业率稍低。

（4）与多数研究结论一致，本章的分析也证实了男性高校毕业生的省外就业率高于女性毕业生。分专业来看，人文社科类专业毕业生留在本省工作的概率高于理工科毕业生，支持张剑宇和谷雨（2018）关于自然科学专业毕业生流失状况相对于社会科学专业更为严重的结论。

第 2 章　降级流动

乡村振兴和区域协调发展是推进共同富裕的坚实基础（李辉，2021；张明皓，2021；王婷，2021），而人力资本是其中不可缺失的关键因素（Robert E. Lucas，1988；蔡昉，2015；夏怡然，2019）。高校毕业生的合理流动能够有效缓解地区发展不平衡（刘焕，2020；曹立，2020），因此，如何引导高校毕业生流向乡村和经济欠发达地区，对于缩小地区差距、加快中西部地区跨越发展具有重要意义（芦千文，2020；贾洪波，2020）。

推拉理论（Heberle，1938）、托达罗模型（M. P. Todaro，1969）等传统劳动力流动模型认为经济发展水平是引起流动的主要因素，劳动者为寻求更高薪资水平、就业机会以及生活水平，流动往往表现为农村流向城市或低收入地区流向高收入地区的升级流动。然而，根据中部某省 2018 年高校毕业生就业调查数据显示，有 4.75% 的高校毕业生选择到低于生源地经济发展水平的城市就业，出现降级流动。显然，传统劳动力迁移模型难以为高校毕业生的降级流动现象提供理论支撑。降级流动群体究竟具有怎样的特征？降级流动的内在机理又是什么？分析高校毕业生降级流动机理有助于丰富劳动力流动理论、引导高校毕业生合理流动，具有重要的理论价值和现实意义。

2.1　谁在降级流动？——高校毕业生流动去向与群体特征

2.1.1　数据来源及指标说明

本章数据来源于中部某省 2018 年高校毕业生就业调查数据。该数据由该省就业办组织收集，涵盖该省所有高等院校，主要变量包括毕业生性别、户口、生源地、就读学校、学历、就业地、工作类型、家庭贫困情况等各项信息，样本总量 169 029 份。

为了明晰高校毕业生流动的特征及主要影响因素，本章将毕业生生源地和就业地按照《2019 中国城市商业魅力排行榜》分别划分为一线到五线共五个城市等级。按照毕业生流动的情况，将生源地为 n 线城市，但选择往（n−1）线城市就业的毕业生定义为"−1"级流动，以此类推，选择往（n＋1）线城市就业则定义为"＋1"级流动，同级流动则定义为"0"级流动（见表 2.1）。

表 2.1　　　　　　　　　　　　高校毕业生流动等级表

就业地生源地	一线	二线	三线	四线	五线
一线	0	−1	−2	−3	−4
二线	1	0	−1	−2	−3
三线	2	1	0	−1	−2
四线	3	2	1	0	−1
五线	4	3	2	1	0

2.1.2　高校毕业生流动情况

从总体的情况来看，选择降级流动的毕业生有 8 033 名，占比为 4.76%。其中，有 5 673 名毕业生选择 −1 级流动，共占比为 3.36%；1 814 名毕业生选择 −2 级流动，共占比为 1.07%；除此以外，还分别有 546 名同学选择 −3 级或 −4 级流动，共占比 0.33%。从统计数据来看，选择降级流动的高校毕业生中，绝大多数倾向于选择向 −1 级或者 −2 级的城市流动，在选择降级城市就业时，就业城市有较大跨越的毕业生占比较小（见表 2.2）。

表 2.2　　　　　　　　　　毕业生流动类型及相应的百分比

流动等级	样本频数	样本频率（%）
−4	94	0.06
−3	452	0.27
−2	1 814	1.07
−1	5 673	3.36
0	64 166	37.96
1	29 109	17.22
2	38 898	23.01

流动等级	样本频数	样本频率（%）
3	22 497	13. 31
4	6 326	3. 74
合计	169 029	100

2.1.3　传统劳动力迁移模型下的毕业生降级流动情况

刘易斯二元结构理论、哈里斯—托达罗模型、"推力—拉力"理论、钱纳里和赛尔昆多国模型理论等均揭示了收入差距是影响人口流动的主要因素。因此，分析毕业生对工资收入的预期能够更好地了解毕业生流动机理。在 169 029 名毕业生群体中，预期工资变量剔除极值以及空白值后有效样本 107 504 人，其中，非降级流动毕业生 102 801 人，降级流动毕业生 4 703 人，具体工资预期情况如表 2.3 所示。

表 2.3　　　　　　　　降级流动毕业生群体工资预期情况

流动类型	预期工资（%）						预期平均工资（元）
	2 000 元及以下	2 001 ~ 3 000 元	3 001 ~ 4 000 元	4 001 ~ 5 000 元	5 001 ~ 6 000 元	6 000 元以上	
非降级流动	8. 41	27. 68	33. 17	20. 02	7. 82	2. 90	3 456. 839
降级流动	7. 65	27. 88	36. 81	19. 05	6. 68	1. 93	3 411. 971

注：预期平均工资取区间中位数，2 000 元及以下取 1 000 元，6 000 元以上取 6 500 元。

表 2.3 显示，大部分毕业生群体预期工资在 2 001 ~ 5 000 元，选择降级流动的毕业生群体预期平均工资低于非降级流动毕业生群体，且选择降级流动的毕业生群体预期工资在 5 000 元以上的比例也小于非降级流动毕业生，这表明选择降级流动毕业生群体对工资的预期低于非降级流动毕业生，预期收入并不是引起毕业生降级流动的主要因素。

2.2　相对贫困理论下降级流动的机理分析

2.2.1　理论基础

相对贫困概念起源于英国学者西博姆·朗特里（Seebohm Rowntree），他在长期社会调研的基础上提出了"次级贫困"的概念，即当社会中某些特定人群的收入尽管已经实现了较大程度提高，却仍然处于社会边缘地位的时候，他们依旧属于社会中的贫困群体（ROWNTREEBS，1901）。相对贫困是基于一种主观的心理感受或价值判断，它不单单局限于收入水平，更强调人的主观心理感受（罗必良和洪炜杰，2021；周力和沈坤荣，2021；周力和邵俊杰，2020）。

兴起于 20 世纪 80 年代的新迁移学说从相对贫困和风险分散的角度来考察迁移动机，论证了迁移者在不考虑收入差距的情况下，为了减轻相对贫困和分散风险而进行迁移的合理性（张宗益，2007），即使不能提高收入，为了降低相对贫困感，个体也会作出迁移的决定（Oded Stark，2003）。大量学者研究发现，在为了就业而进行区域迁移时，求职者并不一定是为了增加家庭的绝对收入，而是为了改变对于现有参照群体的相对收入，以达到提升家庭相对地位的目的（纳拉扬，2001；魏月皎和葛深渭，2020）。蔡昉和都阳（2002）通过对中国 4 个贫困县市的数据检验了相对贫困是发生流动的显著原因；陈芳妹等（2006）用"RD"假说来研究农村劳动力的相对贫困对其迁移决策的影响时指出，农村家庭成员迁移，不只是为了提高自己的绝对收入，同时也是为了提高与其他家庭相比较的相对收入，减轻与某一参照群体比较后的相对贫困感。简言之，相对贫困思想强调的是对于个人或家庭而言，收入的提高给人带来效用的提升和心理的满足感，绝不是仅仅在于绝对收入的多少，而更在于与特定参照群体相比较后的主观心理感受。（张永丽和徐腊梅，2019）。

2.2.2　机理分析

相对贫困理论强调人在与特定参照群体相比较后的主观心理感受，多发生于农村以及城市贫困或低收入群体。为了更好研究相对地位对毕业生就业流向的影响，本书比较了毕业生流动特征在生源地等级、户口类型与家庭经济状况方面所表现出的差异，将毕业生按生源地等级、户口类型、家庭经济状况对毕业生进行分类，具体类别如表 2.4 所示。

表 2.4　　　　　　　　　各线级城市不同家庭毕业生就业地情况

生源地城市线级	户口类型	家庭经济状况（%）		就业地城市（%）					降级流动比例（%）
				一线	二线	三线	四线	五线	
一线	城市	贫困	0	–	–	–	–	–	0
		非贫困	100	84.6	15.3	–	–	–	15.3
	农村	贫困	6.3	68.7	17.4	6.3	5.7	1.6	31
		非贫困	93.6	73.8	14.3	5	4.6	2	25.9
二线	城市	贫困	5.4	18.8	76.7	2.1	1.7	1	4.8
		非贫困	94.5	13.3	78.9	3.7	3.2	0.6	7.5
	农村	贫困	7.4	28.2	59.7	5.6	5.4	0.9	11.9
		非贫困	92.4	21.8	67.4	5.2	4.2	1.1	10.5
三线	城市	贫困	16	33.8	27.4	33	4.2	1.2	5.4
		非贫困	83.9	25.7	25.4	44.2	3.7	0.9	4.5
	农村	贫困	16.3	34.3	32.7	26.9	5	0.9	5.9
		非贫困	83.5	30.4	28.5	35.2	4.7	1	5.7
四线	城市	贫困	9.1	22.2	33.1	7.9	35.2	1.2	1.2
		非贫困	90.7	20.7	26	6	46.5	0.6	0.6
	农村	贫困	14.4	34.7	33.9	7.7	22.3	1.3	1.3
		非贫困	85.5	31.2	30	7.2	30	1.4	1.4
五线	城市	贫困	11.3	37.4	31.8	3.9	4.8	21.8	–
		非贫困	88.7	28.9	26.8	4.7	5	34.4	–
	农村	贫困	16.6	31.1	29.7	9.6	6.3	23.1	–
		非贫困	83.4	30.8	25.9	9.1	6.2	27.9	–

由表 2.4 可见，一、二线城市农村户口毕业生降级流动比例较大。依据相对贫困理论，该类群体一方面希望依靠自身学历等优势期望通过降级流动获得更多就业机会，另一方面通过改变现有的参照群体以缩小自身家庭与参照群体的差距，通过提高自身家庭的相对地位获得更好的生活条件。

2.3　相对贫困理论下降级流动的影响因素实证分析

2.3.1　模型建立

在传统推拉模型基础上，依据相对贫困理论，增加相对地位变量构建高校毕业生的流动模型。基于随机效用与效用最大化假设，引入效用函数为：

$$\text{Logit}(P) = \ln\left(\frac{P}{1-P}\right) = \alpha + \beta_1 HP_1 + \beta_2 SP_2 + \beta_3 DIS_3 + \beta_4 RP_4 + \varepsilon \quad (2.1)$$

其中，P 表示毕业生选择降级流动的概率；$1-P$ 表示毕业生选择非降级流动的概率，为常数项；HP_1、SP_2、DIS_3、RP_4 分别代表影响降级流动的人力资本、社会资本、工作地出生地经济水平差异以及相对地位等级四类影响因素；$j = 1$、2、3、4 表示各自变量的回归系数，ε 表示随机扰动项。

本书引用优势比 OR 值解释回归结果，代表某一变量相对于对照变量（对照变量的 OR 值默认为 1）降级流动与非降级流动意愿的比值，其中，优势比大于1 时表明该变量相比于对照组具有更强的降级流动意愿，优势比小于 1 时表明该变量相比于对照组降级流动意愿更弱。以是否降级为因变量，依次加入各影响因素相关变量。首先加入人力资本变量与控制变量（模型一），其次在此基础上加入社会资本变量（模型二），再次加入工作地出生地经济水平差异变量（模型三），最后加入相对地位变量（模型四）。

2.3.2　变量描述

（1）相对地位衡量。为了更好地体现出毕业生个体之间的相对地位的差异，本书根据收入情况对毕业生生源地的户口类型、贫困程度及生源地城市线级进行赋值，分别得到有序变量户口类型（N1）、贫困程度（N2）、生源地城市线级（N3），并以此为基础构建了新变量 score（相对地位得分），即 score = N1 × N2 × N3。各变量对应权重见表 2.5，其中，户口类型 N1 赋值采用 2018 年农村居民人均可支配收入与城镇居民人均可支配收入之比四舍五入取整得到；贫困程度 N2赋值以最低工资标准的 1/3 表征建档立卡户收入水平，以最低工资标准表征一般贫困群体收入水平，为明确群体差异，非贫困群体取值为 0；线级城市 N3 赋值以《2019 中国城市商业魅力排行榜》城市排名为基础计算出的各线级城市职工平均工资后按照平均工资增长情况赋值，该变量可解释为等级得分越高者，相对地位越低。如在三线城市的城市户口群体中，一般贫困家庭得分为 $3 \times 2 \times 1 = 6$分，建档立卡贫困家庭得分为 $3 \times 3 \times 1 = 9$ 分，即三线城市的城市户口群体中，建档立卡贫困家庭的相对地位低于一般贫困家庭。

表 2.5　　　　　　　　　　　相对地位得分权重情况

户口类型 N1	农村（1）	城市（3）		
贫困程度 N2	建档立卡（3）	一般贫困（2）	不贫困（0）	
生源地城市线级 N3	一线（5）	二线（2）	三线（1）	四线（1）	五线（1）

（2）其他变量描述。以是否降级流动为因变量，以相对地位得分为核心自变量，依次放入人力资本变量（学历水平、成绩排名、党员、辅修、学校等级），社会资本变量（父母文化程度、父母及家庭背景对就业是否有帮助），工作地出生地经济水平差异变量（工作地与出生地房价差值、工作地与出生地人均GDP差值、工作地与出生地平均工资差值），为了增强结果信度，模型还控制了性别、户口类型以及贫困类型。具体变量名称及描述性统计如表 2.6 所示。

表 2.6　　　　　　　　　　　主要研究变量的描述统计

变量	选项	计数	百分比（%）
是否降级流动	是	160 997	95.25
	否	8 033	4.75
性别	男	85 760	50.74
	女	83 270	49.26
父母文化程度	没上过学	6 532	3.86
	初中及以下	109 003	64.49
	高中	36 995	21.89
	大专	9 213	5.45
	本科	6 620	3.92
	研究生	666	0.39
党员	否	166 579	98.55
	是	2 451	1.45
辅修	否	149 371	88.37
	是	19 659	11.63
父母及家庭背景对就业是否有帮助	无	81 777	48.38
	有	87 253	51.62
学历水平	本科及以下	101 140	59.84
	本科以上	67 890	40.16
学校类型	综合大学	59 941	35.46

续表

变量	选项	计数	百分比（%）
	后 20%	7 601	4.5
	后 21%～40%	19 267	11.4
成绩排名	前 40%～60%	45 567	26.96
	前 21%～40%	42 434	25.1
	前 20%	54 161	32.04
	前十本科	33 550	19.85
学校等级	普通本科	59 835	35.4
	专科	75 645	44.75
相对地位得分	均值为 0.435，标准差为 1.31，最小值为 0，最大值为 18		
工作地与出生地 人均 GDP 差值	均值为 16 866.37，标准差为 26 181，最小值为 -84 721，最大值为 99 601		
工作地与出生地房价差值	均值为 2 838.47，标准差为 5 316，14，最小值为 -23 715，最大值为 24 785		
工作地与出生地 平均工资差值	均值为 7 866.72，标准差为 15 737.75，最小值为 -72 721，最大值为 72 721		

2.3.3　回归结果分析

为了更直观地体现出各解释变量对毕业生流动选择的影响，本书选择使用相对风险比（Odds Ratio）对结果进行解释，具体结果如表 2.7 所示。

表 2.7　　　　　　　　　　　　回归结果

是否降级流动	模型一 OR（P>z）	模型二 OR（P>z）	模型三 OR（P>z）	模型四 OR（P>z）
0（非降级流动）				
1（降级流动）				
相对地位得分 （核心自变量）				1.158 ***
				(0.000)
工作地与出生地 人均 GDP 差			0.963 ***	0.964 ***
			(0.001)	(0.000)
工作地与出生地 平均工资差			0.965 ***	0.965 ***
			(0.000)	(0.000)
工作地与出生地房价差			1.004 ***	1.003 **
			(0.008)	(0.019)
家庭背景对就业帮助情况 （以基本无帮助为参照）		0.977	0.876 ***	0.873 ***
		(0.447)	(0.000)	(0.000)

续表

是否降级流动	模型一 OR（P>z）	模型二 OR（P>z）	模型三 OR（P>z）	模型四 OR（P>z）
父母学历水平 （以父母未上过学为参照）		1.003 （0.881）	0.936 *** （0.001）	0.936 *** （0.001）
学历水平 （以本科以下为参照）	1.469 *** （0.000）	1.468 *** （0.000）	1.426 *** （0.000）	1.419 *** （0.000）
是否辅修 （以无辅修为参照）	1.002 （0.762）	1.002 （0.741）	1.002 （0.816）	1.002 （0.800）
成绩排名 （以专业后20%为参照）	0.995 （0.698）	0.995 （0.691）	1.015 （0.247）	1.013 （0.329）
学校等级 （以前十本科为参照）	0.968 （0.282）	0.969 （0.299）	0.973 （0.366）	0.973 （0.383）
党员 （以非党员为参照）	1.208 （0.111）	1.209 （0.111）	1.079 （0.536）	1.076 （0.555）
性别 （以女性为参照）	1.099 *** （0.002）	1.099 *** （0002）	1.247 *** （0.000）	1.248 *** （0.001）
贫困类型 （以不贫困为参照）	0.924 ** （0.011）	0.923 *** （0.010）	1.011 （0.731）	0.718 *** （0.000）
户口类型 （以农村户口为参照）	0.761 *** （0.000）	0.761 *** （0.000）	0.817 *** （0.000）	0.725 *** （0.000）
_cons	0.042 *** （0.000）	0.043 *** （0.000）	0.057 *** （0.000）	0.058 *** （0.000）
	Prob > chi2 = 0.000 Pseudo R^2 = 0.0066	Prob > chi2 = 0.000 Pseudo R^2 = 0.0066	Prob > chi2 = 0.000 Pseudo R^2 = 0.0969	Prob > chi2 = 0.000 Pseudo R^2 = 0.0989

注：*** 表示 $p < 0.01$，** 表示 $p < 0.05$。

在依次放入各影响因素变量后，模型伪 R^2 在增大，表明模型拟合效果更好。回归分析结果显示，在95%的显著性水平上，相对地位得分对降级流动影响显著。

（1）工作地与出生地经济水平影响毕业生降级流动。其中，工作地与出生地人均 GDP 差值、平均工资差值与毕业生降级流动呈负相关，而房价水平差值则与毕业生降级流动呈正相关。这就意味着工作地、出生地经济水平差异越大，毕业生越倾向于升级流动，而房价越贵毕业生越倾向于降级流动，这与托达罗、引力模型等传统劳动力模型结论一致。

（2）相对地位得分高的毕业生群体降级流动的概率是相对地位得分低的毕业生群体的 1.158 倍，即家庭相对地位低的毕业生群体降级流动的概率大于相对地位高的毕业生群体，结论与蔡昉、纳拉扬等的研究结论一致。

（3）家庭困难的毕业生群体降级流动的概率是非困难毕业生群体的 0.7251 倍，这就意味着控制其他因素后贫困家庭毕业生不是降级流动的主力军，绝对贫困不是降级流动的主要因素。

（4）除此以外，人力资本中学历水平对降级流动影响显著，受教育水平越高的毕业生群体依靠自身学历优势选择降级流动时就业选择更多，其降级流动的概率越大。社会资本中，父母对就业帮助程度越大、父母学历水平越高的毕业生群体越不倾向于降级流动。其中，男性相比于女性更倾向于降级流动，农村户口毕业生较城市户口毕业生更倾向于降级流动。

2.4 高校毕业生降级流动就业质量对比分析

上述结果表明，相对地位等级是影响高校毕业生降级流动的重要因素。那么，与非降级流动毕业生相比，降级流动毕业生就业质量是否存在显著差异？本书从就业满意度（社保满意度、月薪满意度）、工作社会匹配度以及单位类型等方面对比分析两类群体的就业质量差异。

从表 2.8 可知，首先，降级流动与非降级流动毕业生对就业总体满意度没有显著差异；但在月薪满意度方面，降级流动毕业生群体的满意度显著更高；而在社保满意度方面，两类毕业生群体无显著差异，这表明降级流动并未削弱毕业生就业满意度，甚至其对薪资水平的满意度略高于非降级流动毕业生群体。其次，在工作专业匹配方面，降级流动毕业生群体工作专业匹配度显著高于非降级流动毕业生群体，说明降级流动毕业生群体依靠自身学历等优势在选择降级流动时更容易找到与专业相匹配的工作。最后，在单位类型方面，两类毕业生单位类型选择差异不大，但是降级流动毕业生群体选择进入机关单位、事业单位以及体制内单位的比例显著高于非降级流动毕业生群体。结合相对贫困理论，机关单位、事业单位以及体制内单位能够为降级流动毕业生群体带来更高的工作稳定性以及相对较高的社会地位，与上面相对地位等级是影响毕业生降级流动的主要因素这一结论相契合。总体看来，降级流动毕业生群体对工资的预期不高，但是对月薪的满意度却高，这可能是因为机关单位、事业单位以及体制内单位就业为该类毕业生群体带来了更高的相对地位，其幸福感也更高。

表2.8　　　　　　　　　降级与非降级流动毕业生就业质量对比

就业质量维度	测量变量	非降级流动	降级流动	差值及显著性
就业满意度	总体满意度	1.549	1.545	-0.004
	月薪不满意	0.2	0.18	-0.019 ***
	月薪一般满意	0.557	0.562	0.005
	月薪比较满意	0.243	0.258	0.014 **
	社保不满意	0.13	0.123	-0.007
	社保一般满意	0.501	0.511	0.01
	社保比较满意	0.368	0.366	0.002
工作专业匹配度	工作专业不匹配	0.232	0.196	-0.036 ***
	工作专业一般匹配	0.196	0.196	0
	工作专业比较匹配	0.571	0.607	0.036 ***
单位类型	机关单位	0.011	0.017	0.006 ***
	国有企业	0.085	0.079	-0.006
	事业单位	0.116	0.163	0.048 ***
	体制内单位	0.212	0.259	0.048 ***
	三资企业	0.039	0.021	-0.018 ***
	民营企业	0.745	0.717	-0.028 ***

注：*** 表示 $p < 0.01$，** 表示 $p < 0.05$，其中，就业总体满意度0表示不满意，1表示一般满意，2表示比较满意，其他变量均为0、1变量。

第3章 一流专业毕业生流动——
以中部地区为例

高等教育作为地区人力资本积累的重要途径（Abramovsky et al., 2007；岳昌君, 2020），服务并支撑着区域经济发展（Schultz, 1961；王守法和王云霞, 2006，杨岭和毕宪顺, 2020）。党的十九大报告强调，要加快一流大学和一流学科（以下统称"双一流"）建设，实现高等教育内涵式发展。2018年，《关于高等学校加快"双一流"建设的指导意见》更是将"双一流"建设纳入区域发展的重大战略。

随着"双一流"建设的推进，省级一流专业建设作为"双一流"建设的基本单元与支撑（廖祥忠, 2018；李明磊和王战军, 2020），引领着地区优质本科人才的培养（林健, 2019；许祥云等, 2020）。但地区教育回报在很大程度上依赖于其毕业生的就业流向（Faggian & McCann, 2006），尤其是欠发达地区，大规模毕业生流出会损害地区人力资本积累（Wilson, 1995），抑制当地政府对教育的再投资（张锦华, 2008），影响欠发达地区的经济追赶（吴雯雯和曾国华, 2019），进而加剧区域间的经济差距（辛斐斐和范跃进, 2017）。

基于此，深度剖析一流专业毕业生区域间流动规律，特别是跨省域的流动特征是欠发达地区制定相关就业政策和区域人才政策的重要依据（赵晶晶等, 2016）。然而，现有研究宽泛地讨论一流学科与大学的建设，未深入到专业建设这一根基，且由于数据不可获得性，对一流专业的研究仅限于在教学方式改革（郑庆华, 2018；薛山和江文辉, 2020）、专业调整优化（李国立, 2017；张晞和顾永安, 2019）、质量评价指标（杨频萍, 2018；王凯等, 2019）等方面进行定性分析，缺少对一流专业人才流动的定量分析。

那么，在"双一流"建设与区域发展不平衡的背景下，经济欠发达地区一流专业毕业生的流失程度如何？呈现了怎样的流动特征？哪些是影响一流专业毕业生就业地选择的关键因素？本书使用中国中部某省 2018 年高校毕业生就业调查数据对上述问题进行深入分析，以期为地方政府有效引导人才流向、促进区域经济协调发展以及中部地区高校人才培养改革提供建议及依据。

3.1　一流专业毕业生流动相关文献综述

3.1.1　毕业生流动相关理论概述

劳动力流动模型为分析高校毕业生就业地选择提供了理论依据，其中，典型的是托达罗模型、推拉理论、社会资本理论，它们分别从预期收入、流出地与流入地和家庭背景等角度解释劳动力流动。

托达罗（Todaro，1969）认为城乡预期收入差异是农村人口流入城市的主要动机，而非实际收入差距，流入城市的人口随着城乡预期收入差距的扩大而增加。他认为预期收入需综合考虑实际收入与就业概率，且劳动力迁移在城市部门预期收入水平高于农村收入时才会发生。但蔡昉（2002）认为，根据绝对收入差距假说，在中国应该是收入差距最大的西部地区向东部地区劳动力迁移的规模最大，但事实是中部地区劳动力流向东部地区的规模比西部地区劳动力流向东部地区的规模大得多。

拉文斯坦（Ravenstein，1889）最早从移入地的吸引力与原住地的排斥力，即拉力和推力的视角研究人口迁移规律。而后博根（Bogne，1959）补充道，人口为改善生活条件而流动，所以流入地有利于改善生活条件的因素就成为拉力，而流出地不利的生活条件就是推力，并认为流动是流入地拉力与流出地推力的共同作用。事实上，流出地与流入地同时存在推力与拉力，只是在迁入地，拉力比推力大；而在迁出地，推力占主导。

社会资本理论认为卓越的社会关系能使人在工作信息获取上更具优势（Mouw，2003）。安德堡和安德森（Anderberg and Andersson，2007）结合工作信息传播理论，得出社交环境在一定程度上决定个体对教育的期望回报。在实证上，费雷拉和吉纽（Ferreira and Gignoux，2014）发现，以家庭背景为因素的机会不平等在教育成就的差异高达 35%。埃德米尔（Aydemir，2009）发现，家庭收入在决定代际收入流动性程度上具有重要作用。马格鲁德（Magruder，2010）

发现，父亲会为子女提供有用的网络连接从而使得子女进入自身所在行业，且父亲提供的社会网络资源可使儿子被雇用的概率提高 1/3。

总体来看，高校毕业生初次就业地选择受到诸多因素的影响，包括生源地与就业地预期收入差距，也包括培养地与就业地的推力与拉力，还包括毕业生的家庭背景。本书在描述分析的基础上，对托达罗理论、推拉理论以及社会资本理论是否会影响一流专业毕业生就业地选择的三个命题构建统一分析框架，并利用多元 Logistic 回归模型进行验证。

3.1.2　毕业生流动现有研究概述

近年来，毕业生流动一直是众多学者的研究热点。在高校毕业生流动现状上，现有研究主要从跨区域流动维度进行分析，发现毕业生向北上广深等东部发达地区集中的趋势长期存在（马颖和朱红艳，2007；岳昌君和李欣，2016；祝欢，2019）。

而为了解毕业生就业流向的动因，学术界已经积累了大量研究成果。其中，女性更具流动惰性已被多数学者认可（敖山和丁小浩，2011；岳昌君，2014；张抗私和周晓蒙，2018）。然而，社会资本、所属专业等因素对毕业生流动的影响仍具有争议。例如，岳昌君（2011）和孔高文（2017）指出，有较高社会资本的毕业生更倾向于不流动，即在户籍地就业；但于澄清与李小玲（2019）发现，社会资本越强，大学生跨区流动性越强；也有研究不支持社会资本作用于大学生流动（付非，2020）。张剑宇和谷雨（2018）认为自然科学专业的毕业生相比于社会科学专业更倾向于跨省就业。而李永刚和王海英（2017）发现专业技能取向的学科（理工科）毕业生跨省流动比注重通用性能力发展的学科（人文社科）更严重。

不仅如此，有些影响因素还没有获得数据支撑，比如，人力资本理论认为学习某个专业会增加与该专业相关的知识技能。同时，研究证明人们找工作时会偏好能发挥自身知识技能的工作（Simpson，1992）。所以，理论上，争取专业与工作匹配是毕业生流动的重要动因（张再生，2000；费毓芳和余新丽，2006）。然而，当前研究主要是将匹配度作为被解释变量，考虑流动次数（Hensen et al.，2009）、流动距离（Jauhianen，2011；马莉萍，2015）、流动方向（邓峰和郭建如，2020）等对匹配度的影响，或研究匹配度造成的工资效应（刘杨，2010；王子成和杨伟国，2014）、工作满意度差异（Allen and Velden.，2001；郭睿和周灵灵，2019）等，而尚没有实证研究证实专业与工作匹配度对毕业生流动产生影响。

特别地，有研究发现院校地已有社会资本的积累及对院校地的熟悉感是毕业生就业地选择的重要依据（马莉萍等，2013），但后续研究将院校地以省级划分，默认毕业生在培养地市所积累的社会资本与熟悉度会延伸到省级层面，以此来分析毕业生的流动。然而，毕业生可能对院校地市有留恋，却不一定对院校所在省份有依赖。

3.2 一流专业毕业生就业地选择描述性统计

3.2.1 一流专业毕业生分布情况

为了解一流专业毕业生的分布情况，本书使用 2018 年中部某省高校毕业生行政监测数据，该数据涵盖该省所有高等院校，共 317 900 个样本数据。主要包括毕业生性别、年龄、学历、学校、院系、专业、政治面貌、培养方式、民族、就业行业、单位名称、单位所在地、生源所在地等变量。本书以该省教育厅公示的一流专业建设名单确定省级 120 个一流专业及对应高校，筛选出一流专业毕业生的数据，剔除信息缺失样本后，有效样本数为 23 292（见表 3.1）。

表 3.1　　　　　　　　　　　一流专业毕业生分布情况

高校类型	毕业总人数	一流专业毕业人数	各类院校中一流专业毕业生占比（%）	一流专业毕业生在各类院校的分布（%）
综合院校	119 017	6 071	5.10	26.06
理工院校	100 643	7 837	7.79	33.65
农林院校	13 226	658	4.98	2.83
医药院校	20 365	3 047	14.96	13.08
师范院校	28 162	2 412	8.56	10.36
财经院校	24 069	2 785	11.57	11.96
政法院校	3 746	183	4.89	0.79
艺术院校	4 934	299	6.06	1.28
成人院校	3 738	0	0.00	0.00
总计	317 900	23 292	100	100

由表 3.1 可知,各类院校中一流专业毕业生占比有所差异。首先,医药院校中近 15% 的毕业生出自一流专业,在各类院校中占比最高,其次是财经院校有约 11% 的毕业生为一流专业毕业生,而综合院校、农林院校、政法院校毕业生中一流专业毕业生占比相对较低,且成人院校未设置一流专业。

一流专业毕业生分布广泛但有所侧重。一流专业在除成人院校之外的各类院校中都有分布,但主要分布在理工院校与综合院校,这两类院校一流专业毕业生占一流专业总人数的近 60%,接着是一流生分布在医药院校、财经院校、师范院校的比例均超过 10%,而分布在农林院校、政法学院、艺术院校的占比最低,均不足 5%。

3.2.2　一流与非一流本科毕业生就业地选择对比

接着使用 2018 年中部某省高校毕业生就业调查数据。该数据由省教育厅就业办组织收集,共 169 037 个样本数据。相比行政监测数据,这份数据增加了月薪满意程度、工作地人文环境、工作地硬件环境、工作压力状况、工作晋升空间、学校人才培养满意度、学校课程安排满意度、学校实践水平等体现主观评价的变量。为探究该省一流专业人才走向及动因,同样筛选出一流专业毕业生的数据并处理后,问卷有效样本数为 12 884。

本书对一流专业毕业生流动的分析维度是省份(不含港澳台地区),所指的流动是跨省份流动。所以,先将就业地按是否在院校地所在省份划分为省内与省外,并为更细致地描述毕业生就业地区的差异,进一步将省内就业区分为学校地市或其他地市,对省外就业则按以往研究的区分为东部地区、中部地区、西部地区。由于一流专业毕业生仅指本科教育,为规避不同学历层次对就业地选择的影响,本书仅对一流专业毕业生与非一流专业本科毕业生的就业地选择的差异进行描述,具体情况如表 3.2 所示。

表 3.2　一流专业与非一流专业本科毕业生就业地选择群体差异对比　　单位:%

群体类型	就业流向									
	省内				省外					
	院校地		其他地		东部		中部		西部	
一流/非一流	一流	非	一流	非	一流	非	一流	非	一流	非
总体	23.66	30.76	14.39	20.36	44.45	39.70	8.95	3.71	8.55	5.47

续表

群体类型		就业流向									
		省内				省外					
		院校地		其他地		东部		中部		西部	
一流/非一流		一流	非	一流	非	一流	非	一流	非	一流	非
性别	女	24.96	33.25	16.52	23.90	42.77	33.70	7.97	3.39	7.77	5.75
	男	22.53	28.24	12.54	16.76	45.91	45.79	9.80	4.03	9.23	5.18
所属学科	哲学类	40.91	53.33	9.09	6.67	40.91	20.00	0.00	6.67	9.09	13.33
	经济学类	25.45	21.21	5.91	19.00	52.27	46.63	8.03	6.42	8.33	6.74
	法学类	20.00	30.20	17.82	23.65	40.73	28.81	8.73	7.70	12.73	9.63
	教育学类	35.01	33.87	29.98	22.22	26.21	34.43	4.40	4.93	4.40	4.56
	语言文学类	26.77	26.12	21.74	23.49	34.55	40.38	9.84	4.97	7.09	5.04
	历史学类	22.81	31.03	12.28	21.26	52.63	31.61	8.77	6.32	3.51	9.77
	理学类	27.32	27.00	24.72	20.62	33.83	37.96	7.99	7.85	6.13	6.58
	工学类	19.66	20.38	8.97	13.43	49.31	50.46	11.13	7.31	10.93	8.43
	医学类	26.05	28.04	7.56	18.78	45.80	39.36	12.18	8.84	8.40	4.97
	军事学类	28.20	24.58	26.84	24.02	31.41	37.26	6.22	6.01	7.34	8.13
	管理学类	18.46	22.51	8.89	18.73	58.56	43.81	7.14	6.54	6.94	8.40
	艺术学类	33.50	24.70	10.23	8.78	43.61	43.56	9.14	15.06	3.53	7.90
生源	省外	17.56	16.42	4.20	3.68	50.92	50.13	12.07	10.31	15.24	19.46
	省内	28.09	35.45	21.80	25.81	39.74	36.30	6.68	1.55	3.69	0.89
生源地线级	一线	13.88	13.68	4.10	2.48	56.94	52.38	9.31	3.72	15.77	27.74
	二线	29.95	45.05	9.75	11.06	48.02	39.22	7.21	2.32	5.08	2.34
	三线	24.53	30.12	16.07	23.24	45.24	41.51	8.83	3.26	5.33	1.87
	四线	22.76	29.73	17.75	23.40	42.00	38.38	8.96	3.95	8.53	4.54
	五线	20.66	22.70	9.65	14.17	39.83	35.70	10.95	6.15	18.92	21.29

（1）总体上，一流专业毕业生流失更严重。一流专业毕业生出省率高于非一流专业本科毕业生 13 个百分点，其中，去省外东部、中部、西部地区就业的比例分别比省内高出 5%、5%、3%。

（2）分性别来看，女性相比男性流动意愿更弱，但女性一流专业毕业生比非一流专业毕业生流动意愿更强，出省率高出 15%，这一差异主要体现在选择东部地区就业的比重上。而男性一流专业毕业生比非一流专业毕业生去向省外的比重仅高出 10%，且差异主要体现在去往省外中部地区与西部地区的比重。

（3）分所属学科来看，哲学类、法学类、历史学及管理学类的一流专业毕业生流失现象相比于非一流专业毕业生更为严重，出省比例更高，其中，历史学与管理学类的一流专业毕业生去东部发展的比重分别高出非一流专业毕业生 20%、15%。特别地，教育学类、理学类、军事学类、艺术学类的一流专业毕业生比非一流专业毕业生留省率要高。

（4）从生源地来看，省外生源一流专业与非一流专业毕业生的出省率差异不大，而省内生源一流专业毕业生的出省率高于省内生源非一流专业毕业生 11%，其中，省内生源一流专业毕业生会比非一流专业毕业生更倾向于在省外中部地区就业。

（5）以生源地城市等级细分来看，无论是一流还是非一流专业毕业生，一线城市生源毕业生出省率都在 80% 左右，五线城市生源这一比率则约 65%。不同的是，生源地为二线、三线、四线的一流专业毕业生出省率比非一流专业毕业生分别高出 16.42%、12.75%、12.62%。另外，一流专业毕业生去东部地区就业的比例都高于非一流专业，但随着生源地等级下降，一流专业毕业生流向东部地区的比例逐步递减。

3.3　一流专业毕业生就业城市选择实证分析

3.3.1　实证模型

本书实证部分同样使用由该省教育厅就业办组织收集的 2018 年该省高校毕业生就业调查数据，调查共回收问卷 169 037 份。本书在筛选出一流专业毕业生的数据后，对关键变量缺失的个案进行剔除，最终问卷有效样本数为 6 896。基于托达罗理论、推拉理论及社会资本理论，采用多元 Logistic 模型分析，以毕业生流向为因变量，以预期收入，流入地与流出地的状况、家庭背景为自变量，同时控制个体异质性特征、生源地差异等因素对一流专业毕业生就业区域选择的影响。建立理论模型如下：

$$\text{Logit}(P_i/3) = \ln\left(\frac{p(Y=i\mid X)}{p(Y=3\mid X)}\right) = \beta_0 + \beta_1 EI + \beta_2 RC + \beta_3 S$$
$$+ \gamma_i \text{Control}_i (i=1,2,3) \tag{3.1}$$

其中，EI 表示预期收入，RC 表示流入地及流出地推力与拉力，S 表示毕业生的社会资本。主要变量及说明见表3.3。

表 3.3 变量说明及描述性统计

变量类别		变量	变量名	定义	描述性统计		
					均值	最大值	最小值
因变量		Flowcode	毕业生流向	1. 省内学校所在地市 2. 省内其他城市 3. 省外地市	2.383	3	1
自变量	预期收入	EI	就业地与生源地收入差的自然对数	工作地人均可支配收入与生源地人均可支配收入之差	6.098	11.044	0
	流入地与流出地的推力与拉力因素	EMMatchCod	工作专业匹配度	1. 非常不匹配 2. 不太匹配 3. 一般 4. 比较匹配 5. 非常匹配	3.524	5	1
		InsureCod	社会保障	1. 无福利保障 2. 五险或四险 3. 五险一金 4. 除五险（或四险）一金外，还有其他保障	2.337	4	1
		EmpRepuCod	签约单位在业界的知名度和认可度	0. 不了解 1. 很不高 2. 不太高 3. 一般 4. 比较高 5. 非常高	3.095	5	0
		SchsuggestCod	对母校的满意度	1. 非常不满意 2. 不太满意 3. 一般 4. 比较满意 5. 非常满意	3.639	5	1

续表

变量类别		变量	变量名	定义	描述性统计		
					均值	最大值	最小值
自变量	社会资本	PrthelpCod	就业时父母帮助	1. 基本没帮助 2. 帮助不大 3. 帮助一般 4. 帮助较大 5. 帮助非常大	1.960	5	1
		PoorTypeCode	困难生类别	0. 非困难生 1. 家庭困难 2. 建档立卡户	0.189	2	0
	控制变量	Sexcode	性别	0. 女性 1. 男性	0.535	1	0
		Workinhome	是否回生源地市	0. 不回生源地 1. 回生源地	0.198	1	0
		CityBorn	是否出生在市区	0. 否 1. 是	0.098	1	0
		IsHumanities	学科性质	0. 理工科 1. 人文社科	0.329	1	0
		UnivLevel	学校省级层次	1. 前10本科 2. 普通本科	1.235	2	1
		UnivCitylevel	学校所在地城市层次	1. 一线 2. 二线 3. 三线 4. 四线 5. 五线	2.465	5	2

3.3.2 实证结果

本书以下部分基于回归模型（3.1）对一流专业毕业生就业地选择的影响因素进行多元 Logistic 回归，具体回归结果如表3.4所示。

表3.4　　　　　一流专业毕业生初次就业地选择的影响因素

变量	学校所在地市	省内其他城市	变量	学校所在地市	省内其他城市
lnDAveWage	−1.357 *** (0.05182)	−1.740 *** (0.06856)	Sexcode	−0.195 ** (0.7799)	−0.355 *** (0.09212)
EMMatchCod	−0.124 *** (0.03323)	−0.031 (0.04016)	Workinhome	−11.749 *** (0.47811)	−12.968 *** (0.60007)
InsureCod	−0.367 *** (0.04201)	−0.209 *** (0.04942)	CityBorn	1.180 *** (0.10782)	0.766 *** (0.13848)
EmpRepuCod	−0.063 ** (0.02899)	−0.068 ** (0.03408)	IsHumanities	0.024 * (0.08090)	−0.246 ** (0.09790)

变量	学校所在地市	省内其他城市	变量	学校所在地市	省内其他城市
SchsuggestCod	0.084 ** (0.04084)	0.082 * (0.04882)	UnivLevel	0.416 *** (0.08754)	0.300 *** (0.09983)
PrthelpCod	−0.088 ** (0.03489)	−0.109 *** (0.03968)	UnivCitylevel	−0.398 *** (0.05883)	0.301 *** (0.05799)
PoorTypeCode	0.209 *** (0.07428)	0.501 *** (0.08750)			

注：括号里面为稳健标准误；*** 表示 $p < 0.01$，** 表示 $p < 0.05$，* 表示 $p < 0.1$。

根据回归结果可知：

首先，就预期收入而言，经济因素显著影响一流专业毕业生就业地选择。相比于留在省内学校地或省内其他城市，就业地与生源地之间的预期收入越大，一流专业毕业生更倾向于去省外就业，符合托达罗模型的假设。

其次，从一流专业毕业生的流入地与流出地因素来看，一流专业毕业生为追求更高的专业与工作匹配度倾向于往省外就业，而更少留在学校地；而社会保障、签约单位在业界的知名度和认可度对于一流专业毕业生初次就业地选择都有显著影响；对学校满意程度越高，一流专业毕业生留省就业拉力越大。

再次，从社会资本来看，父母对就业帮助越大，毕业生越可能去向省外发展；而贫困程度越高的毕业生更倾向于选择省内，无论是学校地还是省内其他城市。

最后，从控制变量来看，男性相比女性更易选择出省工作；城镇户口毕业生相对于农村户口毕业生，更倾向于留在省内就业；人文社科类毕业生相比于理工科类毕业生，相比于在省内其他城市，会更倾向于省外。从学校客观环境来看，相比于省外就业，普通本科毕业的一流专业学生相比于从省内前 10 本科毕业的，更倾向于留在省内，无论是省内学校地还是其他城市；学校所在地市层次越高，毕业生越不可能选择留在学校地市工作。

本书运用 2018 年中部某省高校毕业生就业行政监测及调查数据，通过描述性统计以及多元 Logistic 回归计量方法对一流专业毕业生流向与影响因素作出分析，主要结论如下。

（1）中部地区一流专业人才流失严重，东部地区是其首选就业地。

（2）一流专业毕业生在就业地选择时具有很强的经济动机。一流专业毕业生追逐高预期收入，对相对发达的东部地区具有很强偏好。

（3）培养地与就业地的推力和拉力共同作用于一流专业毕业生就业地选择。比如，对培养地的高推荐度可以促进一流专业毕业生留省内就业；还有，就业地工作匹配度，流入机构的声誉、福利待遇等均能影响一流专业毕业生省际流动。

（4）社会资本越强，一流专业毕业生跨省流动性越强。父母对就业帮助越大，其越可能去向省外发展；而家庭贫困程度越高，其越倾向于省内就业。

（5）一流专业毕业生就业地选择还会受到个体特征、学校客观环境等因素的影响。个体因素方面，女性相比男性在省际流动中更具惰性；城镇户口毕业生相对于农村户口的毕业生，更倾向于留在省内就业；人文社科类毕业生相比于理工科类毕业生，比起在省内其他城市就业，会更倾向于省外。而从学校客观环境分析，学校所在地市层次越高，相比于省外就业，其越不可能选择留在学校所在地工作。普通本科毕业的一流专业学生相比于从省内前 10 本科毕业的，更倾向于留在省内。

基于上述研究结果，需要当地政府、企业、高校多方联动，构建留住一流专业人才的长效机制，促进一流专业毕业生有序合理就业。本书提出的具体建议如下。

首先，地方政府应利用好劳动力市场机制，引导一流专业人才的资源配置。将招才引智与区域发展深度融合，结合当地产业特色科学规划，加快产业升级进程，拓展毕业生省内就业空间。同时，以政策引智，做好人才优惠政策解读与宣传；以环境留人，营造宽容友善、尊重人才的社会氛围，增强凝聚力与认同感。

其次，区域企业完善自身建设，加强与地方高校的产学研合作教育。注重自身发展，提升行业竞争力，以硬实力吸引人才。畅通企业招聘信息的校内发布渠道，结合毕业生人力资本特质进行岗位配置，完善人才培养制度，同时，合理设置薪酬福利及晋升制度，以留住所需一流专业人才。

最后，地方高校应提升一流专业建设的区域服务意识，充分发挥协同作用。重视区域经济发展及行业需求变化趋势，及时改进一流专业人才培养及教学方案，统筹加强专业与区域行业的契合度，实现一流专业建设与当地市场、产业精准有效的对接。也要注重提升学生对教育过程的满意度，对毕业生就业观念加以引导，使其了解中部崛起的重要意义和政策优势，鼓励毕业生立足该省、扎根中部、建设中部。

第二篇

职业选择

就业是民生之本，财富之源，是最大的民生。人社部印发的《关于做好2021年全国高校毕业生就业创业工作的通知》指出，各地要将高校毕业生就业作为重中之重，以实施高校毕业生就业创业促进计划为统领，以品质就业服务为支撑，精准施策、多方发力，确保高校毕业生就业局势总体稳定。党的十九大报告也明确提出，要提高劳动者就业质量，实现充分就业，注重解决各类就业矛盾，破除体制机制弊端，使人人都有实现自身发展的机会。党的二十大报告进一步强调，要深入实施就业优先战略，健全就业公共服务体系，加强困难群体就业兜底帮扶，完善促进创业带动就业、多渠道灵活就业的保障机制。从党的十九大到党的二十大，我国对就业和创业问题的重视程度不断提升，政策体系不断完善。然而，当前流动性减弱已成为中国社会的重要问题，职业代际传递问题凸显。同时，作为新兴劳动力的高校毕业生却面临严峻的就业形势。而创业作为就业的一种特殊形式，是缓解就业压力、解决就业难题的有效途径。然而，尽管在国家积极创业政策的鼓励下，我国大学生创业率仍远低于发达国家。

那么，我国职业代际传递现状如何？受过高等教育的高校毕业生是否依然存在明显的职业代际传递？哪些是影响职业代际传递的关键因素？高校毕业生回生源地能否帮助其进入体制内，从而缓解就业压力？毕业生又为何回生源地就业？促进毕业生自主创业，是认真学习理论知识，还是去实习积累经验呢？两者之间是互补还是互斥呢？大学生去实习实践积累经验会成为食之无味、弃之可惜的鸡肋，还是促进创业成功的肱骨呢？对于这些问题的回答，对于政府制定政策、高等教育、经济发展而言，不仅十分必要，而且非常紧迫。

本篇以2018年中部某省高校毕业生就业行政数据对高校毕业生职业代际传递分布进行分析，并从职业效评和职业概率两个方向考察不同职业类型的代际传递水平差异，并重点分析了毕业生回生源地就业、人力资本和家庭背景对体制内职业选择和职业代际传递的影响，分析体制内各部门差异，探究其影响方式和作用机理。同时，进一步剖析毕业生回生源地体制内就业的主要原因。此外，还研究了实习实践时长、在校成绩等对创业行为的影响，并验证分析个体特征是否存在调节效应。这些研究发现对于推进社会公平和稳定，助推大学生自主创业、提高创业行为等自我发展至关重要。

第4章　谁在子承父业

向上通道瓶颈化，阶层结构固化（马传松和朱挢，2012；卢盛峰等，2015；解雨巷和解垩，2019），阶层间呈现"复制式流动"特征（缪子梅，2015），流动性减弱已成为中国社会的重要问题。社会流动性反映了一个社会的机会均等程度，对于保持社会活力、促进经济增长具有重要意义（邵挺等，2017）。大量研究表明，经济不平等在很大程度上来自家庭背景、种族、性别和出生地等导致的机会不平等（邹薇，2019）。由于职业因素在阶层代际传递中的重要影响，职业代际传递已成为代际收入流动以及社会分层等问题的一个重要逻辑环节（汪燕敏，2013；刘志龙，2014；周兴和张鹏，2014），也成为社会流动性和代际传递研究的关键维度。然而，多数研究表明，父代对子代职业选择有着强大的影响作用，子承父业趋势明显（郭丛斌和丁小浩，2004；孙凤，2006；刘非菲和梁岩，2014）。更令人担忧的是，近年来我国职业代际传递趋势更是显著加强（卢盛峰等，2015）。深入研究职业代际传递的形成机理和影响因素对于保持我国社会活力、实现经济高质量发展具有重要的理论价值。

从贝克尔和托姆斯（Becker and Tomes，1979）将代际传递纳入均衡分析开始，众多国外学者通过职业矩阵对职业代际传递现象进行研究（Guest et al.，1989；Long and Ferrie，2007），韩雷等（2016）、解雨巷和解垩（2019）等一批国内学者对我国职业代际传递性进行了深入的分析。但由于数据要求和研究成本较高，多数研究仅针对某一类特殊的、受社会关注的职业（例如机关、事业单位和国有企业等体制内工作）进行深入分析，对职业代际传递整体研究相对较少，对影响职业传递性差异的因素研究鲜有所见。

与此同时，虽然教育是职业代际流动的重要影响因素已形成一致观点（Blau & Duncan，1967；Breen and Jonsson，2007；Breen et al.，2009、2010；Ruiz，2016；

张翼，2004；邢春冰，2006；吴晓刚，2007；郭丛斌和闵维方，2009；周兴和张鹏，2014；王学龙和袁易明，2015；阳义南和连玉君，2015），但在其影响力度的判断上依然存在较大争论。例如，布林等（Breen et al.，2010）、李力行和周广肃（2014）、吕姝仪和赵忠（2015）等认为教育能够促进职业代际流动，但詹恩和塞勒（Jann and Seiler，2014）、郝雨霏等（2014）的研究却并不支持这一结论。那么，我国职业代际传递现状如何？受过高等教育的高校毕业生是否依然存在明显的职业代际传递？哪些是影响职业代际传递的关键因素？本书以 2018 年中部某省高校毕业生就业行政数据对上述问题进行深入分析。

4.1　高校毕业生是否存在职业代际传递

4.1.1　高校毕业生职业代际传递水平测算

（1）数据来源与总体分布。本书采用中部某省 2018 年高校毕业生就业调查数据。该调查由省教育厅就业办组织收集，涵盖该省所有高等院校，共 169 037 个样本数据，主要变量包括毕业生年龄、性别、户口、职业类型、父母学历及职业类型、毕业院校信息、在校期间各项表现、工作环境等各项信息。为探究各职业代际传递情况，本书从中选取已确定就业单位的毕业生数据，剔除缺失值，有效样本数为 106 877 个。

本书从毕业生职业单位类型的角度出发，研究高校毕业生的不同职业类型代际传递差异。由于问卷中毕业生职业单位类型包括党政机关、科研设计单位、高等教育单位、中初教育单位、医疗卫生单位、其他事业单位、国有企业、三资企业、其他企业、部队、乡镇建制村和城镇社区，而毕业生父代职业单位类型分类为党政机关、科研设计单位、高等教育单位、中初教育单位、医疗卫生单位、文化新闻出版单位、社会团体和社会服务机构、国有企业、三资企业、民营企业、军队、乡镇建制村、城镇社区和其他。为便于比较分析，根据《事业单位登记管理暂行条例实施细则》第一章第四条规定，本书将调查中毕业生及其父代单位类型中的科研设计、高等教育、中初教育、医疗卫生、文化新闻出版、社会服务和其他事业单位合并为事业单位。具体情况如表 4.1 所示。

表 4.1　　　　　　　　　　毕业生与父代职业类型对应表

父代职业单位类型	毕业生职业单位类型	合并后对应职业单位类型
党政机关	党政机关	机关单位
科研设计单位	科研设计单位	事业单位
高等教育单位	高等教育单位	
中初教育单位	中初教育单位	
医疗卫生单位	医疗卫生单位	
文化新闻出版单位	其他事业单位	
社会团体和社会服务机构		
国有企业	国有企业	国有企业
三资企业	三资企业	三资企业
民营企业	其他企业	民营企业
军队	部队	部队
乡镇建制村	农村建制村	乡镇建制村
城镇社区	城镇社区	城镇社区
其他		其他职业

　　图 4.1 为毕业生及其父代职业类型的 Sankey 图，其中，左边是父代职业类型，右边是对应子女的职业类型。可以看出，各职业都有很大比例流向民营企业，同时，存在明显的职业代际传递效应，但不同职业类型又有所差异。

图 4.1　毕业生及其父代职业代际流动 Sankey 图

　　（2）代际传递水平指数。为定量研究职业代际传递效应与职业流动性的大小，本书借鉴布劳和邓肯（Blau and Duncan，1967）、卓玛草（2016）、李天舒等（2017）、卢现祥和尹玉琳（2018）等众多学者计算职业代际继承性指数和职业代际流动性指数的方法，对不同职业类型的代际差异进行分析。假定存在 n 种职业，理论期望值概率为独立假设下父代职业为 i 与子代职业为 j 的边际概率乘积。实际观测值概率表示父代职业为 i 与子代职业为 j 的联合概率。职业代际继承性指数和流动性指数 M_{ij} 为：

$$M_{ij} = \left(p_{ij} \Big/ \frac{\sum_{i=1}^{n} p_{ij} \times \sum_{j=1}^{n} p_{ij}}{\sum_{i=1}^{n} \sum_{j=1}^{n} p_{ij}} \right) \tag{4.1}$$

其中，p_{ij} 为父代职业为 i、子代职业为 j 的频数。当 i＝j 时，父代与子代职业相同，M_{ij} 表示为职业代际继承性指数；当 i≠j 时，父代与子代职业不同，M_{ij} 表示为职业代际流动性指数。当 $M_{ij} > 1$，表示父代职业为 i，子代职业为 j 的实际观测值大于理论期望值，说明父代职业为 i 时，子代将更可能流入职业 j；当 $M_{ij} < 1$，那么可能性就较小。

职业代际流入指数 I_j 表示为：

$$I_j = \left(\sum_{i \neq j} p_{ij} \Big/ n - 1 \right) \tag{4.2}$$

其中，代际流入指数表示父代职业不为 j、子代职业为 j 的可能性。如果数值越小，说明该职业代际流动性较小，若父代不是该项职业，则子代进入该职业就越困难；反之，说明该职业代际流动性较强，职业进入开放程度较大。

职业代际流出指数 O_i 表示为：

$$O_i = \left(\sum_{i \neq j} p_{ij} \Big/ n - 1 \right) \tag{4.3}$$

其中，代际流出指数表示父代职业为 i、子代职业不为 i 的可能性。如果数值越大，说明该职业代际流动水平较高，子代有很大的可能不从事与父代相同的职业；反之，则说明该职业代际流动水平较低。

（3）测算结果。总体来看，高校毕业生职业代际流动性指数平均为 1.05，代际流出指数均值为 0.89。

分职业毕业生代际职业流动矩阵如表 4.2 所示。职业继承性指数为主对角线上的元素，衡量了职业代际继承性水平，数值越大意味着职业代际继承水平越高。职业流动性指数为非主对角线上的元素，衡量了职业代际流动性水平，数值越大意味着职业在代际之间的流动性越强。

表 4.2　　　　　　　　毕业生代际职业的流动性指数和继承性指数

父代	子代									
	其他	机关单位	事业单位	国有企业	三资企业	民营企业	部队	乡镇建制村	城镇社区	流出指数
其他	0	0.9135	1.1163	0.8759	0.9626	0.9990	0.9203	0.5841	0.9446	0.9145
机关单位	0	4.7821	1.1634	1.5065	0.6921	0.8690	0.9072	0	4.3030	1.1802
事业单位	0	1.5200	1.2863	1.4136	1.1084	0.8931	1.1300	0	1.2611	0.9158
国有企业	0	0.9501	0.7347	2.6333	0.7494	0.8709	1.2706	2.4371	0.6673	0.9600
三资企业	0	1.0239	0.6322	0.6890	3.5159	0.9677	0.6343	0	1.4158	0.6704
民营企业	0	0.5576	0.6142	0.7495	1.0054	1.0981	0.7457	1.9072	0.6364	0.7770
部队	0	0.8802	1.1935	1.7010	0.8151	0.8097	30.5363	0	0	0.6749
乡镇建制村	0	0.8093	0.9259	1.1521	1.4520	0.9721	1.7548	2.7249	0.9326	0.9999
城镇社区	0	0.6769	1.0861	0.7413	1.1004	1.0142	1.4537	1.2155	0.7488	0.9110
流入指数	0	0.9164	0.9333	1.1036	0.9857	0.9245	1.1021	0.7680	1.2701	

由表 4.2 分析可知，从代际继承性指数和流动性指数来看，除城镇社区职业类型外，其他 7 种职业的代际继承性指数均高于 1。其中，部队的职业代际继承性指数最高达 30.5363，还有流至国企倾向。机关单位代际继承性指数也较高，为 4.7821，事业单位代际继承性指数为 1.2863，这两种职业类型在体制内单位流动倾向明显。此外，三资企业、乡镇建制村、国有企业的代际继承性指数分别为 3.5159、2.7249、2.6333，都表现了这些职业存在明显的子承父业现象。

从代际流出指数来看，机关单位的代际流出指数最高，为 1.1802，说明父代职业为机关单位的毕业生有很大的概率不从事相同职业。国有企业、事业单位、乡镇建制村和城镇社区职业，毕业生从父代职业中流出的可能性也较大。部队职业的流出指数最小，为 0.6749，说明父代为部队职业的毕业生从该职业流出的可能性较小。

从代际流入指数来看，国有企业、部队和城镇社区职业的代际流入指数都较大，说明这些职业开放程度较高，父代不是该类职业而毕业生流入该职业的可能性较大。乡镇建制村职业的代际流入指数最小，为 0.7680，说明父代不是该职位的毕业生进入的概率较小。

根据表 4.2 的代际流入、流出难易结果对不同职业类型进行分类，结果如表 4.3 所示。容易流入是指父代不从事某种职业的子女流入该职业的可能性较大，流入该类职业较为容易；容易流出是指父代从事某种职业的子女流出该职业的可能性较大，容易流出该类职业。由表4.3可以看出部队职业容易流入，但是不易流出。国有企业和城镇社区容易流入和流出。机关单位、事业单位和乡镇建制村都容易流出但不易流入。三资企业和民营企业既不易于流入也不易于流出。

表4.3　　　　　　　　　　　　　职业代际流入、流出分类

代际流入	代际流出	
	容易流出	不易流出
容易流入	国有企业 城镇社区	部队
不易流入	机关单位 事业单位 乡镇建制村	三资企业 民营企业

4.1.2　高校毕业生职业代际传递水平判断

随着对职业代际传递问题的不断深入研究，众多学者计算出了具体的职业代际继承性指数、流动性指数以及职业代际流入、流出指数，本书总结整理了部分学者的数据结果（见表4.4）。

表4.4　　　　　　　　　　相关学者职业代际继承、流动数据结果

作者 （年份）	数据	调查对象	计量方法	结果
郭丛斌 丁小浩 （2004）	2000年国家统计局在全国范围内城镇住户调查数据	全国范围内抽样城镇住户	代际继承性指数，Logistic回归模型	我国所有职业代际继承性指数均大于1，职业代际流动性指数平均为0.87，职业代际流出指数均值为0.75
刘菲菲 梁岩 （2014）	中国综合社会调查（CGSS2006）	全国范围多阶段分层抽样	代际继承性指数，对数线性模型	代际继承性指数均大于1，除农民外，其他职业代际流入、流出指数都较小
周兴 张鹏 （2014）	中国综合社会调查（CGSS2006）	全国范围多阶段分层抽样	代际继承性指数，Multinomial Logit（MLM）模型	无论城镇还是农村家庭，子代初次就业还是现在的职业，全部职业代际继承性指数均大于1

续表

作者 （年份）	数据	调查对象	计量方法	结果
李天舒 （2017）	中国综合社会调查（CGSS2013）	全国范围多阶段分层抽样	代际继承性指数，Ordinal Logistic 模型	无论城镇还是农村家庭，各职业类型的代际继承性指数均大于1，且除务农人员以外，农村家庭的其他职业代际传承性均要稍高于城镇
王春光 （2003）	2001 年中国社会科学院社会学研究所"当代中国社会结构"课题组调查数据	全国分阶段随机抽样	职业代际继承率，描述性分析	我国职业代际继承率为76.04%，代际流动率仅为23.96%
许申 （2011）	2009 年北京大学教育学院高校毕业生就业调查	高职学生和本科学生	职业代际继承率，描述性分析	高职学生职业代际继承率为12.4%，代际流动率为87.6%；本科学生职业代际继承率为12.9%，代际流动率为87.1%
薛凯 （2014）	中国健康与养老追踪调查（CHARLS2011）	中国 45 岁及以上中老年家庭和个人	职业代际继承率，单变量线性回归、有序响应模型	在农、商、官职业父子代际传承百分比分别为0.330、0.632 和0.313；母子代际传承百分比分别为0.312、0.664 和0.444
李力行 周广肃 （2014）	中国家庭收入调查（CHIPS1995、2002、2007）和2005 年中国人口抽样调查	全国范围多阶段分层抽样	职业代际继承率，Probit 回归	1931～1985 年，我国职业代际传递趋势不断加强，在 1985 年职业代际传递概率为0.36
尹秀 （2016）	中国营养与健康调查（CHNS）2011 年调查数据	山东、河南、辽宁、黑龙江、江苏、湖南、湖北、北京、上海、重庆十省抽样调查	职业代际继承率，双对数代际收入弹性模型	对全部职业类型，子代继承父代职业的概率都大于0.60

作者 （年份）	数据	调查对象	计量方法	结果
莫艳清 （2017）	2011 浙江省居民社会流动问卷调查数据	浙江农村和城区 1978 年以后入职的居民	职业代际继承率，Logistic 回归模型	从改革开放以来，我国总体代际职业流动率为 79.3%，不流动率为 20.7%，且随时间的发展，总流动率呈现出不断上升的趋势。2002～2011 年代际职业流动率为 82.1%，不流动率为 17.9%
秦晓岚 （2019）	2015 年 1 月国家社科基金青年项目《高等教育能否促进社会阶层流动》问卷调查"大学能否改变命运"总数据	受高等教育者	职业代际继承率，Logistic 回归模型	职业代际继承率为 25.9%，流动率为 74.1%

由于研究年份、数据以及对象的不同，学者们得到的数据结果也存在一定的差异。但仍然可以看出，尽管职业分类不同，但所有学者计算得到的职业代际继承性指数均大于 1，这说明我国长期以来一直存在明显的子承父业现象。莫艳清（2017）指出，改革开放以后，我国总体代际职业不流动率为 20.7%。比较秦晓岚（2019）结论，在研究对象都为受高等教育者的基础上，本书计算得到的 2018 年高校毕业生所有职业代际继承率仅为 17.02%，比 2015 年的 25.90% 明显减少，说明职业代际继承总体情况明显减弱。

本书职业代际流动性指数平均为 1.05，代际流出指数均值为 0.89，与郭丛斌和丁小浩（2004）计算得到的 2000 年平均代际流动性指数 0.85、代际流出指数均值为 0.75 相比都有所提高，说明社会职业流动水平提升。以上分析结果表明，毕业生职业选择在代际间存在明显的传递效应，多数毕业生从事与父代相同的职业单位，但与此同时，不同职业类型代际传递程度存在较大差异。

那么，不同职业间是否存在明显的代际传递水平差异？又是什么原因导致这些职业间的代际传递水平差异？本书第四部分利用 Logistic 回归对职业间代际传递水平差异进行分析，第五部分从职业效评与职业概率对其成因进行说明。

4.2　职业间代际传递水平差异：Logistic 回归

4.2.1　模型选择

本书旨在考察各职业代际传递的差异性。显然，父代职业不由子女情况来确定，子女的学历、职业等特征不会反向影响父代的单位性质，因而可将父代职业看成外生变量，模型的内生性问题较弱。已有研究表明职业代际传递程度受到子女的年龄（Li et al.，2012；卢现祥和尹玉琳，2018）、性别（刘红晓，2014；张国诚，2019）、户口（陆学艺，2004；吴晓刚，2007；陈钊等，2009；李天舒等，2017）等因素的影响，在控制住可能产生影响的其他因素下，通过回归模型来分析各个职业的代际传递差异，即：

$$\text{Logit } Y_i = \beta_0 + \beta_1 X_i + \beta_2 Z_i + \varepsilon \qquad (4.4)$$

其中，Y_i代表毕业生的职业类型，X_i代表父代职业类型，Z_i代表性别等控制变量，ε代表误差项。

4.2.2　职业代际传递水平差异分析

首先以毕业生的职业类型为因变量，以父代的职业类型为自变量，控制性别、户口、民族和年龄变量进行 Logistic 回归。回归结果如表 4.5 所示。

表 4.5　各职业代际传递的回归结果

职业类型	机关	事业	国企	三资	民营	部队
父代职业为机关单位	1.657 ***	0.208 ***	0.515 ***	− 0.406 ***	− 0.476 ***	− 0.232
父代职业为事业单位	0.494 ***	0.337 ***	0.437 ***	0.071	− 0.399 ***	0.013
父代职业为国有企业	0.033	− 0.422 ***	1.286 ***	− 0.284 ***	− 0.461 ***	0.147
父代职业为三资企业	0.131	− 0.522 ***	− 0.321	1.351 ***	− 0.143	− 0.616
父代职业为民营企业	− 0.477 ***	− 0.546 ***	− 0.244 ***	− 0.031	0.406 ***	− 0.454 *
父代职业为部队	− 0.003	0.331	0.619 *	− 0.306	− 0.695 ***	3.277 ***
父代职业为乡镇建制村	− 0.151	− 0.015	0.134 **	0.312 ***	− 0.118 ***	0.545 *
父代职业为城镇社区	− 0.310	0.008	− 0.207 **	0.122	0.058	0.429
男性	− 0.036	− 1.522 ***	0.956 ***	0.808 ***	0.215 ***	3.488 ***
户口	0.097	− 0.090 **	0.263 ***	0.017	− 0.071 **	0.283

续表

职业类型	机关	事业	国企	三资	民营	部队
民族	− 0. 713 ***	− 0. 052	− 0. 184 **	0. 320 **	0. 141 ***	0. 162
年龄	0. 112 ***	− 0. 204 ***	0. 313 ***	0. 144 ***	− 0. 040 ***	− 0. 324 ***
截距项	− 6. 323 ***	3. 156 ***	− 9. 880 ***	− 7. 228 ***	1. 707 ***	− 1. 960
样本量	106877	106877	106877	106877	106877	106877
R^2	0. 0349	0. 0855	0. 067	0. 0259	0. 0120	0. 1008

注：民族分为汉族和少数民族，汉族为1，少数民族为0；户口分为城镇和农村两类，城镇户口为1，农村户口为0；*** 表示 $p < 0.01$，** 表示 $p < 0.05$，* 表示 $p < 0.1$。

根据回归结果可知，在控制相同变量的情况下，父代从事某职业明显有利于子女进入相同职业，但不同职业类型的影响程度又存在明显的差异。父代单位性质为部队的毕业生进入部队的可能性是父代非部队职业毕业生的 26. 496 倍（$e^{3.277} \approx 26.496$）。父代单位性质为机关单位的可能性为 5. 244 倍（$e^{1.657} \approx 5.244$）；三资企业为 3. 861 倍（$e^{1.351} \approx 3.861$）；国有企业为 3. 618 倍（$e^{1.286} \approx 3.618$）；民营企业为 1. 501 倍（$e^{0.406} \approx 1.501$）；事业单位的可能性最小，为 1. 401 倍（$e^{0.337} \approx 1.401$）。可见，部队的职业代际传递最为明显，后依次是机关单位、三资企业、国有企业、民营企业，事业单位最小。该结果与统计性描述中的继承性指数结论大体一致。

4.3　职业代际传递水平差异的成因：职业效评与职业概率

由表4.5可知，父代职业会显著提升了子代进入相同职业的概率，所有职业均存在代际传递现象，但不同职业的代际传递水平又存在明显的差异。那么，影响毕业生职业选择的因素是什么？哪些因素会促使毕业生从事父代相同职业？

在职业选择过程中，毕业生往往从自己心理期望的动机出发，通过衡量自身和职业的各种情况，判断是否选择从事与其父代相同的职业，从而形成职业代际传递现象。在职业单位类型选择上，赖德胜（2003）从劳动力市场分割理论出发，认为主要劳动力市场和次要劳动力市场存在明显福利待遇、就业机会差异。孙颖（2011）基于相同理论，验证这些因素会影响毕业生的就业意向。李黎明等（2008）、高耀（2011）、赖德胜等（2012）、沈红等（2015）、张丽等（2018）从人力资本和社会资本角度出发，研究毕业生职业选择的差异。

　　本书基于职业选择动机理论来探究各职业类型的代际传递差异。佛隆（1964）从期望理论出发解释个体的职业选择动机认为，个体职业选择动机取决于职业效价和职业概率。其中，职业效价表示个体对职业价值的评价，职业概率表示个体获得该职业的可能性。本书从职业效价和职业概率两个角度出发，用各个职业的月薪、社保等客观因素以及毕业生满意程度等主观评价来反映职业效价，用毕业生的人力资本来反映获得职业概率。

4.3.1　职业代际传递水平差异影响因素分析：职业效价视角

　　毕业生进行职业选择时往往会充分考虑各职业的情况，而毕业生对不同职业的心理效价是吸引其就业的最主要因素，也是影响职业发生代际传递现象的重要原因。克鲁格（Kruege，1988）、纳瓦罗和塞尔曼（Navarro and Selman，2014）等都认为公共部门与私人部门存在明显的工资差异。普法伊菲尔等（Pfeifer et al.，2011）从风险偏好角度出发认为，公共部门由于高保障等优势，能够规避风险、保障工作。孙凤（2006）认为，市场收入、工作条件和培训机会较好等优势使得主要劳动力市场代际继承程度较高。尹志超（2009）和杨娟（2012）等指出，公有制部门和非公有制部门之间存在明显的工资差异。由于不同职业类型中工资、社保、工作环境等主客观因素差异的存在，毕业生对不同职业的主观效价存在差异，这也就导致了不同职业类型代际传递程度具有明显差异。

　　表 4.6 为各职业毕业生在月薪、工作环境评价等主客观因素的均值。比较可知，部队职业的毕业生不但月薪、社保、培训状况、晋升空间和单位知名度都较高，硬件、软件环境较好，而且毕业生所有的主观满意程度也很高，工作压力小，但是工作自主程度较低。国企相比其他职业，其月薪、社保、单位知名度和月薪社保的满意程度都较高，但在硬件、软件环境较低、工作压力较大，晋升空间较小。民营企业的月薪较高，但满意程度又相对较低，拥有最高的工作自主程度和单位知名度，硬件、软件条件较好，工作压力较小，晋升空间较大，但在社保方面相对其他企业有所不足。机关和事业单位的月薪以及满意程度都较低，硬件、软件环境较好，培训较少，专业相关程度上要求较高，但在晋升空间和知名度上存在差异。三资企业月薪、社保都较高，但满意程度低，工作环境、晋升空间、单位知名度、自主程度等主观评价都相对偏低，对整体工作的满意程度相比也最低。

表 4.6　　　　　　　各职业类型毕业生在职业因素评价上的均值

类型	机关	事业	国企	三资	民营	部队
月薪区间	2.699	2.3358	3.5071	3.5481	3.0236	3.7840
月薪满意程度	2.0048	1.9375	2.1010	1.9796	2.0218	2.2920
社保覆盖程度	1.6457	1.1854	2.0156	1.7048	1.2277	1.7920
社保满意程度	2.6263	2.3256	2.7714	2.4786	2.3016	2.8160
硬件环境	2.3987	2.3986	2.1005	2.2586	2.4525	2.5680
软件环境	2.4713	2.6053	2.2092	2.4342	2.7220	2.780
培训状况	2.0605	2.0840	2.1570	2.1173	2.1861	2.4560
工作压力状况	2.0573	1.8573	1.9969	1.8690	1.8392	1.6960
晋升空间	1.8095	1.9655	1.8620	1.8779	2.1145	2.1320
单位知名度	2.4818	2.1214	2.6107	2.3418	2.7350	2.8680
工作自主程度	2.2284	2.3266	2.0061	2.2327	2.4601	1.9720
工作专业相关程度	2.4891	3.1624	2.8018	2.4225	2.3905	2.2680
理想工作一致程度	2.4350	2.4726	2.3101	2.1071	2.2263	2.4440
对当前工作满意程度	3.7603	3.7136	3.7141	3.5429	3.6572	3.7440

注：月薪区间分为2 000元及以下、2 001~3 000元、3 001~4000元、4 001~5 000元、5 001~6 000元和6000元以上六类；社保覆盖程度分为没有提供任何福利保障、基本保障——五险/四险（工伤、失业、医疗、养老、生育共五险，部分地区试点生育与医疗合并统称"四险"）、五险一金（一金指住房公积金）和除五险一金或四险一金外还提供四类其他保障和补贴；月薪满意程度、社保满意程度和对当前工作满意程度分为非常不满意、不太满意、一般、比较满意和非常满意五类；硬件和软件环境分为非常不好、不好、一般、较好和非常好；培训状况分为几乎没有、很少、一般、比较多和非常多五类；工作自主程度分为非常不自主、不太自主、一般、比较自主和非常自主五类；专业相关程度分为非常不相关、不太相关、一般、比较相关和非常相关；工作压力、晋升空间和单位知名度分为非常小、比较小、一般、比较大和非常大；理想工作一致程度分为非常不一致、不太一致、一般、比较一致和非常一致五类。

　　为进一步探究各职业主客观因素对职业发生代际传递差异的影响。以各职业是否发生代际传递为因变量，以月薪、社保以及毕业生在工作环境、压力状况等主观效价为自变量建立 Logistic 回归模型，结果如表 4.7 所示。

表 4.7　　　　　毕业生职业因素评价对各职业代际传递的回归结果

类型	机关	事业	国企	三资	民营	部队
月薪区间	−0.1861***	−0.4343***	0.0597*	0.0240	0.1332***	2.7332
月薪满意程度	−0.0864	−0.0298	0.0594	0.0420	0.0585*	−0.4358
社保覆盖程度	0.1006	0.0309	0.4738***	0.3350**	−0.2931***	0.6953
社保满意程度	0.1956**	0.0279	0.3716***	0.1171	−0.1626***	−1.5141

续表

类型	机关	事业	国企	三资	民营	部队
硬件环境	0.1941**	0.0801	−0.1533***	0.1128	0.0730***	0.2013
软件环境	−0.0962	0.0685	−0.3151***	−0.0768	0.2954***	3.5527
培训状况	0.0422	−0.0850	0.1599***	−0.1315	−0.0809***	−2.4496
工作压力状况	0.0129	0.0025	0.1251***	0.0176	−0.0119	1.7620
晋升空间	−0.3176***	−0.0403	−0.1760***	0.1247	0.2542***	0.6070
单位知名度	0.3782***	0.0114	0.6423***	0.1158	−0.3835***	2.0518*
工作自主程度	−0.1534*	−0.2095***	−0.4170***	−0.0413	0.3378***	−3.4272**
工作专业相关程度	−0.1737***	0.3293***	0.1976***	−0.0130	−0.3263***	1.2438
理想工作一致程度	0.1550	0.2417***	−0.1315**	−0.5092***	−0.0904***	−0.2008
对当前工作满意程度	0.1155	0.0126	0.0208	−0.1545	−0.0151	0.5961
截距项	−5.1623***	1.3456	−3.7797***	−4.1907	2.0379***	3.5939
控制变量	有	有	有	有	有	有
样本量	3 770	4 540	5 720	674	19 492	62
R^2	0.0571	0.1361	0.1987	0.0692	0.0975	0.6094

注：***表示 $p < 0.01$，**表示 $p < 0.05$，*表示 $p < 0.1$。

表4.7按列比较可知，部队工作自主程度较低，且对发生职业代际传递呈明显的反作用，但单位知名度对发生代际传递可能性的影响较大。机关单位发生代际传递的可能性与月薪、晋升空间和工作专业相关程度上显著成反比，但社保、硬件环境和单位知名度会促进代际传递的发生。国企在社保、培训、知名度和工作专业相关程度方面的优势会增加发生职业代际传递的概率，但工作环境、晋升空间和工作自主程度上呈反向作用。民营企业在月薪、工作环境、晋升空间、工作自主程度水平方面的提升会吸引更多的毕业生选择与父代相同的职业，但在单位知名度、社保方面会减少发生职业代际传递的可能。

按行比较，月薪越高，民营企业发生职业代际传递的可能性越大。社保覆盖面广对国企和三资企业代际传递水平呈促进作用，且对国企影响更大。工作环境、晋升空间、工作自主程度的提升会增加民营企业职业代际传递的概率。单位知名度越高，机关和国企发生代际传递概率更大，且对国企的影响更明显。工作专业相关程度在机关和民营企业中呈反向作用，但对事业单位和国有企业代际传递呈促进作用，对事业单位的影响更为明显。

4.3.2 职业代际传递差异影响因素分析：职业概率视角

不同职业都存在职业进入门槛，这些门槛在很大程度上表现为对毕业生人力资本的要求。毕业生获得该项职业的概率可以通过毕业生的人力资本来衡量。这些人力资本也是毕业生进行职业选择的基础，是形成不同职业代际传递差异的重要原因。马祖尔斯基（Maczulskij，2013）分析个体类型对公共部门的偏好程度，强调了学历水平的重要性。张优良和刘腾飞（2016）指出重点院校和父亲职业为行政管理人员的学生更偏向于从事公共部门。刘志国等（2016）、韩雷等（2016）、刘彦林和马莉萍（2018）、李中建和袁璐璐（2019）等学者指出性别、学历、毕业院校等毕业生人力资本都会影响体制内单位职业代际传递情况。

表4.8为各职业类型毕业生学校层次、学历等人力资本的均值。通过均值比较可以看出，进入国有企业的毕业生的学校层次、学历水平、成绩、学生干部要求相比都更高；机关单位对学历、党员身份、成绩、学科类别上有一定的要求。部队单位对学历、干部要求较低，但对成绩有一定的要求，同时，其更偏好男性、党员身份和理工科的毕业生。民营企业对毕业生的学校水平、学历、党员身份、成绩要求较低，但更倾向担任过干部和人文社科的毕业生。事业单位对学校、学历、党员身份要求不高，且更倾向女性毕业生。三资企业各项要求相对居中，略微偏向理工科毕业生。

表4.8   各职业类型毕业生人力资本和家庭背景帮助的均值

类型	机关	事业	国企	三资	民营	部队
学校层次	0.8176	0.6423	1.3124	1.0244	0.6160	0.7489
学历	1.51001	1.3319	1.7370	1.5508	1.3210	1.1760
党员	0.0347	0.0176	0.0240	0.0115	0.0084	0.0360
成绩排名	0.3140	0.3064	0.3370	0.2967	0.2963	0.4080
干部	0.0299	0.0320	0.0311	0.0272	0.0330	0.0240
困难生程度	0.1905	0.1896	0.1682	0.2556	0.1956	0.1240
学科类别	0.5714	0.4899	0.3582	0.3550	0.5750	0.1400
家庭背景帮助	0.5892	0.5410	0.4915	0.3869	0.4973	0.500
男性	0.5020	0.1968	0.7143	0.6911	0.5130	0.9680
民族	0.9201	0.9693	0.9543	0.9753	0.9708	0.9800
户口	0.1146	0.1087	0.1329	0.1074	0.1102	0.1560

续表

类型	机关	事业	国企	三资	民营	部队
年龄	22.1735	21.7911	22.3603	22.2143	22.0154	21.7640

注：学校层次包括专科高校、其他本科和前10本科；学历分为专科、本科和研究生；成绩排名分为前20%和非前20%；干部分为担任过干部和没有担任干部；困难生程度分为非困难生、家庭困难和建档立卡贫困户三类；学科类别分为人文社科和理工科；家庭背景帮助分为有家庭背景帮助和无家庭背景帮助。

这些人力资本是否会导致各职业代际传递的差异呢？表4.9列示了毕业生人力资本对是否发生职业代际传递的 Logistic 回归结果，进一步以各职业是否发生代际传递为因变量，以毕业生的人力资本为自变量，探究毕业生人力资本对各职业代际传递的影响。

表4.9　　　　　　　　毕业生人力资本对各职业代际传递的回归结果

类型	机关	事业	国企	三资	民营	部队
学校层次	− 0.1157	− 0.2502 ***	0.7779 ***	0.1089	− 0.3819 ***	2.9826 *
学历	0.4924 **	0.3623 **	0.5181 ***	0.4627	− 0.5537 ***	− 6.7355 **
党员	0.3683	0.6751 **	0.0071	0.4335	− 0.5486 ***	−
干部	0.1260	− 0.3515 *	− 0.2040	− 0.2415	0.0579	−
成绩排名	0.3666 **	− 0.0653	0.3345 ***	0.5353 **	− 0.0760 *	2.3059 *
困难生程度	0.5638 ***	− 0.1038	− 0.0216	0.2408	0.0400	−
学科类别	0.3912 **	− 0.3437 ***	− 0.7345 ***	− 0.1289	0.7496 ***	−
家庭背景帮助	0.6118 ***	0.5082 ***	0.5636 ***	0.1223	0.0111	2.1635
截距项	− 3.4262 *	3.0111 **	1.4674	− 3.7980	− 1.3023 ***	4.8184
控制变量	有	有	有	有	有	有
样本量	3 770	4 540	5 720	658	19 492	33
R^2	0.0306	0.0888	0.1165	0.0484	0.0577	0.3812

注：*** 表示 $p < 0.01$，** 表示 $p < 0.05$，* 表示 $p < 0.1$。

表4.9按列看，对父代职业为国企的毕业生而言，学校层次、学历越高，成绩越好，发生代际传递的可能性越大，而学科类别为人文社科对其存在负向影响。对父代职业为机关单位的毕业生来说，学历越高、成绩越好、学科为人文社科会促进职业代际传递的发生。事业单位中毕业生学校层次越高、学科类别为人文社科时，发生代际传递的可能性越小，但学历提高和党员身份对其存在促进作用。在三资企业中，毕业生的成绩对发生职业代际传递的可能性存在正向影响。对于父代职业为民营企业的毕业生，越高的学校层次和学历水平、越好的成绩排

名、具有党员身份的毕业生从事相同职业的概率更小；学科类别为人文社科的毕业生更可能与父代从事相同的职业。在父代职业为部队的情况下，学历越高的毕业生很大程度上不会在部队单位就业。

按行看，学校层次越高，事业单位、民营企业发生职业代际传递的可能性越低，且对民营企业的负向影响较大，对国有企业代际传递水平呈正向影响，且影响程度最大。除部队和民营企业外，学历水平的提升对其他单位的代际传递概率呈正向影响，且对机关和国企影响效果最大，说明教育水平的提高会增加职业代际传递的发生。党员身份对事业单位代际传递存在促进作用，对民营企业代际传递存在抑制作用。成绩提高能够增加机关、国企、三资企业发生职业代际传递的概率。同时，拥有家庭背景帮助对机关、事业和国企发生职业代际传递具有明显的促进作用。

总体来看，高校毕业生不同职业类型的代际传递存在明显差异。

（1）从职业代际继承角度看，部队 > 机关单位 > 三资企业 > 国企 > 事业单位 > 民营企业。其中，部队的代际传递现象尤为明显。部队单位虽然对毕业生成绩有一定的要求，但对毕业生的学校层次、学历水平、干部等要求不高，同时，月薪、社保、单位知名度、硬件和软件环境、培训状况和晋升空间等各项职业评价都较高，工作压力小，因而职业代际传递程度较高。

（2）机关单位对毕业生的学校层次要求较小，但对学历、成绩、党员身份等尤为注重。机关单位的月薪水平较低，但单位知名度较高、硬软件环境较好、培训最少，但压力较大、晋升空间较小。虽然机关单位门槛较高，但由于单位名声、工作环境等原因，职业代际传递程度也相对较高。

（3）三资企业与国有企业类似。三资企业和国有企业对毕业生的学校层次、学历水平、成绩、学生干部要求都较高，进而对进入该职业的要求也较高。但这两类企业在月薪、社保、工作环境方面对毕业生有明显的吸引力，因而代际传递程度居中。

（4）事业单位对学校层次、学历水平等人力资本方面要求较低，但是月薪和社保水平较低，毕业生对其满意程度也较低，这可能是造成事业单位职业代际传递程度较低的原因之一。

（5）民营企业的职业代际传递程度最低，该企业对毕业生人力资本要求较低，毕业生获得该职业的概率较高。虽然其在月薪、工作环境方面评价较高，但是社保方面与其他职业存在明显的差距。学校层次、学历水平越高的毕业生不愿意进入民营企业，且社会保障优势不足可能是导致民营企业职业代际传递程度偏低的重要原因。

第 5 章　体制内职业代际传递

　　就业是民生之本，是财富之源，是最大的民生。为了稳定就业，保障民生，2020 年《政府工作报告》中要求全面强化就业优先政策，集合财政、货币和投资等措施聚力支持稳就业，积极增加新就业，取消不合理就业限制。党的十九大报告也明确提出，要提高劳动者就业质量，实现充分就业，注重解决各类就业矛盾，破除体制机制弊端，使人人都有实现自身发展的机会。党的二十大报告进一步强调，激发全社会创新创业活力，鼓励和支持高校毕业生等青年群体积极投身创新创业实践，以创业带动就业，为经济社会发展注入新的动力。然而，高校毕业生作为新兴劳动力，面临着严峻的就业形势。教育部数据显示，2020 年全国普通高校毕业生规模达 874 万，同比增长 40 万人；2021 届毕业生将达 909 万人，将再增加 35 万人。[①] 市场求职人数连年攀升，高校毕业生就业难现象仍然存在。因此，高校毕业生的职业选择和就业机会对其自身发展和社会稳定具有十分重要的意义。

　　社会流动性反映了一个社会的机会均等程度（邵挺等，2017），流动停滞、阶层固化、机会不平等会严重损害社会公平正义和经济发展活力（卢盛峰等，2015；陈晓东和张卫东，2018）。当今社会顶端职业的代际传递趋势不断增强（郭丛斌和丁小浩，2004），父母就职于体制内单位的劳动者更容易进入体制内就业，说明就业机会与家庭背景高度相关（李中建和袁璐璐，2019）。而体制内单位由于"铁饭碗、高福利"优势被视为一种优质就业类型，底层劳动者向上流动机会弱化不利于就业公平和社会稳定（刘彦林和马莉萍，2018）。

　　根据罗默（Roemer，1998）的机会不平等理论，不平等是由个体不可控的家庭背景等"环境因素"和个体可控的学历等"努力程度"共同影响形成。现有

---

　　① 2020 届全国普通高校毕业生就业创业工作网络视频会议，中华人民共和国教育部网［EB/OL］.（2019 – 11 – 01）. http：//www. moe. gov. cn/jyb_xwfb/s5147/201911/t20191101_406366. html.

研究发现家庭背景对职业代际传递存在重要影响，家庭背景优势会转化为子代就业优势（Bennedsen et al. ，2007；Kramarz and Skans，2014）。部分学者聚焦于体制内部门，发现父母就职于体制内单位的劳动者因为拥有更高的家庭背景而掌握更优质的关系网络，更容易获得体制内就业机会（刘志国和马，2016；马永霞和张雪，2019）。韩雷等（2016）进一步分析体制内各部门代际传递状况发现其中存在明显的部门独立性和职位代际传递，领导及高级专业人才子女晋升易于普通家庭子女。陈东和张郁杨（2019）还发现，家庭背景影响劳动者体制内就业存在性别和地域差异。此外，一些学者还分析比较了人力资本和家庭背景对进入体制内就业的影响程度。赖德胜等（2012）认为两者具有较强的互补关系。学历是最有效的人力资本（黄宏伟和胡浩钰，2019），劳动者学历比其父代职业地位对就业的影响更大（董良，2016）。而刘志国等（2016）认为两者都会增加体制内就业机会，但家庭背景影响更大，人力资本可以削弱职业代际传递程度。总体而言，现有文献主要关注体制内职业代际传递的现状和影响因素分析，多从父母职业类型、家庭经济条件、文化水平等方面出发探究家庭背景对体制内职业代际传递的影响。从家庭地域视角，大多文献也仅限于城乡或东中西部区域对比分析职业代际差异，而忽略了高校毕业生发生体制内职业代际传递的实现途径。

高校毕业生回生源地能否帮助其进入体制内就业？毕业生又为何回生源地就业？基于此，本书利用中部某省 2018 年高校毕业生就业行政数据，从罗默机会不平等理论出发，通过家庭背景这一环境因素和毕业生人力资本，运用 Probit 和Ⅳ + Probit 回归模型，着重研究毕业生回生源地就业、人力资本和家庭背景对体制内职业选择和职业代际传递的影响，并细化分析体制内各部门差异，探究其影响方式和作用机理。同时结合沙普利因素分解模型剖析毕业生回生源地体制内就业主因。

本书的创新主要体现在三个方面：一是研究视角上，从高校毕业生是否回生源地就业方面入手，将高校毕业生就业流动和职业选择纳入同一框架，分析其在既定人力资本和家庭资本水平下对体制内单位职业代际传递的作用机制，以期为后续理论研究提供一个崭新的视角。二是研究方法上，不仅在原计量模型中加入工具变量，解决模型内生性问题，提高研究结论的可靠性和适用性，还引入沙普利因素分解模型，以期更全面考量不同体制内部门的影响差异，为后续优化提供相关依据。三是研究内容上，通过分析得到高校毕业生回生源地就业对体制内单位就业和职业代际传递的发生具有推动作用，但其在高校毕业生人力资本和家庭资本水平上存在异质性，表现为更高家庭资本促进其回生源地就业，更高人力资本抑制其回生源地就业，同时，体制内不同部门之间还存在影响差异。

5.1　理论模型与研究假设

5.1.1　理论模型

罗默的机会不平等理论认为，一个人的"优势"由自身不可控的"环境"因素和可控的"努力"因素共同导致。其核心思想在于：若是"环境"因素形成的"优势"不平等，那这一不平等是不合理的；若是"努力"因素形成的"优势"不平等，那这一不平等是合理的。同时，他还强调"努力"因素会受到"环境"因素影响，即存在"偏环境效应"，社会应对这种"环境"因素承担责任。因此，他认为社会资源应按照个体所属"环境"中的相对努力，而非绝对努力水平进行分配。

就毕业生进入体制内就业机会而言，如果毕业生由于拥有更高家庭资本，尤其是父母在体制内单位就职这一"环境"因素，其更容易获得体制内单位就业机会"优势"，由此会导致就业机会不平等。毕业生因更高的家庭资本得到更高的人力资本，那么即使所有毕业生拥有相同的"努力"程度，其进入体制内单位就职的机会仍是不平等的。只有在保证毕业生就业机会平等的前提下，因为个体人力资本的差异造成的机会不平等才是合理的。因此，社会应对弱势群体进行相应的弥补，以使同等程度的相对"努力"能够获得相同的优势，从而保障毕业生进入体制内的就业机会具有实质公平性。

弗勒贝伊和肖卡尔（Fleurbaey and Schokkaert, 2009）用"公正缺口"概念来衡量机会不平等程度，确定一个参照环境 c^*，在这一参照环境下的个体优势为 $y_i^* = y(c^*, e_i)$，那么公正缺口为个体实际优势与参照环境下的优势之差，即 $(y_i - y_i^*)$。本书认为毕业生体制内单位就业机会不平等主要来源于以下因素：毕业生人力资本差异、毕业生返回生源地就业能力差异、毕业生家庭资本差异。其中，毕业生人力资本差异造成的就业机会不平等是合理的，而后两者则反映了毕业生体制内就业机会的实质不公平性。

考虑高校毕业生体制内单位就业机会的实质不平等性，本书将毕业生的家庭资本作为环境变量 c，$c = 1$ 表示高家庭资本，$c = 0$ 表示低家庭资本，其他变量归为努力变量 e，体制内单位就业视为优势 y。实质上，因家庭资本水平差异而造成的毕业生是否回生源地就业差异进一步导致的体制内单位就业机会差异也是不公平的，也即罗默"偏环境效应"。借鉴罗默用分位点来衡量相对努力程度处理"偏环境"问题的方法（RIA），将努力 e 划分为 e^1 和 e^2 两类，e^1 表示毕业生是否回生源地就业，e^2 表示毕业生人力资本。其中，e^1 由环境 c 和个体相对努力程度（分位点 π）决定，即：

$$e_i^1 = \eta(c_i - \pi_i^1) \qquad (5.1)$$

可以将毕业生体制内单位就业设为：

$$
\begin{aligned}
y_i &= \alpha + \beta\varphi(c_i) + \gamma\psi(e_i^1) + \delta\chi(e_i^2) + \varepsilon_i = \alpha + \beta\varphi(c_i) \\
&\quad + \gamma\psi\circ\eta(c_i,\pi_i^1) + \delta\chi(e_i^2) + \varepsilon_i
\end{aligned} \qquad (5.2)
$$

令 $\varphi(H)=1$，$\varphi(L)=0$，H 表示高家庭资本，L 表示低家庭资本。以高家庭资本的环境为理想环境，则衡量毕业生进入体制内单位就业机会不平等的公正缺口为 $y(c^*, e_i) - y(c_i, e_i)$，即：

$$f.\,g. = \hat{\beta} + \hat{\gamma}[\psi\circ\eta(H,\pi_i^1 \mid L) - \psi(e_i^1 \mid L)] \qquad (5.3)$$

若将式（5.2）写成更一般的形式：

$$y_i = \alpha + \beta\varphi(c_i) + (\gamma + \mu c_i)\psi\circ\eta(c_i,\pi_i^1) + (\delta + \rho c_i)\chi(e_i^2) + \varepsilon_i \qquad (5.4)$$

则公正缺口为：

$$f.\,g. = \hat{\beta} + \hat{\rho}\chi(e_i^2 \mid L) + \hat{\gamma}[\psi\circ\eta(H,\pi_i^1 \mid L) - \psi(e_i^1 \mid L)] + \hat{\mu}\psi\circ\eta(H,\pi_i^1 \mid L)$$

$$(5.5)$$

在式（5.5）中，右边前两项表示除毕业生是否回生源地就业之外，在家庭资本水平相同的情况下，由于人力资本特征差异造成的体制内就业机会差异。右边第 3 项表示毕业生在家庭资本和人力资本水平都相同的情况下，由于是否回生源地就业差异导致的体制内就业机会差异。右边第 4 项表示在给定同等人力资本水平和回生源地就业前提下，由于环境因素，即毕业生家庭资本高低差异造成的体制内单位就业机会差异。由此，可以分别观测高校毕业生人力资本、家庭资本以及是否回生源地就业差异导致的体制内单位就业机会差异。

5.1.2　研究假设

在初入社会求职的过程中，高校毕业生一般都会借助自身拥有的家庭资本，如父母的职业类型、家庭经济条件所具有的优势地位，获得更为满意的工作，以便更好地融入社会生活。这也就导致了就业机会不平等现象的发生。随着地域范围的扩大，个体社会关系网络越发稀薄，而家庭资本对地域因素具有较强的依赖性，一般在家庭所在地或户籍所在地，即毕业生生源地才能产生最大影响。家庭资本不仅会影响毕业生人力资本水平，而且还可能影响毕业生的就业倾向。体制内单位由于其特有优势，一直广受高校毕业生的青睐。父母就职于体制内单位的毕业生，能接收到更多的职业信息，最终决定走相同的职业道路，即发生职业代际传递现象。而毕业生回生源地就业是一条更有效的渠道，能够最大程度发挥家庭资本的作用，通过更优质的社会关系或"合理"的招考渠道更容易获得体制内的职位，促进职业代际传递的发生。因此，本书提出如下的研究假设：

假设 5-1：高校毕业生回生源地就业会促进体制内职业代际传递的发生，且这一现象在高家庭资本毕业生身上更易发生。

对于初入社会的高校毕业生，首份工作处于关键位置，可能会影响个人甚至是整个家庭今后的发展轨迹。因而毕业生需要深思熟虑，充分评估自身人力资本和家庭资本，衡量工资收益和发展前景，最终决定工作地点和职业类型。由于家庭资本在地域上的相关性以及城市人力资本空间分层现象（杨小忠和罗乐，2021），对于较低人力资本的毕业生来说，其就业依赖家庭资本的可能性更强，在进行就业地选择时，其回生源地的可能性更大。而对于高人力资本的毕业生来说，在比较地区经济发展水平后，可能会期望更高的收入或更好的发展前景，更倾向于前往非生源地城市就业。基于此，本书提出如下的研究假设：

假设 5-2：高家庭资本的高校毕业生更可能返回生源地就业，而拥有更高的人力资本毕业生更倾向返回生源地就业。

5.2 研究设计

5.2.1 模型建立

本书的核心命题是回生源地就业对毕业生发生体制内部门职业代际传递的影响效应。众多研究表明，父代职业类型对毕业生初职选择存在显著影响（周兴和张鹏，2015），各职业类型都存在普遍的职业代际传递现象（曾国华等，2020），体制内单位更是尤为突出（邢春冰，2006）。为探究回生源地就业对毕业生选择体制内就业和职业代际传递的影响，本书以 Roemer 机会不平等理论为基础，通过家庭资本这一"环境因素"和人力资本代表的"努力程度"两方面出发，建立 Probit 回归模型：

$$P(Y = 1 \mid X) = \theta_0 + \theta_1 B_i + \theta_2 M_i + \theta_3 F_i + \theta_4 Z_i + \varepsilon_i \tag{5.6}$$

其中，$P(Y = 1 \mid X)$ 表示第 i 名高校毕业生进入体制内部门就业的概率；B_i 表示高校毕业生是否回生源地就业；M_i 表示毕业生人力资本，包括毕业生学历、学校水平、成绩排名等；F_i 表示家庭资本变量，包括家庭帮助、父代职业类型、家庭困难等；X_i 表示控制变量，包括毕业生年龄、性别、民族；ε_i 表示残差项。

由于回生源地就业可能是一个内生变量，会与毕业生选择体制内单位就业产生双向因果关系，故模型在估计过程中可能存在内生性问题。为了控制变量内生性而产生的估计偏差，本书选择生源地 GDP 增长率、人口自然增长率和科学技术支出作为毕业生回生源地就业的工具变量。岳昌君和邱文琪（2019）、刘林和张勇（2019）、郭云飞等（2016）的研究表明，人口自然增长率越低，科学技术支出越大，地区生产总值增长率越大，地区经济发展水平越高，对毕业生就业流动越具有吸引力，说明若毕业生生源地城市发展水平越好，毕业生回生源地就业可能性越大，但与毕业生是否在体制内单位就业并不存在直接关系。

本书根据Ⅳ + Probit 方法使用 Wald 检验原理来判定解释变量是否存在内生性。如果存在内生性问题，则回归结果分析以Ⅳ + Probit 模型为主。对于工具变量的有效性和外生性，本书通过Ⅳ + Probit 方法估计的两阶段回归中第一阶段 F 值的大小来排除弱工具变量的可能，并在"过度识别"情况下进行工具变量外生性检验。

5.2.2 数据来源

本书采用中部某省教育厅就业办组织收集的 2018 年高校毕业生就业行政数据。该调查覆盖省内所有高校，毕业生来源和就业地去向涵盖所有省份，涉及 263 个地级城市，总样本数据量高达 206 428 个，具有广泛的地域代表性和大样本性质。调查问卷部分有丰富的个人和家庭信息、就业信息、学校信息和地域信息等，涉及毕业生性别、户口、在校表现、职业类型、月薪收入、社保、父代学历与职业、生源地地区生产总值等多个方面。为探究毕业生回生源地就业对体制内单位发生职业代际传递的影响，仅保留确定就业单位的观测值，在剔除信息存在缺失的观测值后最终得到 176 848 个有效样本。

5.2.3　变量说明

为更好地探究体制内单位职业代际传递情况，在区分毕业生及父代职业单位类型时，将问卷中职业类型进行整合，依据《事业单位登记管理暂行条例实施细则》第一章第四条规定，将科研设计单位、高等教育单位、中初教育单位、医疗卫生单位、其他事业单位和社会团体和社会服务机构合并为事业单位。本书按照郭丛斌和丁小浩（2004）等学者的归类方法，研究的体制内单位包括机关单位、事业单位和国有企业，其他职业为体制外单位。同时，将毕业生生源地城市等级按照《2019 中国城市商业魅力排行榜》划分为一线城市至五线城市。

本书所使用的变量及其定义如表 5.1 所示。

表 5.1　　　　　　　　　　变量名称及定义

变量	变量名称	变量定义
因变量	毕业生体制内单位就业	毕业生在体制内单位就业 =1，否 =0
	毕业生机关单位就业	毕业生在机关单位就业 =1，否 =0
	毕业生事业单位就业	毕业生在事业单位就业 =1，否 =0
	毕业生国有企业就业	毕业生在国有企业就业 =1，否 =0
主要自变量	回生源地就业	回生源地就业 =1，否 =0
个人基本信息	年龄	截至 2018 年毕业生的实际年龄
	民族	汉族 =1，少数民族 =0
	性别	男 =1，女 =0
人力资本	学校水平	毕业高校为专科院校 =1，省内其他本科院校 =2，省内前 10 本科院校 =3
	学历	专科 =1，本科 =2，研究生 =3
	干部	担任过学生干部 =1，否 =0
	成绩排名	成绩排名后 20% =1，后 21% -40% =2，前 40% -60% =3，前 21% -40 =4，前 20% =5
家庭资本	家庭帮助	就业时有家庭帮助 =1，否 =0
	父代就职于机关单位	父代就职于机关单位就业 =1，否 =0
	父代就职于事业单位	父代就职于事业单位就业 =1，否 =0
	父代就职于国有企业	父代就职于国有企业就业 =1，否 =0
	父代学历	父代没上过学 =0，初中及以下 =1，高中 =2，大专 =3，本科 =4，研究生 =5
	家庭困难	家庭困难 =1，否 =0
	户口	城镇 =1，农村 =0
	市级层次	生源地为一线城市 =1，二线城市 =2，三线城市 =3，四线城市 =4，五线城市 =5

5.2.4　描述性分析

（1）高校毕业生回生源地就业伴随着更高的体制内就业与体制内职业代际传递。图 5.1 显示了回生源地就业在毕业生就业单位类型中的占比情况。由图 5.1 可知，体制外单位毕业生回生源地就业比例较小，仅占 26.544%，而体制内单位就业毕业生回生源地比例高达 47.134%。其中，就职于机关和事业单位的毕业生回生源地趋势更明显，分别占 69.234% 和 55.309%。

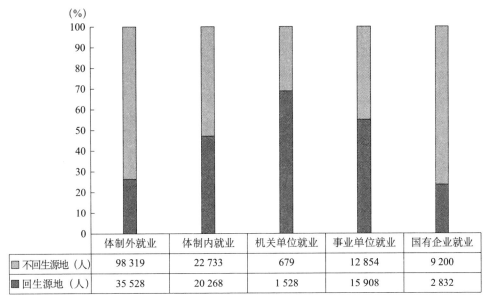

图 5.1　2018 年中部某省高校毕业生就业单位类型在是否回生源地分布占比

资料来源：根据 2018 年中部某省高校毕业生就业行政数据计算得到。

图 5.2 进一步展示了生源地就业在毕业生职业代际传递中的占比情况。由图 5.2 可知，体制外单位就业毕业生在回生源地发生职业代际传递的比例较低，不到 20%，而回生源地发生体制内单位代际传递的概率达到 49.465%。细分单位类型可以清晰地发现，机关单位回生源地发生职业代际传递的比例高达 75.916%，事业单位发生职业代际传递中回生源地就业的占 60.672%，国有企业为 41.675%。

（2）高校毕业生人力资本和家庭资本在是否回生源地就业上存在明显差异。表 5.2 分类报告了 2018 年中部某省高校毕业生体制内各单位毕业生发生代际传

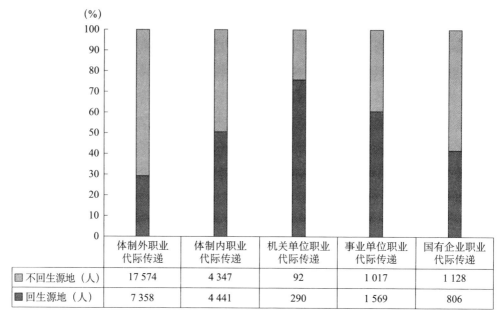

	体制外职业 代际传递	体制内职业 代际传递	机关单位职业 代际传递	事业单位职业 代际传递	国有企业职业 代际传递
■ 不回生源地（人）	17 574	4 347	92	1 017	1 128
■ 回生源地（人）	7 358	4 441	290	1 569	806

图 5.2　2018 年中部某省高校毕业生职业代际传递在是否回生源地分布占比

资料来源：根据 2018 年中部某省高校毕业生就业行政数据计算得到。

递的描述性统计结果。从体制内各单位总体情况对比可知，国有企业对毕业生学校水平和学历上要求更高。机关单位发生职业代际传递的毕业生学生干部更多，同时，父代学历越高，获得的家庭帮助越多。从毕业生是否回生源地对比可知，在生源地发生职业代际传递的毕业生人力资本水平更低，但是获得的家庭帮助更大，家庭困难程度更低，生源地市级层次更高。这说明毕业生人力资本的提高会减少其返回生源地就业，而家庭资本的提升会促使他们返回生源地。

表 5.2　　　　　　2018 年中部某省高校毕业生职业代际传递均值差异

变量	体制内单位发生职业代际传递			机关单位发生职业代际传递		
	总体	回生源地	不回生源地	总体	回生源地	不回生源地
学校水平	2.132	1.864	2.406	1.919	1.817	2.239
学历	1.701	1.543	1.862	1.626	1.569	1.804
干部	0.608	0.589	0.628	0.644	0.621	0.717
成绩排名	3.700	3.595	3.807	3.631	3.603	3.717
家庭帮助	0.728	0.779	0.677	0.775	0.779	0.761
父代学历	2.409	2.414	2.404	2.654	2.631	2.728

变量	体制内单位发生职业代际传递			机关单位发生职业代际传递		
	总体	回生源地	不回生源地	总体	回生源地	不回生源地
家庭困难	0.048	0.039	0.058	0.045	0.052	0.022
户口	0.389	0.395	0.383	0.332	0.314	0.391
市级层次	3.342	3.169	3.518	3.416	3.383	3.522
年龄	22.282	21.998	22.573	22.408	22.331	22.652
民族	0.950	0.959	0.941	0.924	0.924	0.924
性别	0.470	0.382	0.560	0.565	0.566	0.565
样本量	8 788	4 441	4 347	382	290	92

变量	事业单位发生代际传递			国有企业发生代际传递		
	总体	回生源地	不回生源地	总体	回生源地	不回生源地
学校水平	1.997	1.755	2.371	2.272	2.097	2.398
学历	1.635	1.464	1.899	1.757	1.711	1.791
干部	0.615	0.595	0.646	0.587	0.568	0.601
成绩排名	3.703	3.557	3.929	3.699	3.663	3.725
家庭帮助	0.766	0.803	0.708	0.737	0.797	0.695
父代学历	2.405	2.407	2.401	2.311	2.38	2.262
家庭困难	0.055	0.04	0.077	0.044	0.038	0.048
户口	0.296	0.295	0.297	0.556	0.624	0.508
市级层次	3.351	3.28	3.460	3.283	2.892	3.562
年龄	22.189	21.867	22.686	22.4	22.31	22.465
民族	0.958	0.966	0.946	0.949	0.954	0.946
性别	0.348	0.297	0.426	0.58	0.494	0.641
样本量	2 586	1 569	1 017	1 934	806	1 128

　　以上分析结果表明，高校毕业生体制内职业代际传递在是否回生源地就业上存在明显不同。那么，回生源地就业是否会影响毕业生体制内职业代际传递情况？人力资本和家庭资本又发挥了何种作用？又是什么原因导致毕业生选择回家体制内就业并发生职业代际传递？本书利用 Probit 和 Ⅳ + Probit 回归模型对回生源地影响毕业生进入体制内整体和分部门就业进行分析，运用 Probit 回归模型和沙普利因素分解模型，剖析人力资本和家庭资本角度对毕业生回生源地体制内就业的影响。

5.3 实证结果与分析

5.3.1 高校毕业生回生源地对体制内单位就业的影响分析

下面将分析高校毕业生进入体制内单位就业整体状况。表 5.3 分别列示了式（5.6）的 Probit 和 Ⅳ + Probit 模型回归结果。首先检验工具变量的有效性和外生性，第一阶段回归 F 值为 2746.47，符合 F > 10 的经验规则；其次使用 Sargan 统计量检验工具变量的外生性（P 值为 0.1231），说明模型工具变量的选择是合理的。沃尔德检验表明解释变量存在内生性，因而选择 Ⅳ + Probit 模型回归结果更准确。

表5.3　　　高校毕业生回生源地对体制内单位就业影响的回归结果

项目	Probit 模型	Ⅳ + Probit 模型	项目	Probit 模型	Ⅳ + Probit 模型
回生源地就业	0.677 *** (0.008)	1.713 *** (0.028)	户口	− 0.160 *** (0.008)	− 0.284 *** (0.009)
学校水平	0.199 *** (0.007)	0.262 *** (0.007)	市级层次	0.089 *** (0.004)	0.184 *** (0.005)
学历	0.313 *** (0.011)	0.333 *** (0.011)	年龄	− 0.037 *** (0.003)	− 0.014 *** (0.003)
干部	0.079 *** (0.007)	0.083 *** (0.007)	性别	0.079 *** (0.019)	0.085 *** (0.020)
成绩排名	0.036 *** (0.003)	0.056 *** (0.003)	民族	− 0.176 *** (0.007)	− 0.023 *** (0.008)
家庭帮助	− 0.001 (0.007)	− 0.089 *** (0.008)	常数项	− 1.339 *** (0.069)	− 2.704 *** (0.081)
父代就职于机关单位	0.168 *** (0.017)	0.041 ** (0.019)	样本量	176 848	176 848
父代就职于事业单位	0.196 *** (0.015)	0.164 *** (0.015)	调整后 R²	0.0836	−
父代就职于国有企业	0.160 *** (0.015)	0.109 *** (0.016)	Wald Test	−	1 704.59 ***
父代学历	− 0.052 *** (0.005)	− 0.067 *** (0.005)	第一阶段 F 值	−	2 746.47
家庭困难	− 0.039 *** (0.010)	0.009 (0.011)			

注：括号内为 t 值；*** 表示 p < 0.01，** 表示 p < 0.05。

在使用工具变量纠正回生源地就业的内生性后，由表 5.3 第 2 列可知，回生源地就业系数显著为正，说明毕业生回生源地就业、进入体制内就业的概率密度函数值就会增加 1.713。而且，这一结论是在全面控制毕业生人力资本和家庭资本的基础上得到的，说明毕业生回生源地就业更容易获得体制内单位职位。这也验证了假设 1 的成立。在控制变量中，表示毕业生人力资本的学校水平、学历、干部身份和成绩的回归系数都显著为正，其中，学历影响最大。这说明毕业生自身人力资本的提高有助于其进入体制内单位就业。同时，父代就职于机关、事业单位和国有企业对毕业生体制内就业的影响系数分别为 0.041、0.164 和 0.109，均存在正向影响，表明父代体制内就业会显著促进其子女进入体制内单位就业概率，促进体制内单位职业代际传递的发生。

5.3.2　高校毕业生回生源地对体制内各部门就业的影响分析

接下来，分析高校毕业生回生源地就业对体制内各部门就业的影响。在Ⅳ + Probit 模型中，第一阶段回归的 F 值远大于 10，说明工具变量和解释变量高度相关。同时，基于 Sargan 统计量的过度识别检验，显示工具变量外生（P 值均大于 0.05）。但 Wald 检验同样表明模型存在内生性问题，因而选择Ⅳ + Probit 模型回归结果进行分析。表 5.4 仅列示了高校毕业生回生源地就业对进入体制内各部门就业影响的Ⅳ + Probit 模型回归结果。

表 5.4　高校毕业生回生源地就业对进入体制内各部门就业影响的回归结果

项目	机关单位	事业单位	国有企业
回生源地就业	1.384 *** (0.079)	1.862 *** (0.033)	0.397 *** (0.035)
学校水平	− 0.092 *** (0.020)	0.192 *** (0.008)	0.288 *** (0.009)
学历	0.187 *** (0.029)	0.257 *** (0.013)	0.328 *** (0.015)
干部	0.088 *** (0.018)	0.079 *** (0.008)	0.030 *** (0.010)
成绩排名	0.011 (0.008)	0.054 *** (0.004)	0.046 *** (0.004)
家庭帮助	0.040 ** (0.020)	0.067 *** (0.009)	− 0.077 *** (0.011)

续表

项目	机关单位	事业单位	国有企业
父代就职于机关单位	0.461 ***	− 0.079 ***	0.020
	(0.033)	(0.021)	(0.025)
父代就职于事业单位	0.043	0.190 ***	0.030
	(0.036)	(0.017)	(0.021)
父代就职于国有企业	− 0.090 **	− 0.254 ***	0.530 ***
	(0.041)	(0.019)	(0.018)
父代学历	0.012	− 0.097 ***	0.013 **
	(0.011)	(0.006)	(0.006)
家庭困难	− 0.036	0.043 ***	− 0.026 *
	(0.029)	(0.012)	(0.015)
户口	− 0.214 ***	− 0.355 ***	0.017
	(0.022)	(0.010)	(0.012)
市级层次	0.133 ***	0.185 ***	0.070 ***
	(0.012)	(0.005)	(0.006)
年龄	0.058 ***	− 0.014 ***	− 0.018 ***
	(0.007)	(0.004)	(0.004)
性别	− 0.122 ***	0.203 ***	− 0.106 ***
	(0.043)	(0.024)	(0.025)
民族	0.244 ***	− 0.374 ***	0.594 ***
	(0.021)	(0.010)	(0.012)
常数项	− 4.743 ***	− 2.734 ***	− 3.002 ***
	(0.194)	(0.092)	(0.108)
样本量	176 848	176 848	176 848
Wald Test	90.19 ***	1 346.46 ***	190.22 ***
第一阶段 F 值	2 746.47	2 746.47	2 746.47

注：括号内为 t 值；*** 表示 $p < 0.01$，** 表示 $p < 0.05$，* 表示 $p < 0.1$。

表5.4 中回归结果与表5.3 相似，高校毕业生回生源地就业系数均显著为正，说明毕业生回生源地就业使其进入机关、事业单位和国有企业就业的概率密度函数值会分别增加 1.384、1.862 和 0.397，毕业生回生源地就业能够最大限度地发挥家庭资本优势。再结合毕业生自身人力资本，就更有助于其进入机关、事业单位和国有企业就业。

在控制变量中，高校毕业生人力资本和家庭资本的提升都显著提高了毕业生获得机关、事业单位和国有企业就业机会的概率，其中毕业生自身学历和父代职业的影响程度最大。近年来，体制内单位考核制度越发完善，对岗位人才要求不断上升，高校毕业生不断提高自身人力资本水平，才有更多机会进入体制内就业。但对于机关和国有企业来说，高校毕业生父代就职于机关和国企的影响程度都大于毕业生学历的影响，说明家庭资本作用更为显著。相比于弱势群体，即使毕业生学历水平提高，父代体制内就职的毕业生在体制内各单位求职上仍具有一定的优势。这将会促使高校毕业生职业代际传递的发生，导致社会阶层固化，不利于促进社会流动和就业公平。

另外，体制内各部门还存在一定的部门独立性。对于父代就职于机关单位的毕业生来说，他们更有可能获得机关单位的就业机会，而减少获得国有企业就业的可能。对于父代就职于事业单位的毕业生来说，他们将明显有利于获得进入相同职业的机会，但对进入机关单位和国有企业存在负向影响。而父代就职于国有企业的毕业生仅有助于其进入国有企业就业，对机关和事业单位无显著影响。这可能受到毕业生对父代职业偏好以及父代职业信息和关系网络等因素的影响，从而加剧了各部门职业代际传递的发生。

5.3.3　稳健性检验

本书随机抽取50%样本量，分别通过 Probit 模型和Ⅳ + Probit 模型估计回生源地就业对毕业生进入体制内各部门就业的影响。由于 Probit 模型存在内生性问题，因而本书仅报告Ⅳ + Probit 模型的回归估计结果，如表 5.5 所示。估计结果表明，高校毕业生回生源地就业对进入体制内各部门就业仍存在正向影响，说明毕业生回生源地就业可以提高毕业生进入体制内单位的就职概率。

表 5.5　　　　　　　　　　　　稳健性检验的回归结果

项目	体制内单位	机关单位	事业单位	国有企业
回生源地就业	1.766 *** (0.039)	1.494 *** (0.117)	1.916 *** (0.047)	0.408 *** (0.050)
控制变量	有	有	有	有
样本量	88 424	88 424	88 424	88 424
Wald Test	921.96 ***	52.15 ***	731.40 ***	95.69 ***
第一阶段 F 值			1 388.05	

注：括号内为 t 值；*** 表示 $p < 0.01$。

由表 5.5 可知，高校毕业生回生源地就业系数均为正，表明毕业生回生源地就业会显著促进其进入体制内各单位就业。此外，毕业生人力资本和家庭资本的提升也会提高体制内就业概率和促进职业代际传递的发生。

5.4　高校毕业生回生源地就业为何能促进职业代际传递

高校毕业生积累更多的人力资本和拥有的家庭资本会显著影响体制内单位职业代际传递情况。毕业生是否回生源地体制内单位就业，进而导致职业代际传递的发生，很大程度上会受到毕业生自身人力资本和拥有的家庭资本的影响。因此，以是否回生源地就业为因变量，以毕业生人力资本和家庭资本为自变量，分全样本和体制内各部门就业毕业生样本分别进行 Probit 模型回归。

由表 5.6 的回归结果可知，人力资本抑制毕业生回生源地就业概率，而家庭资本促进毕业生回生源地就业概率，两者作用相反。这就验证了假设 5-2 的成立。学校水平、学历、成绩系数均为负，表明都对回生源地体制内单位就业概率存在反向抑制作用。学校水平越高，成绩越好的毕业生，对体制内所有单位回生源地就业的概率越低。这表明人力资本水平越高的毕业生越不愿意回生源地就业。然而，家庭帮助、父代就职于机关单位、事业单位和国有企业系数均为正，说明毕业生拥有家庭帮助以及父代就职于机关单位、事业单位和国有企业都会促进毕业生回生源地体制内各单位类型就职概率，尤其是增加回生源地从事相同职业的机会。同时，毕业生家庭困难和生源地市级层次越低，越不愿意回生源地就业。这表明家庭资本越高的毕业生，其倾向回生源地就业的概率越大。

表 5.6　　　人力资本和家庭资本对毕业生回生源地就业影响的回归结果

项目	回生源地就业				
	全样本	体制内单位	机关单位	事业单位	国有企业
学校水平	- 0. 194 *** (0. 007)	- 0. 327 *** (0. 012)	- 0. 293 *** (0. 065)	- 0. 291 *** (0. 015)	- 0. 368 *** (0. 025)
学历	- 0. 055 *** (0. 011)	- 0. 339 *** (0. 021)	- 0. 020 (0. 093)	- 0. 494 *** (0. 026)	0. 191 *** (0. 044)
干部	- 0. 010 (0. 007)	0. 024 * (0. 014)	- 0. 104 * (0. 060)	0. 033 * (0. 017)	- 0. 054 * (0. 029)
成绩排名	- 0. 062 *** (0. 003)	- 0. 100 *** (0. 006)	- 0. 074 *** (0. 026)	- 0. 107 *** (0. 007)	- 0. 037 *** (0. 012)
家庭帮助	0. 275 *** (0. 007)	0. 211 *** (0. 014)	0. 236 *** (0. 061)	0. 188 *** (0. 017)	0. 246 *** (0. 029)

续表

项目	回生源地就业				
	全样本	体制内单位	机关单位	事业单位	国有企业
父代就职于机关单位	0.381 *** (0.017)	0.339 *** (0.032)	0.305 *** (0.095)	0.247 *** (0.042)	0.357 *** (0.062)
父代就职于事业单位	0.106 *** (0.014)	0.179 *** (0.027)	− 0.001 (0.118)	0.197 *** (0.033)	0.114 ** (0.056)
父代就职于国有企业	0.162 *** (0.014)	0.007 (0.027)	− 0.070 (0.134)	− 0.121 *** (0.041)	0.417 *** (0.041)
父代学历	0.047 *** (0.004)	0.031 *** (0.009)	0.003 (0.036)	0.034 *** (0.012)	0.043 ** (0.017)
家庭困难	− 0.164 *** (0.010)	− 0.057 *** (0.020)	0.259 *** (0.100)	− 0.050 ** (0.024)	− 0.048 (0.046)
户口	0.361 *** (0.007)	0.144 *** (0.015)	− 0.064 (0.067)	0.127 *** (0.019)	0.337 *** (0.030)
市级层次	− 0.284 *** (0.004)	− 0.215 *** (0.007)	− 0.050 (0.033)	− 0.149 *** (0.009)	− 0.423 *** (0.014)
年龄	− 0.074 *** (0.003)	− 0.024 *** (0.006)	0.005 (0.019)	− 0.038 *** (0.007)	− 0.030 ** (0.012)
性别	− 0.025 (0.019)	0.029 (0.038)	− 0.376 *** (0.140)	0.115 ** (0.051)	− 0.030 (0.070)
民族	− 0.482 *** (0.007)	− 0.687 *** (0.014)	− 0.327 *** (0.060)	− 0.435 *** (0.019)	− 0.562 *** (0.030)
常数项	2.674 *** (0.068)	2.752 *** (0.127)	1.799 *** (0.458)	3.015 *** (0.158)	1.955 *** (0.279)
样本量	176 848	43 001	2 207	28 762	12 032
调整后 R^2	0.1133	0.1774	0.0544	0.1709	0.1861

注：括号内为 t 值；*** 表示 $p < 0.01$，** 表示 $p < 0.05$，* 表示 $p < 0.1$。

为进一步研究何种主要因素影响毕业生是否回生源地就业，本书采用陈东和张郁杨（2019）使用的 Shapley 值分解法计算人力资本和家庭资本因素对高校毕业生是否回生源地体制内就业的贡献率。其回归结果如表 5.7 所示。

表5.7　　　　　　　毕业生回生源地就业的沙普利因素分解结果　　　　　单位:%

项目		全样本	体制内各部门			
			整体	机关单位	事业单位	国有企业
人力资本	总和	21.13	80.22	62.02	89.41	13.35
	学校水平	10.97	38.42	33.14	35.33	10.91
	学历	8.85	37.78	16.82	45.86	2.11
	干部	0.33	2.34	7.22	4.7	0.28
	成绩排名	0.98	1.68	4.84	3.52	0.05
家庭资本	总和	78.88	19.79	37.98	10.58	86.64
	家庭帮助	11.3	4.94	16.21	3.26	7.46
	父代就职于机关单位	3.1	1.25	11.8	0.49	1.99
	父代就职于事业单位	0.43	0.58	0.56	0.66	0.37
	父代就职于国有企业	1.51	0.09	0.63	0.25	10.09
	父代学历	3.24	0.64	1.42	0.47	4.94
	家庭困难	3.34	0.64	6.02	0.75	0.67
	户口	17.42	1.25	0.88	0.78	12.64
	市级层次	38.54	10.4	0.46	3.92	48.48

由表5.7可知,对于总体样本,家庭资本是决定毕业生是否回生源地就业的关键因素,其中,毕业生市级层次、户口、家庭帮助因素的影响最大。但对于体制内单位就业的毕业生来说,人力资本则是最主要的影响因素,学校水平和学历影响最为突出。具体而言,高校毕业生就职于机关单位,人力资本对毕业生是否回家就业的影响大于家庭资本,其中,学校水平贡献最大,其次为学历、家庭帮助、父代机关单位就职。事业单位与此相类似,以学历、学校水平为代表的人力资本对毕业生回生源地就业的影响最大。与这两者相反,就职于国有企业的毕业生,则家庭资本是影响其是否回生源地就业的关键因素,其中影响最大的为市级层次和户口,其次为学校水平、父代国有企业就职和家庭帮助。

综上可知,无论高校毕业生从事何种职业,人力资本都会抑制毕业生回生源地就业,而家庭资本会促进毕业生回生源地就业。其中,对于全样本和进入国有企业就职的毕业生来说,家庭资本是决定其是否回生源就业的关键因素,而对于进入体制内就业、机关和事业单位就职的毕业生来说,人力资本是决定其是否回生源就业的主要因素。

第6章 实习经历对高校毕业生
创业选择的影响

作为"六稳"之首,稳就业问题一直备受关注(祝军和李家华,2020;郭玉娟,2020;赵晶晶和盛玉雪,2016;岳昌君,2013)。2021年3月,人社部印发《关于做好2021年全国高校毕业生就业创业工作的通知》指出,要求各地将高校毕业生就业作为就业工作重中之重,以实施高校毕业生就业创业促进计划为统领,以高品质就业服务为支撑,精准施策、多方发力,确保高校毕业生就业局势总体稳定。创业作为就业的一种特殊形式,是缓解就业压力、解决就业难题的重要途径(郭润萍等,2021;Acs et al.,2011;曲海慧和冯珺,2019);创业亦已成为促进经济发展、推动产业转型升级的新动力(刘新民,2020)。然而,尽管在国家积极创业政策的鼓励下,我国大学毕业生创业意识明显增强,但我国大学生创业率仍远低于发达国家(李爱国和曾宪军,2018)。因此,分析高校毕业生创业行为及其影响因素(崔彬,2011)对于助推高校毕业生自主创业具有重要学术意义。

大量研究表明,人力资本(岳昌君,2019)、家庭背景(李瑞琴,2014)等因素对创业行为存在影响。国外许多学者已经证实创业意向对创业行为具有显著的解释力(Baeetal,2014;Linan and FayoLLe,2015)。近年来,我国虽采取了多种政策来培养大学生的"创业思维",鼓励大学生自主创业。例如,政府和高校教育都越来越注重促进大学生的创业活动,其目标是通过创业活动解决就业问题和增加社会财富(Ambad and Damit,2016),但现有政策与教育大都从理论上指导学生自主创业,对于实践的研究不足。有学者提出当前我国大学生创业内生动力缺失,只有增强大学生创业内生动机才能从根本上促进大学生创业(郭润萍等,2021)。

实习作为创业培训与教育的重要组成部分，是创业发展过程中的主要驱动力。在中国，实习也是取得学位证中必要的"一环"（Gaofeng Yi，2017）。在校实习被认为是理论知识和现实的桥梁，能够提高大学生对于个人职业概念的聚焦，增强大学生的责任感和职业发展意识（朱菲菲，2018）。研究还表明，实习比借助其他学习机会培养大学生职业素养与信心更重要，实习质量与自身的职业发展密切相关（Gamboa et al.，2014）。那么，实习作为创业的重要前置因素（刘海宁，2021；孟令奎，2018），实习时长是否会对毕业生自主创业行为存在影响？此外，学生的选择是高等教育质量必不可少的衡量指标（朱红等，2012），毕业生想要创业或者想促进毕业生自主创业，到底是认真学习理论知识，抑或是去实习实践积累经验呢？两者之间是互补还是互斥呢？在我国高等教育人才培养过程中，大学生去实习实践、积累经验会成为食之无味、弃之可惜的鸡肋，还是促进创业成功的肱骨？目前的研究没有得到清晰的答案，而对于这些问题的回答，对政府制定政策、高等教育、经济发展不仅十分必要，而且非常紧迫。

本章以中国中部某省 2018 全部高校毕业生就业行政数据为基础，直接研究了实习实践时长、在校成绩等对创业行为的影响，并验证分析个体特征是否存在调节效应，如学历、性别对创业存在一定的调节作用。这些研究对助推大学生自主创业、提高创业行为至关重要。

6.1　文献综述与研究思路

6.1.1　理论基础和研究假设

现有研究主要结论为人力资本、家庭背景等因素对创业行为存在直接影响。沙恩（Shane，2003）、萨拉米和撒母耳（Salami and Samuel，2007）研究发现，创业资本、家庭背景、性别群体和年龄会显著影响学生的创业行为。此外，人格特征、自我概念和感知机会都在一定程度上预测了创业意向，进而影响创业行为。国内学者研究发现，学生个人特征，如在校成绩排名越好的毕业生创业概率显著大于排名靠后的学生（岳昌君，2019）；个人兴趣会导致毕业生是否选择自主创业（崔彬，2011）；祝军等（2021）基于对选择自主创业毕业生的动机、特征和满意度的分析发现，男性、少数民族、独生子女、专科学历、来自非重点高校、毕业于中部和西部地区高校的毕业生选择创业的概率更高，且选择创业的毕业生对于就业的满意度评价最高。学者刘新民等（2020）基于 CSM 模型研究创业认知、创业教育对创业行为倾向的影响研究发现，接受过创业教育个体的创业自我效能对创业结果预期和创业行为倾向的影响大于未接受过创业教育个体。刘海宁等（2021）通过定性研究发现，创业实践经验驱动选择自主创业。

众多学者的创业研究集中于研究创业意向的影响因素方面。国外学者夏皮罗和索科尔（Shapero and Sokol，1982）将创业意向定义为个人对创业的向往；德诺布尔（DeNoble，1999）提出，创业意向是一种自我的内在观念，是指个体追求理想的一种想法。克鲁格、赖利和斯鲁德（Krueger，Reilly and Carsrud，2000）认为创业行为可以被归类为有意行为或意图是一种预测或计划的创业行为。例如，伯德（Bird，1988）、克鲁格等（Krueger et al.，2000）认为，创业意向是将自身经验、自我评价和行动导向创业。此外，自我效能感（Boyd and Vozikis，1994）、父母家庭因素、实践经验（Gelderen，Brand and Van Prag，2004）、个体特征（Bodewes，Poutma and Van-gills，2008）和文化（Reardon，1991）都被认为是创业意向的前驱因素；类似地，米勒（Mueller，2008）认为性别是激励创业意向的重要因素。国内学者亦进行了大量研究，例如，郭润萍等（2021）基于 307 份问卷调查数据研究发现，成就需要、学习导向可以提高机会型创业意愿；李琳琳（2021）提出个人特征、工作经历等诸多因素会对创业意向影响，且在不同地区、不同行业之间存在异质性；吴晓波等（2014）发现，创业效能感和风险容忍效能感对创业意向有显著的促进作用，且创业效能感起到部分中介作用；类似地，赵秀丽等（2020）发现，创业效能感部分中介了创业环境与创业意向之间的关系，性别调节了创业环境通过创业效能感影响创业意向这一中介过程。时昱（2017）研究发现，职业教育提供了更为有利的创业环境与条件，校园经历对大学生创业能力的提升有显著作用，但存在就业压力感的大学生创业意愿与创业实践的都比较低。岳昌君（2021）基于北京大学教育学院采集的 2011～2019 年的高校毕业生就业状况调查数据研究发现，学历越高的毕业生创业意愿更低，他认为虽然理论上学历层次越高的毕业生在就业创业中越具有能力或学历方面的人力资本优势，但是出于对教育投资成本、创业风险等因素的综合考虑，经历了多年学习积累的硕士毕业生普遍更倾向于寻找一份满意的工作而非选择创业。综上，现有研究主要集中于创业的直接影响因素研究，而鲜有研究在校实习实践对创业的影响，对毕业生已经选择创业的研究则较为罕见。本章提出以下假设：

假设 6 - 1a：实习时长会影响自主创业行为。

假设 6 - 1b：学习成绩会影响自主创业行为。

6.1.2 研究思路

计划行为理论认为创业可行性、创业可取性直接影响了自主创业行为。本书主要变量的获取来自问卷问题，其中，被解释变量为：请问，您目前的就业状况是？1. 已落实就业单位（不含创业、继续深造、入伍和出国等情况）；2. 自主创业；3. 继续深造与出国；4. 正在找工作或毕业实习、见习中；5. 自由职业。本书将此题答案为 2 的定义为创业，其余情况定义为非创业。解释变量为：您在校期间实习多长时间？0. 没实习；1. 一个月；2. 两个月；3. 三个月；4. 四个月；5. 五个月；6. 六个月；7. 半年以上；您的综合成绩排名位于本专业的：1. 后 20%；2. 后 21% ~ 40%；3. 前 40% ~ 60%；4. 前 21% ~ 40；5. 前 20%。

由于本书解释变量为是否创业，因此，本书运用二元 Logistic 模型检验在校实习实践是否对创业行为存在影响。二元 Logistic 模型为：

$$\text{Logit}(\text{CY}) = \beta_0 + \beta_1 \text{internCod} + \beta_2 \text{control} + \varepsilon \tag{6.1}$$

6.2 毕业生特征分析

本书采用 2018 年中国中部某省全部高校毕业生就业调查行政数据，去除无效问卷及重要变量缺失问卷，共收集有效样本 203 980 条。主要变量为 CY 是否创业、实习时间 internCod 等，具体变量定义如表 6.1 所示。

表 6.1 变量定义

变量	变量名	变量定义
CY	是否创业	0. 否；1. 是
internCod	实习时间	0. 没实习；1. 一个月；2. 两个月；3. 三个月；4. 四个月；5. 五个月；6. 六个月；7. 半年以上
schtrainqual1	创业课教学水平	1 = 非常差；2 = 较差；3 = 一般；4 = 较好；5 = 非常好
Sex	性别	0. 女性；1. 男性
Edcu	学历层次	1. 专科；2. 本科；3. 研究生

续表

变量	变量名	变量定义
politicCod	是否党员	0. 其他；1. 党员
rankCod	成绩排名	1. 后 20%；2. 后 21%～40%；3. 前 40%～60%；4. 前 21%～40；5. 前 20%
societyCod	参加社团类型	0. 其他；1. 实践创业型
prteduc1Cod	父母文化程度	0. 没上过学；1. 初中及以下；2. 高中；3. 大专；4. 本科；5. 研究生
prtemp1Cod	父母单位类别	0. 其他；1. 机关事业单位
prthelpCod	父母及家庭背景的帮助	1. 基本没帮助；2. 有，但帮助不大；3. 有，帮助一般；4. 有，帮助比较大；5. 有，帮助非常大
schqualCod	老师授课水平	1. 非常差；2. 较差；3. 一般；4. 较高；5. 非常高
schclassqd	课程安排合理性	1. 非常不合理；2. 不是很合理；3. 一般；4. 比较合理；5. 非常合理
schsatiyCod	人才培养满意度	1. 非常不满意；2. 不太满意；3. 一般；4. 比较满意；5. 非常满意
schsuggestd	是否愿意推荐母校	1. 非常不愿意；2. 不太愿意；3. 不确定；4. 比较愿意；5. 非常愿意

如表 6.2 所示，在所调查的毕业生样本中，由统计结果可知，仅有 1.92% 毕业生选择自主创业，而选择直接就业的毕业生高达 69.09%，且有 21.06% 正在找工作或者见习中。由此可见，创业是一件小概率事件，毕业生创业行为存在很大的提升空间。男性与女性比例约为 1∶1，汉族毕业生显著多于少数民族；所有样本中，专科、本科毕业生分别占 58.24%、39.97%，研究生（包括硕士和博士）仅占 1.79%。从就业领域可以发现，毕业生去往电子信息技术领域、新能源、现代科技领域人数较多，而去往航空领域人数较少，不难发现，毕业生趋向于具有良好的发展前景领域就业。

表 6.2　　　　　　　　　　毕业生就业状况统计表　　　　　　　　单位：%

内容		占比
就业状况	已落实就业单位（不含创业、出国）	69.09
	自主创业	1.92

内容		占比
就业状况	继续深造与出国	5.38
	正在找工作或毕业实习、见习中	21.06
	自由职业	2.55
性别	男性	49.75
	女性	50.25
民族	汉族	96.20
	少数民族	3.80
学历层次	专科	58.24
	本科	39.97
	研究生	1.79
就业领域	电子信息技术	11.25
	生物医药及医疗器械	5.51
	航空航天装备	0.52
	节能环保	1.13
	新能源	1.12
	新材料	0.99
	先进装备制造	1.36
	新能源汽车	0.74
	智能机电	0.81
	集成电路	0.42
	其他	76.15
	合计	100

本调查问卷将毕业生选择创业原因分为：1. 实现个人理想及价值；2. 有好的创业项目；3. 受他人邀请创业；4. 未找到合适的工作；5. 其他。如表 6.3 所示，已创业的毕业生当中，为了实现个人理想及价值人数最大，为 61.53%；有好的创业项目的毕业生占 16.91%；其余原因创业占 21.56%。而创业男性与女性比例约为 3:1，即男性"创业产出率"约为女性 3 倍，由于性格特征和风险偏好，男生选择创业的人数远大于女性。选择创业的毕业生中，专科、本科、研究生分别占比 62.73%、36.39%、0.88%。由创业领域可以发现，毕业生选择在电子信息技术领域创业人数居多，然后是节能环保、新材料、新能源等相关领

域，与就业趋向大致相同。

表 6.3		毕业生创业状况统计	单位:%
	内容		占比
创业原因	实现个人理想及价值		61.53
	有好的创业项目		16.91
	受他人邀请创业		10.22
	未找到合适的工作		4.72
	其他		6.62
性别	男性		73.68
	女性		26.32
民族	汉族		94.20
	少数民族		5.80
学历层次	专科		62.73
	本科		36.39
	研究生		0.88
创业领域	电子信息技术		17.16
	生物医药及医疗器械		2.79
	航空航天装备		1.23
	节能环保		3.34
	新能源		2.11
	新材料		2.46
	先进装备制造		1.15
	新能源汽车		0.83
	智能机电		0.88
	集成电路		0.53
	其他		67.52
	合计		100.00

如表 6.4 所示，从已创业的毕业生群体特征来看，学习成绩排名在 40%～60% 之间的毕业生占比最大，为 30.61%；然后是成绩排名在前 20% 和 40% 的同学，分别占 27.83% 和 21.25%；而对于其他形式就业毕业生，成绩排名靠前越倾向于选择升学或者一份稳定的工作。从在校实习实践时间来看，已选择创业的

毕业生中，实习时间在半年以上的占 28.76%，实习为六个月的占比 15.03%，而没有参加实习实践的、实习时间为一个月和两个月的毕业生分别占比 8.93%、5.75%、9.96%。从父母工作单位来看，父母在"其他"单位工作的毕业生占创业总人数约一半，父母在民营企业的毕业生占 22.07%，而父母在国有企业、机关事业单位工作或者公务员性质的毕业生占比最小，即此类毕业生创业概率最低，自主创业和其他形式就业毕业生实习实践与父母单位特征差异不明显。此外，从父母学历来看，已创业的毕业生的父母为初中和小学学历的占比最大，父母学历为高中的占比 27.33%，而父母学历为研究生的毕业生仅占 1.3%，相较于其他形式就业的毕业生差异不大。此外，从父母及家庭背景帮助来看，是否对毕业生创业有帮助差异不大，其中，基本没帮助的占 26.25%，但其他形式就业的毕业生中基本没帮助的占 49.1%，自主创业有帮助但帮助不大的占 24.07%，而帮助很大的仅占 10.09%。

表 6.4　　　　　　　　　毕业生就业、创业群体差异　　　　　　　单位:%

类型		自主创业	其他形式
学习成绩	后 20	7.43	6.07
	后 21~40	12.87	15.31
	前 40~60	30.61	35.91
	前 21~40	21.25	33.57
	前 20	27.83	42.71
实习实践	没参加过	8.93	8.25
	一个月	5.75	8.33
	两个月	9.96	11.90
	三个月	20.90	21.23
	四个月	6.88	7.31
	五个月	3.79	3.86
	六个月	15.03	14.31
	半年以上	28.76	24.82
父母单位	党政机关	6.40	4.31
	科研设计单位	0.66	0.33
	高等教育单位	2.17	1.14
	中初教育单位	3.52	2.44

续表

类型		自主创业	其他形式
父母单位	文化新闻出版单位	0.41	0.19
	国有企业	6.78	5.79
	三资企业	0.76	0.66
	民营企业	22.07	18.23
	社会团体和社会服务机构	1.20	0.76
	军队	0.13	0.09
	乡镇建制村	4.74	5.13
	城镇社区	3.36	3.69
	其他	47.81	57.21
父母学历	没上过学	4.74	4.05
	初中及以下	52.95	64.30
	高中	27.33	21.77
	大专	7.20	5.46
	本科	6.47	4.03
	研究生	1.30	0.40
家庭背景的帮助	基本没帮助	26.25	49.10
	有帮助但帮助不大	24.07	22.60
	帮助一般	20.58	16.69
	帮助比较大	19.02	8.34
	帮助非常大	10.09	3.27

6.3　实证分析

6.3.1　描述性统计

由表 6.5 可知，创业均值约为 0.019，即目前来说创业是一种小概率事件，选择自主创业的毕业生较少，创业存在很大的提升空间；实习时长均值约为 4.04，因在中国实习是取得学位证所必需的一个环节，故基本上毕业生均会选择实习，但是实习的标准误为 2.37，由此可见，实习存在较大差异，研究实习产生的影响具有重要现实意义。对于其他变量，通过分析可以发现，调查样本中男女比例约1:1，在大学四年里，参加实践型社团的占少数；而毕业生对自身学校的课程、就业指导、人才培养满意度评价较好。

表6.5 描述性统计

变量	样本量	平均值	标准误	最小值	最大值
CY	203 980	0.019237	0.137358	0	1
internCod	203 980	4.040171	2.366832	0	7
rankCod	203 980	3.682488	1.166889	1	5
Edcu	203 980	1.433685	0.530177	1	3
prthelpCod	203 980	1.944397	1.135062	1	5
schtrainqu1	203 980	3.62713	0.955401	1	5
Sex	203 980	0.49723	0.499994	0	1
PoliticCod	203 980	0.071208	0.257173	0	1
societyCod	203 980	0.137548	0.344426	0	1
prteduc1Cod	203 980	1.41154	0.839583	0	5
prtemp1Cod	203 980	0.08316	0.276125	0	1
schqualCod	203 980	3.626238	0.796302	1	5
schclassqud	203 980	3.419571	0.850774	1	5
schsatiyCod	203 980	3.564055	0.833998	1	5
schsuggestd	203 980	3.634244	0.982717	1	5

6.3.2　回归分析

由表6.6可知，实习、学习对毕业生自主创业行为均会产生显著影响。实习对创业有显著的促进效应，实习时间越长，毕业生积累的实践经验更加丰富，其实操能力强、资源广，因此，创业可能性更大；学习成绩则对创业存在负向影响，人力资本认为成绩越好的毕业生其人力资本越高，相较于其他毕业生可能更能找到一份好工作，抑或者自身更希望选择"平稳"，不想承担创业的风险。对于其他控制变量来说，父母家庭帮助越大，对创业越会产生显著的正向影响；具有实践型社团经验的毕业生相比于没有经验的更倾向于选择自主创业。

表6.6 回归结果

项目	CY	项目	CY
internCod	0.0418 *** （0.00697）	prtemp1Cod	0.115 ** （0.0554）

续表

项目	CY	项目	CY
rankCod	−0. 139 *** (0. 0137)	schpracqualCod	0. 00394 (0. 0260)
prthelpCod	0. 418 *** (0. 0127)	schclassqualCod	0. 0611 ** (0. 0261)
schtrainqual1	−0. 129 *** (0. 0230)	schsatisfyCod	0. 0307 (0. 0299)
PoliticCod	0. 00999 (0. 0665)	schsuggestCod	0. 0634 *** (0. 0223)
societyCod	0. 209 *** (0. 0447)	_cons	−4. 802 *** (0. 0992)
prteduc1Cod	0. 0747 *** (0. 0192)	N	203 980

注: 括号内为 t 值; ** 表示 $p < 0.05$, *** 表示 $p < 0.01$。

由表 6.7 回归结果可知, 交互项 internCod × Edcu 回归系数为 0.00076, 且在 1% 的水平上显著, 即学历对实习对创业的影响具有显著的正向调节效应; 交互项 internCod × Sex 回归系数为 0.0105, 且也在 1% 水平上显著, 即对同样有实习经验来说, 男性创业概率更大, 同时, 这也是符合人力资本理论预期的, 男性比女性可承受风险能力更强, 希望 "个人成功", 因此, 选择自主创业概率更大。

表 6.7　实习调节效应检验

项目	(1) CY	(2) CY	项目	(1) CY	(2) CY
internCod	−0. 000497 (0. 000369)	0. 0000188 (0. 000182)	societyCod	0. 00356 *** (0. 000882)	0. 00401 *** (0. 000880)
Edcu	−0. 00558 *** (0. 00111)		prteduc1Cod	0. 00179 *** (0. 000407)	0. 00145 *** (0. 000406)
internCod × Edcu	0. 000766 *** (0. 000243)		prtemp1Cod	0. 00369 *** (0. 00122)	0. 00288 ** (0. 00121)
Sex		0. 0105 *** (0. 00120)	schpracqualCod	0. 0000743 (0. 000495)	0. 000239 (0. 000494)
internCod × Sex		0. 00175 *** (0. 000256)	schclassqualCod	0. 00107 ** (0. 000488)	0. 000954 ** (0. 000487)
prthelpCod	0. 00951 *** (0. 000278)	0. 00923 *** (0. 000277)	schsatisfyCod	0. 000700 (0. 000567)	0. 000706 (0. 000565)

续表

项目	（1）	（2）	项目	（1）	（2）
	CY	CY		CY	CY
schtrainqual1	− 0.00263 ***	− 0.00268 ***	schsuggestCod	0.00122 ***	0.00118 ***
	（0.000447）	（0.000446）		（0.000414）	（0.000413）
PoliticCod	− 0.000432	− 0.000641	_cons	0.00195	− 0.0114 ***
	（0.00122）	（0.00118）		（0.00238）	（0.00177）
N	203 980	203 980	adj. R^2	0.008	0.012

注：括号内为 t 值；** 表示 p < 0.05，*** 表示 p < 0.01。

由上述回归结果可知（见表 6.8），交互项 rankCod × Edcu 并不显著，因此，学历不能很好地调节学习对创业的影响；由第 2 列可知，交互项 rankCod × Sex 回归系数为 − 0.0013，且在 5% 的水平上显著，即性别可以调节学习对创业的影响，成绩越好的男生可能越倾向于找一份稳定的工作，这也有可能和市场有关。一般来说，公司招聘时会优先选择男生，而成绩好的男生就更能被公司选中，因此，成绩越好的男生可能越不会选择创业。

表 6.8　　　　　　　　　　　　学习调节回归结果

项目	（1）	（2）	项目	（1）	（2）
	CY	CY		CY	CY
rankCod	− 0.00217 ***	− 0.000896 **	societyCod	0.00420 ***	0.00454 ***
	（0.000763）	（0.000390）		（0.000882）	（0.000880）
Edcu	− 0.00221		prteduc1 Cod	0.00180 ***	0.00147 ***
	（0.00193）			（0.000407）	（0.000405）
rankCod × Edcu	− 0.000283		prtemp1 Cod	0.00307 **	0.00222 *
	（0.000493）			（0.00122）	（0.00121）
Sex		0.0217 ***	schpracqualCod	0.000153	0.000363
		（0.00204）		（0.000494）	（0.000493）
rankCod × Sex		− 0.00131 **	schclassqualCod	0.00107 **	0.00102 **
		（0.000525）		（0.000488）	（0.000487）
prthelpCod	0.00948 ***	0.00927 ***	schsatisfyCod	0.000792	0.000732
	（0.000278）	（0.000277）		（0.000567）	（0.000566）
schtrainqual1	− 0.00263 ***	− 0.00260 ***	schsuggestCod	0.00118 ***	0.00109 ***
	（0.000447）	（0.000446）		（0.000414）	（0.000413）
PoliticCod	0.00177	0.000293	_cons	0.00821 **	− 0.00877 ***
	（0.00125）	（0.00120）		（0.00335）	（0.00219）
N	203 980	203 980	adj. R2	0.008	0.011

注：括号内为 t 值；** 表示 p < 0.05，*** 表示 p < 0.01。

6.3.3　稳健性检验

为了增强本书实证分析结果的可靠性以及降低内生性潜在影响，本书采用倾向得分匹配法（PSM）再次检验上述实证结果。首先用 Probit 模型进行匹配计算。其次采用 1∶1 有放回的最邻近匹配法得到匹配样本。匹配后的核密度图显示，匹配后的测试样本和控制样本在倾向得分上匹配效果较好。最后对匹配后的样本进行 Stata15 回归分析，再次验证了上述假设。

稳健性回归结果如表 6.9、表 6.10、表 6.11 所示，由结果可知与上面回归结果一致，即说明本书实证结果是较为稳健的。

表 6.9　　　　　　　　　　　　基础回归稳健性检验

项目	(1)	项目	(1)
	CY		CY
internCod	0.0560 *** (0.00777)	prtemp1Cod	0.134 ** (0.0571)
rankCod	− 0.132 *** (0.0143)	schpracqualCod	0.0118 (0.0269)
prthelpCod	0.416 *** (0.0132)	schclassqualCod	0.0651 ** (0.0270)
schtrainqual1	− 0.132 *** (0.0237)	schsatisfyCod	0.0330 (0.0309)
PoliticCod	0.00834 (0.0687)	schsuggestCod	0.0694 *** (0.0231)
societyCod	0.217 *** (0.0456)	_cons	− 4.969 *** (0.106)
prteduc1Cod	0.0758 *** (0.0199)	N	190 840

注：括号内为 t 值；** 表示 $p < 0.05$，*** 表示 $p < 0.01$。

表 6.10　　　　　　　　　　　　实习稳健性检验

项目	(1)	(2)	项目	(1)	(2)
	CY	CY		CY	CY
internCod	− 0.000270 (0.000430)	0.0000761 (0.000204)	societyCod	0.00375 *** (0.000900)	0.00419 *** (0.000898)
Edcu	− 0.00550 *** (0.00133)		prteduc1Cod	0.00180 *** (0.000421)	0.00146 *** (0.000419)

续表

项目	（1）CY	（2）CY	项目	（1）CY	（2）CY
internCod × Edcu	0.000792 *** (0.000276)		prtemp1 Cod	0.00397 *** (0.00126)	0.00330 *** (0.00125)
Sex		0.00786 *** (0.00139)	schpracqualCod	0.000247 (0.000510)	0.000424 (0.000509)
internCod × Sex		0.00225 *** (0.000286)	schclassqualCod	0.00115 ** (0.000504)	0.00100 ** (0.000502)
prthelpCod	0.00944 *** (0.000287)	0.00915 *** (0.000286)	schsatisfyCod	0.000749 (0.000585)	0.000783 (0.000583)
schtrainqual1	− 0.00266 *** (0.000461)	− 0.00275 *** (0.000460)	schsuggestCod	0.00130 *** (0.000428)	0.00129 *** (0.000427)
PoliticCod	− 0.000560 (0.00126)	− 0.000576 (0.00122)	_cons	− 0.000715 (0.00275)	− 0.0128 *** (0.00191)
N	190 840	190 840	adj. R^2	0.008	0.012

注：括号内为 t 值；** 表示 $p < 0.05$，*** 表示 $p < 0.01$。

表 6.11　　　　　　　　　　　　学习稳健性检验

项目	（1）CY	（2）CY	项目	（1）CY	（2）CY
rankCod	− 0.00177 ** (0.000798)	− 0.000841 ** (0.000404)	societyCod	0.00431 *** (0.000901)	0.00461 *** (0.000899)
Edcu	− 0.00152 (0.00202)		prteduc1 Cod	0.00178 *** (0.000421)	0.00144 *** (0.000419)
rankCod × Edcu	− 0.000458 (0.000516)		prtemp1 Cod	0.00332 *** (0.00126)	0.00251 ** (0.00125)
Sex		0.0212 *** (0.00212)	schpracqualCod	0.000333 (0.000510)	0.000556 (0.000509)
rankCod × Sex		− 0.00118 ** (0.000546)	schclassqualCod	0.00116 ** (0.000504)	0.00108 ** (0.000502)
prthelpCod	0.00940 *** (0.000287)	0.00917 *** (0.000286)	schsatisfyCod	0.000821 (0.000585)	0.000775 (0.000583)
schtrainqual1	− 0.00266 *** (0.000461)	− 0.00266 *** (0.000460)	schsuggestCod	0.00123 *** (0.000428)	0.00114 *** (0.000426)
PoliticCod	0.00161 (0.00129)	0.000120 (0.00124)	_cons	0.00565 (0.00351)	− 0.00983 *** (0.00227)
N	190840	190840	adj. R^2	0.008	0.011

注：括号内为 t 值；** 表示 $p < 0.05$，*** 表示 $p < 0.01$。

第三篇

学科专业

不同学科专业的高校毕业生在就业流动与职业选择上存在差异，而理工科高校毕业生作为地区经济创新发展的主导力量，其就业行业分布影响地区产业发展速度和质量，所以，优化我国高校理工科专业设置迫在眉睫。与此同时，高校毕业生就业去向分析是建立健全学科专业动态调整机制的依据，在此背景下，本篇系统研究我国中部某省 2018 年高校毕业生就业调查数据，进而找出健全学科专业动态结构调整的机制方法，从而得出抑制人才流出进而促进经济发展的有效措施。

　　新时代需要建立健全学科专业动态调整机制为经济社会发展注入活力。那么，我国高校毕业生就业流动呈现什么样的空间特征？高校学科专业设置与产业发展契合度如何？高校如何通过学科专业设置影响就业流动趋势？面对外部宏观环境变化，高校学科结构应怎样动态调整以优化我国高校毕业生就业流动趋势？回答上述问题，对于加快提高我国高等教育发展质量具有重要的现实意义。

　　本篇通过研究我国中部某省 2018 年高校毕业生就业调查数据，在理工科毕业生就业行业的分析基础上，通过构造专业—行业匹配度指标和专业—行业匹配度矩阵，对高校理工科专业行业匹配度及其产业异质性进行评价。在此基础上，运用专业—行业匹配度矩阵找出战略性新兴产业中"双高适配区"和"失配引导区"的理工科专业，探究匹配度对行业经济发展的影响，通过提高课程和专业的匹配度可有效抑制高校毕业生人才流出。与此同时，利用区位熵指数刻画学科—行业图谱，结合我国 2020 年行业 GDP 变化，估算高校学科毕业生就业需求变化，健全高校学科专业动态调整机制。

第7章 行业匹配视角下的高校理工科专业设置优化研究

高等教育发展水平是一个国家发展水平和发展潜力的重要标志。习近平总书记在全国教育大会上指出,"要提升教育服务经济社会发展能力,调整优化高校区域布局、学科结构、专业设置,建立健全学科专业动态调整机制"。[①] 学科专业结构作为联系高等教育与经济发展的主要纽带,直接影响着地区人力资源供给结构,进而决定地区产业发展的速度和质量。围绕经济结构调整和产业转型升级需求优化专业结构、提高人才培养与经济社会发展需求的契合度,是提升我国高等教育发展水平和发展质量的重要抓手。那么,我国高校学科专业设置与产业发展契合度如何?高校如何通过学科专业设置支撑战略性新兴产业发展?思考解答这些问题对于提高我国高等教育发展质量具有重要的现实意义。

令人遗憾的是,已有研究表明,我国学科结构和产业结构匹配度并不高。高校专业设置相对滞后于经济社会发展。与此同时,现有学科结构与产业结构匹配度的研究多为学科门类与三次产业占比匹配、相关性分析,难以为支撑引领战略性新兴产业发展提供高校学科专业设置的量化分析。同时,鉴于理工科领域会发生大量创新,理工科毕业生(science, technology, engineering, mathematics, STEM)对国家经济繁荣的至关重要性,本书拟使用中部某省2018年高校毕业生就业调查数据,通过构造专业—行业匹配度指标和专业—行业匹配度矩阵,重点回答本科理工科毕业生的专业与就业行业之间的匹配度如何、如何优化本科理工科专业结构以支撑战略性新兴产业发展等问题,以期为合理评价高等教育的学科设置和调整提供依据。

---

① 习近平出席全国教育大会并发表重要讲话 [EB/OL]. (2018 - 09 - 10). https://www.gov.cn/xinwen/2018 - 09/10/content_5320835.htm.

7.1 数据来源及初步分析

7.1.1 数据来源

本书研究数据为中部某省 2018 年高校毕业生就业调查数据，主要变量包括学历层次、毕业去向、单位行业、单位性质、单位名称、专业等，剔除信息不全样本后，筛选出 102 870 名本科生毕业生就业数据，涵盖哲学、经济学、法学等 12 个学科门类，农、林、牧、渔业，采矿业，制造业等 19 个行业门类，农业、林业、畜牧业等 92 个行业大类。如图 7.1 所示，工学就业人数最多，占比近 1/3，而行业中又属制造业就业人数最多，占比近 1/5。

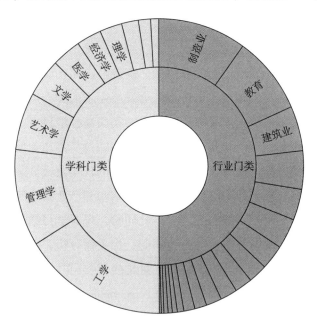

图 7.1 学科门类和行业门类的就业占比

依据该省人力资源和社会保障厅编制的《学科专业目录汇编》，本科的学科专业层次分为学科门类、专业类、专业。因此，本书界定的理工科为本科的理学和工学两个学科门类，共包括 38 326 名毕业生。

7.1.2 理工科毕业生就业行业门类分析

为了清晰地表达出本科的理学和工学毕业生流向各行业的就业情况，用 Sankey 图表示流向，如图 7.2 所示，左边表示学科门类（理学和工学），右边表示就业行业（19 个行业门类）。由图 7.1 的左边可以看出，工学的就业人数远高于理学的就业人数。工学毕业生就业人数最多的行业是制造业，就业占比为30.13%；然后是建筑业和教育行业，分别为 14.77%、12.62%。理学毕业生去往最多的行业是教育行业，就业占比为 47.73%；然后是制造业，为 16.64%。由此看出，制造业和教育行业是本科理工科毕业生的就业首选。相对于理学而言，工学毕业生的就业行业选择更为多样化。

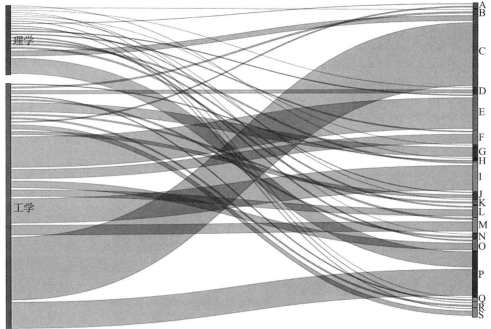

图 7.2　本科理工科毕业生就业流向

　　注：A 农、林、牧、渔业；B 采矿业；C 制造业；D 电力、热力、燃气及水生产和供应业；E 建筑业；F 批发和零售业；G 交通运输、仓储和邮政业；H 住宿和餐饮业；I 信息传输、软件和信息技术服务业；J 金融业；K 房地产业；L 租赁和商务服务业；M 科学研究和技术服务业；N 水利、环境和公共设施管理业；O 居民服务、修理和其他服务业；P 教育；Q 卫生和社会工作；R 文化、体育和娱乐业；S 公共管理、社会保障和社会组织等 19 个行业门类。

7.2　理工科毕业生专业—行业匹配度分析

7.2.1　专业—行业匹配度界定

一般而言，毕业生会更多地选择与自己专业相关的行业进行就业。同时，在各行业中，与行业最相关的专业毕业生在该行业中的占比也会更高。基于此，本书参考封世蓝等（2017）的做法，构造专业—行业匹配度指标公式为：

$$MD_{(m,i)} = \frac{N_1}{N_0} \times 100 \times \frac{N_1}{A_1} \times 100 \qquad (7.1)$$

其中，$MD_{(m,i)}$是 m 专业与 i 行业匹配度，N_1为 m 专业在 i 行业的就业人数，N_0为 m 专业的总毕业就业人数，A_1为 i 行业的就业总人数。$\frac{N_1}{N_0}$是理工科专业的毕业生去往各行业的就业人数比例，即行业份额；$\frac{N_1}{A_1}$是每个行业中各理工科毕业生就业人数所占比例，即专业份额。由于这两个数值过小，分别将其扩大 100 倍，再将两者相乘得到专业—行业匹配度指标。

本书利用中部某省 2018 年高校毕业生就业行政数据，按照上述指标方法计算得到该省本科理工科毕业生主要就业行业（以行业份额 10% 以上的行业作为理工科毕业生主要就业行业）的专业—行业匹配度数据，本书的匹配度研究基于本科教育的第三个学科专业层次——专业，行业是更为具体的行业大类。为了避免专业就业人数过少带来的偏差，本书剔除毕业生就业人数小于 100 人的专业。部分计算结果如表 7.1 所示。

表 7.1　　　　　　　　理工科毕业生主要就业行业及专业—行业匹配度

专业	就业行业	行业份额（%）	专业份额（%）	匹配度
A1 数学与应用数学	83 教育	65.02	3.82	248.47
A2 信息与计算科学	83 教育	28.77	0.60	17.15
A3 物理学	83 教育	68.80	1.46	100.79
A4 应用物理学	83 教育	27.45	0.16	4.36
A5 化学类	83 教育	37.33	0.32	11.87
A6 化学	83 教育	60.42	1.32	79.59
A7 应用化学	83 教育	32.03	1.40	44.74
A8 地理科学	83 教育	67.86	1.51	102.49
A9 地理信息科学	83 教育	34.81	0.31	10.87
A10 生物科学	83 教育	55.47	1.27	70.24
A11 生物技术	83 教育	33.69	0.53	17.98
A12 应用心理学	83 教育	30.34	0.40	12.23
A13 统计学	83 教育	25.22	0.16	4.15
B1 服装设计与工程	18 纺织服装、服饰业	77.54	19.54	1 515.22

续表

专业	就业行业	行业份额（%）	专业份额（%）	匹配度
B2 制药工程	27 医药制造业	53.83	11.89	639.85
B3 无机非金属材料工程	30 非金属矿物制品业	34.30	11.01	377.55
	83 教育	23.55	0.32	7.62
B4 冶金工程	32 有色金属冶炼和压延加工业	42.72	18.49	789.75
	83 教育	38.83	0.45	17.64
B5 车辆工程	36 汽车制造业	26.49	15.56	412.13
B6 电子信息工程	39 计算机、通信和其他电子设备制造业	20.99	9.72	203.94
B7 电子科学与技术	39 计算机、通信和其他电子设备制造业	34.97	2.92	102.22
B8 光电信息科学与工程	39 计算机、通信和其他电子设备制造业	26.63	1.36	36.19
	83 教育	23.62	0.27	6.30
B9 电子信息科学与技术	39 计算机、通信和其他电子设备制造业	23.22	1.26	29.18
	83 教育	21.33	0.26	5.45
B10 机械工程	41 其他制造业	22.48	2.54	57.10
B11 焊接技术与工程	41 其他制造业	42.08	2.25	94.60
B12 飞行器制造工程	41 其他制造业	33.98	2.57	87.30
B13 土木工程	48 土木工程建筑业	55.76	32.51	1812.85
B14 建筑环境与能源应用工程	48 土木工程建筑业	25.53	0.76	19.37
B15 给排水科学与工程	48 土木工程建筑业	43.13	2.53	109.06
B16 道路桥梁与渡河工程	48 土木工程建筑业	49.31	1.12	55.33
B17 水利水电工程	48 土木工程建筑业	46.44	3.71	172.50
B18 水文与水资源工程	48 土木工程建筑业	31.39	0.68	21.33
	83 教育	26.28	0.20	5.37
B19 测绘工程	48 土木工程建筑业	30.41	1.42	43.25
	83 教育	20.61	0.35	7.14
B20 地质工程	48 土木工程建筑业	22.66	0.46	10.38
	83 教育	39.06	0.28	11.09
B21 勘查技术与工程	48 土木工程建筑业	22.55	0.36	8.20
	83 教育	33.33	0.19	6.44

专业	就业行业	行业份额（%）	专业份额（%）	匹配度
B22 交通工程	48 土木工程建筑业	42.37	1.19	50.23
B23 农业水利工程	48 土木工程建筑业	37.12	0.77	28.75
	83 教育	33.33	0.25	8.33
B24 建筑学	48 土木工程建筑业	42.94	2.45	105.19
B25 城乡规划	48 土木工程建筑业	31.70	1.12	35.57
B26 材料物理	83 教育	24.00	0.14	3.27
B27 材料化学	83 教育	28.78	0.45	13.07
B28 金属材料工程	83 教育	30.95	0.59	18.28
B29 化学工程与工艺	83 教育	23.18	0.40	9.21
B30 资源勘查工程	83 教育	31.37	0.27	8.55
B31 采矿工程	83 教育	40.00	0.31	12.26
B32 环境工程	83 教育	21.78	0.62	13.60
B33 环境科学	83 教育	30.36	0.19	5.86
B34 食品质量与安全	83 教育	23.27	0.21	4.89
B35 生物工程	83 教育	22.87	0.43	9.74

注：由于篇幅有限，只列出了制造业、建筑业、教育行业中行业份额高于 20% 的行业。其中，A 表示理学，B 表示工学。

7.2.2 行业份额和专业份额分析

行业份额表示的是理工科毕业生去往不同行业的就业人数比例，可以反映出毕业生因其专业性质在就业行业选择方面的偏好和多样化。对大部分理学专业来说，行业份额最高的是教育行业，并且教育行业份额较高，如数学与应用数学、物理学、化学的教育行业份额都在 60% 以上。而工学毕业生行业份额多样化，比如服装设计与工程毕业生对应于纺织服装、服饰业的行业份额高达 77.54%，电子信息工程毕业生对应于计算机、通信和其他电子设备制造业的行业份额只有 20.99%，即电子信息工程毕业生就业选择更广泛。但是工学毕业生除去与之最相关的行业就业，行业份额排名第二的仍是教育行业，如无机非金属材料工程、冶金工程、光电信息科学与工程的教育行业份额分别为 23.55%、38.83%、23.62%。由此可以看出，教育行业是许多本科理工科毕业生的第二就业选择。

专业份额能够体现出各行业对特定专业的人才需求。以土木工程建筑业为例，土木工程、建筑环境与能源应用工程、给排水科学与工程、道路桥梁与渡河工程、水利水电工程毕业生的行业份额都在 20% 以上，但是只有土木工程毕业生的专业份额在 50% 以上。体现出了土木工程建筑业对土木工程专业的特定人才需求。

7.2.3　专业—行业匹配度矩阵分析

根据本科理工科毕业生的主要就业行业匹配度指标，参考波士顿矩阵，把专业份额作为横坐标 X，把行业份额作为纵坐标 Y，以专业份额 3.21%（平均值）、行业份额 23.15%（平均值）为分界线，形成专业—行业匹配度矩阵，分别为双高适配区、低专高行区、双低无序区和失配引导区，限于篇幅，列出部分专业—行业对如表 7.2 所示。

表 7.2　　　　理工科毕业生主要就业行业的专业—行业匹配度矩阵

	低专高行区	双高适配区
高↑ 行业份额 ↓低	道路桥梁与渡河工程—土木工程建筑业（1.12%，49.31%） 物理学—教育（1.46%，68.80%） 化学—教育（1.32%，60.42%） 焊接技术与工程—其他制造业（2.25%，42.08%） 地理信息科学—专业技术服务业（2.85%，31.65%） 电子科学与技术—计算机、通信和其他电子设备制造业（2.92%，34.97%） ……	服装设计与工程—纺织服装、服饰业（19.54%，77.54%） 土木工程—土木工程建筑业（32.51%，55.76%） 制药工程—医药制造业（11.89%，53.83%） 无机非金属材料工程—非金属矿物制品业（11.01%，34.30%） 冶金工程—有色金属冶炼和压延加工业（18.49%，42.72%） 车辆工程—汽车制造业（15.56%，26.49%） ……
	双低无序区	失配引导区
	机械工程—其他制造业（2.54%，22.48%） 新能源科学与工程—商务服务业（0.28%，10.27%） 资源勘查工程—土木工程建筑业（0.25%，10.46%） 生物工程—医药制造业（3.15%，17.07%） 工业设计—汽车制造业（1.52%，10.66%） 人文地理与城乡规划—农、林、牧、渔专业及辅助性活动（2.64%，10.48%） ……	机械电子工程—铁路运输业（5.13%，12.93%） 电气工程及其自动化—铁路运输业（14.84%，10.85%） 风景园林—林业（8.60%，10.26%） 应用化学—医药制造业（4.34%，10.03%） 高分子材料与工程—化学原料和化学制品制造业（6.19%，14.69%） 电子信息工程—计算机、通信和其他电子设备制造业（9.72%，20.99%） ……

←――――――― 低专业份额高 ―――――――→

（1）双高适配区，指专业份额高、行业份额高的专业—行业对。位于该区域的毕业生专业性是比较强的，专业和行业对口，如服装设计与工程—纺织服装、服饰业，制药工程—医药制造业等专业—行业对。

（2）低专高行区，指专业份额低、行业份额高的专业—行业对。位于该区域的毕业生都会集中去往专业对应相关的行业，但是可能由于行业过于庞大或者是行业需要的人才比较多样化，所以专业份额会较低。以道路桥梁与渡河工程—土木工程建筑业为例，近一半的道路桥梁与渡河工程毕业生就业于土木工程建筑业，但是土木工程建筑业需要的专业人才是多样化的，更需要的是土木工程毕业生，所以在这个行业中道路桥梁与渡河工程毕业生的专业份额就非常小。再比如教育行业需要各种各样的专业人才，因此，各专业在教育中的专业份额会更低，但专业人才会更多选择去从事教育行业，因此会处于低专高行区。

（3）双低无序区，指专业份额低、行业份额低的专业—行业对。在这些专业—行业对中，专业与行业人才需求之间虽然有联系，但是不紧密，所以专业份额和行业份额都低。还有一种是专业份额或行业份额刚好低于平均值，比如机械工程—其他制造业，此种情况较少。

（4）失配引导区，指专业份额高、行业份额低的专业—行业对。位于该区域的专业毕业生并不会集中去往某个行业，但是这个行业对该专业的人才需求较高。例如，电子信息工程中计算机、通信和其他电子设备制造业的行业份额为20.99%，但是计算机、通信和其他电子设备制造业中的电子信息工程专业份额较高，表明计算机、通信和其他电子设备制造业对电子信息工程毕业生需求量大，所以可以引导电子信息工程毕业生多进入该行业。这个区域的专业—行业对是需要重点关注的，应当降低毕业生就业于不相关行业的比例，引导毕业生毕业后进入相关行业领域工作。

总体来看，双低无序区的专业—行业对占了半数，专业—行业匹配程度不乐观。双高适配区的专业与行业之间已经形成稳定的匹配关系，应该重点支持，保持匹配规模，提高匹配质量。失配引导区的专业—行业对的专业规模还不能匹配行业发展需求，应该扩大这个区域的专业招生规模或者引导更多的专业毕业生去相关行业就业，引导失配引导区的专业—行业对转向双高适配区。

7.3 战略性新兴产业发展导向下理工科学科专业优化路径

在科技革命和产业变革不断推进的背景下，我国战略性新兴产业作为新兴科技和新兴产业深度融合的产物，正在蓬勃发展。为了满足战略性新兴产业的发展需求，教育部在 2010 年公布了高等学校战略性新兴产业相关本科新专业名单。这些新专业基本上属于理学、工学。那么理工科专业与战略性新兴产业之间的匹配度如何？应重点关注本科中的哪些专业建设以支撑战略性新兴产业的发展？本部分利用专业—行业匹配度指标对上述问题进行分析。

根据《长江经济带创新驱动产业转型升级方案》《关于加快推进战略性新兴产业产业集群建设有关工作的通知》及该省相关文件，该省战略性新兴产业的发展重点为新一代信息技术产业的下一代信息网络产业，高端装备制造产业的航空装备产业，新材料产业，生物产业的生物医药产业、生物农业及相关产业和新能源产业的太阳能产业。依据《战略性新兴产业分类（2018）》，本书找出该省战略性新兴产业的发展重点对应的国民经济行业。

根据第三部分匹配度计算结果，找出专业—行业匹配度大于 10 的专业，最终整理结果部分如表 7.3 所示。同时，以专业份额 5.21%（平均值）、行业份额 13.12%（平均值）为分界线形成战略性新兴产业对应的专业—行业匹配度矩阵，限于篇幅，列出部分专业—行业对如表 7.4 所示。

表 7.3　　　　　　　　　有关战略性新兴产业的专业—行业匹配度

战略性新兴产业	国民经济行业大类代码	专业名称	行业份额（%）	专业份额（%）	匹配度
下一代信息网络产业	39	电子信息工程	20.99	9.72	203.94
		计算机科学与技术	15.63	8.69	135.85
		软件工程	11.33	10.64	120.56
		通信工程	17.99	5.41	97.32
		机械设计制造及其自动化	7.59	5.18	39.33
	63	通信工程	3.15	8.41	26.52
航空装备产业	37	测控技术与仪器	6.80	6.08	41.32
		机械设计制造及其自动化	2.71	14.12	38.21
		电气工程及其自动化	2.68	7.84	21.01
新材料产业	26	应用化学	9.24	14.17	131.01
		高分子材料与工程	14.69	6.19	90.91
		材料化学	9.71	5.39	52.34

战略性新兴产业	国民经济行业大类代码	专业名称	行业份额（%）	专业份额（%）	匹配度
新材料产业	28	化学工程与工艺	3.64	26.19	95.40
		材料化学	1.44	9.52	13.70
		高分子材料与工程	1.42	7.14	10.16
	30	无机非金属材料工程	34.30	11.01	377.55
	32	冶金工程	42.72	18.49	789.75
		金属材料工程	11.61	8.19	95.10
		材料成型及控制工程	7.14	11.55	82.53
	33	材料成型及控制工程	2.86	5.05	14.42
	39	机械设计制造及其自动化	7.59	5.18	39.33
生物医药产业	27	制药工程	53.83	11.89	639.85
生物医学工程产业	35	机械设计制造及其自动化	4.17	16.23	67.72
		材料成型及控制工程	6.62	7.46	49.38
其他生物产业	26	应用化学	9.24	14.17	131.01
		材料化学	9.71	5.39	52.34
	35	机械设计制造及其自动化	4.17	16.23	67.72
		材料成型及控制工程	6.62	7.46	49.38
太阳能产业	30	无机非金属材料工程	34.30	11.01	377.55
	34	能源与动力工程	11.24	5.21	58.52
		电气工程及其自动化	4.55	9.08	41.35
		机械设计制造及其自动化	3.05	10.81	32.93
		电子信息工程	2.44	5.87	14.31
	35	机械设计制造及其自动化	4.17	16.23	67.72
		材料成型及控制工程	6.62	7.46	49.38
	38	机械设计制造及其自动化	7.52	14.06	105.75
		电气工程及其自动化	6.97	7.31	50.95
		自动化	8.40	5.06	42.54

注：由于篇幅有限，只列出了专业份额高于5%的专业—行业对。26 化学原料和化学制品制造业，27 医药制造业，28 化学纤维制造业，30 非金属矿物制品业，32 有色金属冶炼和压延加工业，33 金属制品业，34 通用设备制造业，35 专用设备制造业，37 铁路、船舶、航空航天和其他运输设备制造业，38 电气机械和器材制造业，39 计算机、通信和其他电子设备制造业，63 电信、广播电视和卫星传输服务。

由表7.3和表7.4可以看出，在新材料产业中，位于双高适配区的有冶金工

程—有色金属冶炼和压延加工业、无机非金属材料工程—非金属矿物制品业，在
生物医药产业有制药工程—医药制造业，这些关于战略性新兴产业的专业—行业
对匹配关系较好，应该继续保持。各个产业中位于适配引导区的专业—行业对更
多，如太阳能产业中的机械设计制造及其自动化—通用设备制造业，新材料行业
中的化学工程与工艺—化学纤维制造业，其他生物业的材料成型及控制工程—专
用设备制造业等。可以看出，战略性新兴产业的人才需求需要继续关注，同时，
应该高度关注该区域的专业招生规模、人才培养方案和毕业生的就业去向，争取
使得这些失配引导区的专业—行业对能向双高适配区发展，从而更好地支撑战略
性新兴产业发展。

表 7.4　　　　　　　　有关战略性新兴产业的专业—行业匹配度矩阵

	低专高行区	双高适配区
高 ↑　行业份额　↓ 低	遥感科学与技术—专业技术服务业（1.03%，64.29%）生物工程—医药制造业（3.15%，17.07%）复合材料与工程—橡胶和塑料制品业（3.40%，13.43%）粉体材料科学与工程—非金属矿物制品业（1.06%，28.57%），新能源材料与器件—电气机械和器材制造业（1.83%，50.00%）电子科学与技术—计算机、通信和其他电子设备制造业（2.92%，34.97%）……	制药工程—医药制造业（11.89%，53.83%）冶金工程—有色金属冶炼和压延加工业（18.49%，42.72%）无机非金属材料工程—非金属矿物制品业（11.01%，34.30%）高分子材料与工程—化学原料和化学制品制造业（6.19%，14.69%）电子信息工程—计算机、通信和其他电子设备制造业（9.72%，20.99%）计算机科学与技术—计算机、通信和其他电子设备制造业（8.69%，15.63%）
	双低无序区	失配引导区
	测控技术与仪器—仪器仪表制造业（4.28%，2.85%）自动化—通用设备制造业（4.01%，3.50%）机械工程—有色金属冶炼和压延加工业（3.15%，3.88%）化学—化学原料和化学制品制造业（3.79%，4.95%）高分子材料与工程—橡胶和塑料制品业（4.15%，5.21%）材料成型及控制工程—金属制品业（5.05%，2.86%）……	化学工程与工艺—化学纤维制造业（26.19%，3.64%）材料化学—化学原料和化学制品制造业（5.39%，9.71%）通信工程—电信、广播电视和卫星传输服务（8.41%，3.15%）电气工程及其自动化—电气机械和器材制造业（7.31%，6.97%）机械设计制造及其自动化—通用设备制造业（10.81%，3.05%）材料成型及控制工程—有色金属冶炼和压延加工业（11.55%，7.14%）……

← 低专业份额高 →

　　通过清晰地列出战略性新兴产业需要重点关注的专业—行业对（见表7.5），地方高校可以根据当地战略性新兴产业的发展情况以及人才需求，结合表中所列出的每个产业中位于双高适配区和失配引导区的专业—行业对，有针对性地改善专业设置和招生规模。

表 7.5　　　　战略性新兴产业中位于双高适配区和失配引导区的专业—行业对

战略性新兴产业	双高适配区	失配引导区
下一代信息网络产业	电子信息工程—计算机、通信和其他电子设备制造业 计算机科学与技术—计算机、通信和其他电子设备制造业	软件工程—计算机、通信和其他电子设备制造业 通信工程—电信、广播电视和卫星传输服务
航空装备产业	—	机械设计制造及其自动化—铁路、船舶、航空航天和其他运输设备制造 测控技术与仪器—铁路、船舶、航空航天和其他运输设备制造 电气工程及其自动化—铁路、船舶、航空航天和其他运输设备制造
新材料产业	高分子材料与工程—化学原料和化学制品制造业 无机非金属材料工程—非金属矿物制品业 冶金工程—有色金属冶炼和压延加工业	应用化学—化学原料和化学制品制造业 材料化学—化学纤维制造业 材料化学—化学原料和化学制品制造业 高分子材料与工程—化学纤维制造业 化学工程与工艺—化学纤维制造业 材料成型及控制工程—有色金属冶炼和压延加工业 金属材料工程—有色金属冶炼和压延加工业
生物医药产业	制药工程—医药制造业	—
生物医学工程产业	—	机械设计制造及其自动化—专用设备制造业 材料成型及控制工程—专用设备制造业

战略性新兴产业	双高适配区	失配引导区
生物农业及相关产业	—	—
其他生物产业	—	应用化学—化学原料和化学制品制造业 材料化学—化学原料和化学制品制造业 机械设计制造及其自动化—专用设备制造业 材料成型及控制工程—专用设备制造业
太阳能产业	—	电气工程及其自动化—通用设备制造业 电子信息工程—通用设备制造业 机械设计制造及其自动化—专用设备制造业 材料成型及控制工程—专用设备制造业 机械设计制造及其自动化—电气机械和器材制造业

第四篇

环境影响

教育是国之大计、党之大计。党的二十大报告提出，坚持以人民为中心发展教育，加快建设高质量教育体系，发展素质教育，促进教育公平。教育公平是实现国家长远发展和个人潜能充分释放的基石。而促进高校毕业生就业流动是优化人才资源配置、推动经济社会发展的重要举措，对于实现人才强国战略和构建现代化经济体系具有重要意义。但是由于高校毕业生的就业流动受到诸多外部环境影响，也使得教育公平问题变成了愈发凸显的问题。因此，研究外部环境对高校毕业生就业流动的影响十分必要。具体来讲，家庭背景是从哪些方面影响高校毕业生流动的？高校大学生之间的同伴效应和老乡效应是如何发挥作用的？高校毕业生作为我国各大城市的重要引进对象，高校毕业生流动呈现怎样的空间分布特质？我国各城市人才吸引力又有怎样的表现？

为了回答上述问题，更加直观细致地展现我国高校毕业生流动的环境影响和空间特征，本篇使用2018年中部某省高校毕业生就业调查大样本数据，从多个影响维度展开了分析。首先，从家庭背景入手，揭示了其对我国研究生入学机会和入学质量的影响及机理路径，回答了学生干部的选拔机制如何变革才能促进教育过程相对公平；其次，文章还关注了同伴效应和老乡效应在学业表现和就业意愿中发挥的作用，考察了班级同学的同伴效应和老乡效应的广度、深度边际影响；最后，为了进一步量化高校毕业生流动的空间特征和城市吸引力，还对我国各区域、城市的人才吸引力进行测度，刻画了我国城市人才吸引力的空间分布特质，对比分析不同地区的教育资源、就业机会等因素，通过揭示高校毕业生流动的环境影响和城市人才吸引力，为促进我国教育公平、高校毕业生流动、各城市吸引大学生人才的发展提供了有益的启示。

第8章　家庭背景

8.1　家庭背景对研究生入学机会的影响

教育是改善阶层流动、阻断代际贫困的重要工具，同时也是导致阶层固化的重要原因（何凡和张克中，2021）。自1999年高校扩招之后，我国高等教育向大众教育转变。根据最大化维持不平等假设（MMI）和有效化维持不平等假设（EMI），教育扩张并不能导致教育机会分配的平等化；相反，教育机会不平等会在更高层级或更高质量的教育延续，从而教育不平等得以有效维持（质量不平等仍然维持），这意味着理论上家庭背景将会对大学生入学机会和入学质量产生影响。

相关研究表明，改革开放以来，家庭背景在个人大学教育机会获得中的作用呈现上升趋势（Deng and Treiman，1997；Zhou et al.，1998；李煜，2006），影响着本科教育的入学机会（余秀兰和韩燕，2018）和本科生入学质量（汪雅霜和矫怡程，2016）。但这种影响很少在中国研究生扩招背景下研究生入学机会以及入学质量这个话题上得到验证。研究生教育是教育强国建设的制高点（洪大用，2019），是培养高层次人才的主要途径和各行各业骨干力量的主要来源（于菲等，2019），其机会公平是社会公平的重要维度，也是社会流动性的重要影响因素。虽然我国研究生规模越来越大，但关于研究生教育机会的研究并未取得一致结论，且多数研究以定性分析为主，少数量化分析也多基于问卷调查或个别高校数据，研究结论存在一定偏差。鉴于此，本书在现有研究的基础上，使用2018年中部某省高校毕业生就业调查大样本数据对家庭背景是否会影响我国研究生入学机会和入学质量以及影响机理等问题进行回答。

8.1.1　文献综述

现有教育机会不平等研究主要围绕着"最大化维持不平等假设"（MMI）、有效化维持不平等假设"（EMI）以及绩效选择理论展开。MMI 假设认为教育扩张并不能导致教育机会分配的平等化；相反，为了避免向下流动，上层阶级或优势地位群体会选择通过各种策略手段去提高他们的教育机会，教育机会不平等就会维持。EMI 假设将生命历程观点（life course perspective，LCP）和 MMI 结合起来，该理论提出，即使上层阶级在高等教育中达到饱和，使得下层阶级获取该级别教育机会的概率提高，从而使得这一级别的教育不平等下降，但仅体现在数量不平等的下降。上层阶级依靠其优势仍然在含金量更高的教育种类中占据优势地位，从而教育不平等得以有效维持，即质量不平等仍然维持。Hansen（1997）关于欧洲教育的比较研究发现，家庭收入和父亲的职业对研究生教育获得具有显著的正向作用（Gale et al. 2013），而来自弱势背景的本科生在毕业决策过程中无法利用家庭的文化资本和社交网络获取大学相关信息；鲍威和张倩（2009）通过分析北京市本专科学生发展状况发现，家庭社会经济背景优越的群体更倾向于选择研究生教育；高文娟和蒋承（2019）认为，优质家庭背景对出国留学的影响程度高于国内升学。

而与此相悖的是绩效选择假设。该假设认为，个人社会地位的获得主要是根据教育和资质等绩效原则，家庭背景的作用会逐渐消失（Bell，1972；Breenand Goldthorpe，1997）。Ann（2003）认为，家庭背景对于大学以后的入学率没有影响，研究生入学率取决于大学的学术成就而非父母的社会政治资本。关于研究生入学质量方面，李璐和杨钋（2016）指出，家庭背景以及性别等对于本科生进入 985 院校读研没有显著影响，本科院校层级是学生进入 985 院校的主要因素。

8.1.2　研究假设

学术界多以微观视角的家庭资本传递理论作为家庭背景对子女教育获得的解释逻辑（侯利明，2020），即通过家庭资源的优劣来解释教育获得的机制，家庭出身是阻碍弱势家庭子女教育获得的最重要因素。依据 MMI 假设和 EMI 假设，本科教育大众化以及研究生教育规模扩招，越来越多的本科生选择继续学习，研究生教育就会成为优势群体维持"教育优势"的主战场，因此，上层阶级会通过继续接受研究生教育以保持自身优势。因此，本章提出第一条假设：

假设 8－1：家庭背景优势越强，大学生获得研究生入学机会的概率越高。

教育公平是社会公平的重要内容，也是推动社会公平的重要动力。中国自古以来就有"有教无类"的思想，但直到新中国成立后才得到实现。从成立之初提出"教育向工农开门"，到 21 世纪提出"把促进公平作为国家基本教育政策"，中国始终致力于解决教育公平问题。在这种政策导向下，学校选拔标准转向学生的学业成就，而性别、家庭背景等先决条件已不再是学校考虑的主要前提。当家庭出身不再影响教育选拔后，优势群体将目光投向海外教育机构。即使子女的学业成就并不突出，父母也会投入大量的资源来保证教育上的优势。因此，本章提出第二条假设：

假设 8－2：家庭背景优势强的学生进入海外深造的概率更高。

在影响教育不平等的诸因素中，初始禀赋（即家庭背景因素）的影响作用是最为持久和显著的（熊艳艳等，2014）。而教育获得是一个连续的过程，前一个阶段的教育获得对后一个阶段具有积累性（李忠路和邱泽奇，2016）。教育不平等则通过家庭背景优势带来的教育资源不平等所累积的人力资本不断加大差距。以往的文献表明，来自优势家庭背景的孩子在进入高等教育机会上仍然具有绝对优势（周丽萍和岳昌君，2019），高社会阶层的孩子进入重点高校的机会要显著更高，即本科院校等级越高（文东茅，2005）。家庭背景对教育的累积效应使得本科生在校期间的人力资本（学业成绩、学生干部经历、党员身份等）仍然存在显著的阶层差异。如今教育制度愈加完善，研究生选拔标准更加看重本科院校以及其本科积累的人力资本。因此，本章提出第三条假设：

假设 8－3：家庭背景通过本科院校等级、本科人力资本影响研究生入学机会。

家庭背景在研究生入学机会阶段发挥门槛作用，获得国内研究生入学机会的学生大部分集中在同一阶层。理论上，当家庭背景相差不大时，家庭背景对学生的影响也相差无几。按照各大院校研究生选拔程序和标准，学校将更多地关注学生本科院校以及其本科人力资本。因此，本章提出第四条假设：

假设 8－4：本科院校等级、学业成就显著影响国内研究生入学质量。

8.1.3　数据来源与变量说明

8.1.3.1　数据来源

数据来源于中部某省 2018 届高校毕业生就业行政数据。该数据由省教育厅就业办组织收集，涵盖该省所有高等院校，生源地覆盖全国各地，主要变量包括毕业生性别、民族、户口、在校期间各项表现、毕业院校信息、职业类型、工作环境、父母学历及职业类型等各项信息。删除信息不全样本，已落实就业样本数据 206 428 个。

在上述数据中删除专科学校、非国内升学以及未明确读研高校的学生样本，共有国内继续深造本科生样本数 10 792 个。其中，普通高校样本量 6 106 个，占比为 56.58%；"211" 高校样本量 2 978 个，占比为 27.59%；985 高校样本量 1 450 个，占比为 13.44%；C9 高校样本量 258 个，占比为 2.39%。

8.1.3.2 变量描述及说明

（1）因变量。本书的被解释变量有三个：第一，关于谁获得研究生入学机会这一内容，其被解释变量为毕业选择，划分为两类：其他（包含就业、待业或创业）、继续接受研究生教育，分别赋值为 0、1；第二，根据研究内容的进一步分析，将毕业选择详细划分为三类：其他（包含就业、待业或创业）、国内升学和国外深造，分别赋值 0、1、2；第三，为了探究国内升学学生的入学质量，本书将高校分为 4 个类别：0、1、2、3，分别命名为普通高校、"211" 高校、"985" 高校和 "C9" 高校。

（2）自变量。家庭背景为本书的核心解释变量。家庭背景依据已有文献划分为三部分：社会资源、文化资源和经济资源（邓淑娟等，2012；杜嫱，2018）。关于社会资源，本书将父亲/母亲职业单位为党政机关、科研设计单位、高等教育单位、中初教育单位、医疗卫生单位、文化新闻出版单位、国有企业划分为机关事业和国企，赋值为 1；将余下的划分为其他，赋值为 0。关于文化资源，本书将父亲文化程度作为家庭文化资源代理变量，共分为两个层级，0（本科以下学历）、1（本科以上学历）。关于经济资源，本书将本科生是否为贫困生、是否市区户口作为经济资源的代理变量，即 0（是贫困生/非市区出生）、1（非贫困生/是市区出生）。

（3）中介变量。本科人力资本是本书重要的中介变量之一。本书主要通过以下三个指标来测量大学生本科阶段的人力资本：第一个指标为大学期间的综合成绩排名，通过班级排名来测量，本文将排名数据处理为 0 到 1 的连续数值，1 表示其综合成绩排名为专业前 40%；第二个指标为学生是否为党员；第三个指标为该生是否担任过学生干部，后两个指标通过虚拟变量来测量。

本科院校等级也是本书的重要变量之一。我国高等教育在资源配置、本科生源质量、学生培养等方面存在较大的校际差异。重点高校通常集中了优秀的师资和生源，对个人的专业知识和教育机会识别方面都有非常重要的影响，同时，重点高校推荐研究生的名额以及考研人数也远高于非重点高校。因此，本书欲检测本科院校层级在家庭背景因素对研究生入学机会影响上的中介效应以及中国高校分层体系对研究生入学质量的影响。

（4）控制变量。本书控制了生源地、性别、民族等虚拟变量。其中，生源地按照《2019 中国城市商业魅力排行榜》划分为一线城市—五线城市。具体变量描述如表 8.1 所示。

8.1.3.3　均值分析

（1）大学生毕业选择均值分析。

表 8.1 为本书主要变量分布情况以及各毕业选择之间的样本均值差异。结果发现，该省 2018 届本科毕业生约 94% 的学生选择毕业后进入劳动力市场就业，仅有 6% 的毕业生选择继续接受研究生教育。

表 8.1　　　　　　　　　变量描述及毕业选择均值分析

毕业选择			变量定义及分布（%）	其他 （94.05）	国内升学 （5.42）	国外深造 （0.53）
家庭背景	社会资源	父亲职业单位	0 = 其他（84.43） 1 = 机关事业、国企（15.57）	0.150	0.212	0.531
		母亲职业单位	0 = 其他（87.90） 1 = 机关事业、国企（12.10）	0.117	0.167	0.431
	文化资源	父亲文化程度	0 = 本科以下学历（95.51） 1 = 本科以上学历（4.49）	0.042	0.060	0.310
	经济资源	是否贫困生	0 = 是（13.13） 1 = 否（86.87）	0.870	0.836	0.977
		是否市区户口	0 = 乡镇（73.00） 1 = 市区（27.00）	0.266	0.314	0.566
本科人力资本		综合成绩排名	0 = 非前40%（42.97） 1 = 前40%（57.03）	0.557	0.790	0.680
		学生干部	0 = 否（48.98） 1 = 是（51.02）	0.50	0.61	0.70
		政治面貌	0 = 非党员（92.85） 1 = 中共党员（7.15）	0.061	0.252	0.150

续表

毕业选择		变量定义及分布（%）	其他 （94.05）	国内升学 （5.42）	国外深造 （0.53）
学校资源	本科院校等级	0 = 非前十普通高校（79.17） 1 = 前十高校（20.83）	0.182	0.610	0.733
生源地	城市等级	1 = 五线城市（12.81） 2 = 四线城市（32.19） 3 = 三线城市（39.40） 4 = 二线城市（12.82） 5 = 一线城市（2.78）	2.599	2.685	3.105
人口 特征	性别	0 = 女（50.32） 1 = 男（49.68）	0	0	0
	民族	0 = 少数民族（3.3） 1 = 汉族（96.7）	0.966	0.981	0.959

进一步比较三组学生特征，其样本均值表明，与直接进入劳动力市场就业的毕业生相比：家庭背景维度上，在社会资源方面，选择继续接受研究生教育（国内升学和国外深造）的毕业生，尤其是国外深造群体，其父母单位更多是国企、机关事业单位。在文化资源方面，选择国外深造的学生父亲文化程度比较高；在经济资源方面，选择国外深造的学生家庭经济情况明显好于其他两类。在学业成就方面，选择在国内进行研究生教育的学生，其综合成绩排名更靠前且更多是党员，之后是选择国外深造群体。但选择国外深造的学生在校担任学生干部的比例更多。在学校资源方面，选择继续接受研究生教育的学生更多来自该省排名前十高校。生源地等级上，三者差别不大，总体上选择继续接受研究生教育的毕业生所在城市等级更高。

（2）研究生入学质量均值分析。

表8.2比较了该省选择国内继续研究生教育的毕业生进入高校类型的特征差异。结果表明，与进入普通高校相比：四类研究生就读高校的生源在家庭背景维度上无明显差异，总体来看，进入较高层次高校读研的学生，其家庭背景更具有优势。进入"211"以上高校的大学生本科成绩更好，且大部分具备学生干部经历。进入"211"以上高校的大学生本科院校更多在该省前十高校。人口特征上，进入"211"以上高校的大学生更多是男生。

表 8.2　　　　　　　　　　研究生入学质量均值分析

高校类型		普通高校 （56.58%）	"211" 高校 （27.59%）	"985" 高校 （13.44%）	"C9" 高校 （2.39%）
家庭背景	社会资源　父亲职业单位	0.202	0.206	0.239	0.267
	社会资源　母亲职业单位	0.161	0.159	0.189	0.217
	文化资源　父亲文化程度	0.055	0.063	0.068	0.081
	经济资源　是否贫困生	0.830	0.826	0.822	0.857
	经济资源　是否市区户口	0.298	0.314	0.313	0.395
本科人力资本	综合成绩排名	0.770	0.784	0.852	0.915
	学生干部	0.590	0.608	0.677	0.698
	政治面貌	0.238	0.269	0.359	0.395
学校资源	本科院校等级	0.528	0.696	0.877	0.953
生源地	城市等级	2.688	2.688	2.635	2.837
人口特征	性别	0	1	1	1
	民族	0.982	0.976	0.983	0.981

8.1.4　分析结果

8.1.4.1　家庭背景对本科生研究生教育入学机会的影响

本书首先从家庭背景的社会资源、文化资源和经济资源三方面考察家庭背景对本科生毕业选择的影响。通过控制生源地、性别和民族等变量，表 8.3 检验了家庭背景对本科生毕业选择的影响。

表 8.3　　　　　　研究生教育入学机会的 logistic 模型估计结果

毕业选择	模型 1	模型 2
0（求职就业）		
1（继续深造/国内升学）		
父亲职业单位	0.4577 *** （0.0442）	0.3628 *** （0.0481）
母亲职业单位	0.0530 （0.0483）	0.0738 （0.0265）
父亲学历程度	0.3620 *** （0.0388）	0.1000 ** （0.0453）

毕业选择	模型 1	模型 2
是否贫困生	− 0. 3076 *** （0. 0266）	− 0. 3615 *** （0. 0269）
是否市区户口	0. 2499 *** （0. 0210）	0. 1979 *** （0. 0711）
2（国外深造）		
父亲职业单位		1. 2484 *** （0. 1094）
母亲职业单位		− 0. 0736 （0. 1108）
父亲学历程度		1. 3219 *** （0. 0797）
是否贫困生		1. 2942 *** （0. 2039）
是否市区户口		0. 7344 *** （0. 0673）
控制变量	是	是
样本数	206 428	206 428

注：括号内为标准误；＊表示 p < 0. 1，＊＊表示 p < 0. 05，＊＊＊表示 p < 0. 01。

表 8.3 中模型 1 显示的是毕业生选择继续接受研究生教育的回归结果。该模型纳入家庭背景因素和控制变量，测量家庭背景因素对毕业选择的总影响。结果表明，父亲职业单位系数为 0. 4577，具有 1% 以内的显著性，说明父亲职业单位为国企、机关事业明显增强了毕业生选择继续接受研究生教育的概率，父亲职业单位是国企、机关事业单位的学生选择继续接受研究生教育的发生比是非国企、机关事业单位的学生的 1. 580 倍（$e^{0.4577}$），而母亲职业单位对本科生毕业选择的影响并不显著。父亲学历程度在本科以上、市区出生的系数为正，具有 1% 以内的显著性，说明父亲学历在本科以上的学生选择继续接受研究生教育的发生比是学历在本科以下学生的 1. 436 倍（$e^{0.3620}$），市区出生的毕业生选择接受研究生教育的发生比是非市区出生毕业生的 1. 284 倍（$e^{0.3086}$）。是否贫困生系数为 − 0. 3076，在 1% 以内显著为负，说明相对于贫困生，非贫困生身份明显降低了毕业生选择继续接受研究生教育的概率。综合而言，模型 1 的回归结果证实了本章假设 8 − 1。

模型 2 展示的是该省 2018 届高校毕业生选择工作、国内读研、国外深造的多分类 Logistic 估计结果。同模型 1，该模型纳入家庭背景因素和控制变量，测量家庭背景因素对三类毕业选择的总影响。从模型结果看：相对于求职就业，母亲职业单位对于毕业生选择国内升学和国外深造均无显著影响。在控制其他因素下，父亲职业单位对于大学毕业生毕业选择有显著影响；父亲职业单位是国企、机关事业单位的子女选择国内升学的发生比是国企、非机关事业单位的 1.437 倍（$e^{0.3628}$），选择国外深造的发生比是国企、非机关事业单位的 3.485 倍（$e^{1.2484}$），这表明父亲职业单位是国企、机关事业单位的，子女毕业选择顺序从高到低分别是国外深造、国内升学、求职就业。父亲学历程度对子女的毕业选择有显著的正向影响，父亲学历程度高的子女选择国内升学的发生比是低学历的 1.105 倍（$e^{0.1000}$），选择国外深造的发生比是低学历的 3.751 倍（$e^{1.3219}$），即子女毕业选择的可能性由高到低分别是国外深造、国内升学、求职就业。相对于贫困生，非贫困生身份降低了毕业生选择继续接受研究生教育的概率，但非贫困生选择国外深造的发生比是贫困生的 3.648 倍（$e^{1.2942}$），即非贫困生毕业选择的可能性由高到低分别是国外深造、求职就业、国内升学。拥有城市户口对于学生毕业选择有显著的正向影响，相对于求职就业，出生在市区的本科生更可能选择国内升学和国外深造，发生比分别为 1.219 倍（$e^{0.1979}$）和 2.084 倍（$e^{0.7344}$），毕业选择可能性由高到低为国外深造、国内读研、求职就业。总体看，家庭背景对毕业生选择国外深造的影响高于选择国内升学，家庭背景优势强的毕业生更愿意选择国外深造。由此，假设 8-2 得到了数据支持。

8.1.4.2　家庭背景对本科生获得研究生教育入学机会影响的机制路径——本科院校等级、本科人力资本的中介作用

根据模型 1 和模型 2 发现，母亲工作单位对本科生获得研究生教育入学机会并无显著影响，故本节将不对母亲工作单位进行分析。

依照中介效应检验程序，第一步，检验家庭背景因素对本科生获得研究生教育入学机会的影响，即总效应 c。表 8.3 中模型 1 已给出实证结果。第二步，检验家庭背景因素对综合成绩排名的影响（效应 a）。表 8.4 第（1）列检验结果表明，在 1% 的显著性水平上，父亲职业单位在国企、机关事业单位的非贫困生身份显著降低了本科生的综合成绩排名。在 5% 显著性水平上，父亲学历程度在本科以上能够显著提升综合成绩排名；出生市区并未对学生学业成绩产生显著影响。第三步，控制家庭背景因素，检验综合成绩排名与研究生教育入学机会之间的关系（效应 b）。表 8.4 中综合成绩排名所在行系数显示，综合成绩排名对本

表 8.4　家庭背景影响毕业生选择继续研究生教育的机制识别：综合成绩排名与学生干部经历

项目	综合成绩排名	学生干部经历	毕业选择							
	(1)	(2)	(3)	(4)	(5)	(6)	(7)	(8)	(9)	(10)
父亲职业单位	-0.1150*** (0.0124)	0.3265*** (0.0123)	0.6194*** (0.0224)				0.4288*** (0.0192)			
父亲学历程度	0.0501** (0.0218)	0.4266*** (0.004)		0.6903*** (0.0355)				0.4408*** (0.0192)		
是否贫困生	-0.4752*** (0.0139)	-0.2179*** (0.0132)			-0.1149*** (0.0264)				0.4504*** (0.0191)	
是否市区户口	0.0109 (0.0283)	0.0549*** (0.0103)				0.3103*** (0.0208)				0.4522*** (0.0191)
综合成绩排名			1.0494*** (0.0225)	1.0344*** (0.0225)	1.0289*** (0.0225)	1.0355*** (0.0224)				
学生干部经历							0.2450*** (0.0223)	0.6470*** (0.0353)	0.2524*** (0.0263)	0.2601*** (0.0207)
控制变量	是	是	是	是	是	是	是	是	是	是
Sobel			Z=-10.14	Z=1.669	Z=-51.19	Z=-0.9566	Z=17.28	Z=15.15	Z=-22.37	Z=6.03
p-value			0	0	0	0.3388	0	0	0	0
中介效应/总效应（%）			-3.93	0.86	47.87	-0.65	4.96	4.99	11.24	2.12
样本数	206 428	206 428	206 428	206 428	206 428	206 428	206 428	206 428	206 428	206 428

注：括号内为标准误；** 表示 $p < 0.05$，*** 表示 $p < 0.01$。mlogit 为非线性模型，其检验与线性模型不一致，故本书使用 sobel 检验结果解读中介效应占比。

科生获得研究生教育入学机会在 1% 显著水平上正向相关。第四步，控制综合成绩排名，检验家庭背景对本科生研究生教育入学机会的影响（直接效应 c'）。依据中介效应检验规则，首先，综合成绩排名在父亲职业单位与毕业选择的中介效应（ab）与直接效应（c'）符号不一致，本书不对此进行分析。其次，是否市区户口的效应（a）不显著，本书进行了 sobel 检验，sobel 检验下 p 值未通过显著性，故综合成绩排名在市区出生对本科生研究生教育入学机会的路径上未产生中介效应。最后，父亲学历程度、是否贫困生变量下的 a、b、c 均显著，说明综合成绩排名作为中介变量是显著的，且中介效应（ab）占总效应（c）的比例分别为 0.86%、47.87%，进一步说明家庭背景维度中主要是经济资源通过影响本科生综合成绩排名进而影响研究生教育入学机会。贫困生在本科期间学业会更好，从而获得研究生教育入学机会的概率更高，这与本书表 8.1 中模型 1 的解释结果一致。

同综合成绩排名分析一致可以发现，学生干部经历、党员身份、本科院校等级在家庭背景四个指标与本科生毕业选择中均产生部分中介效应。学生干部经历产生的中介效应占比在 2%～11%。党员身份产生的中介效应占比 12%～40%，党员身份在是否贫困生与毕业选择之间所产生的中介效应最大。本科院校层级产生的中介效应占比最高，基本处于 30% 以上（见表 8.5）。

大体上，家庭背景通过影响本科生人力资本及本科院校等级来影响研究生入学机会，其中，本科人力资本中的党员身份与本科院校等级所产生的中介效应占比最大。原因在于：一是国内党员选拔注重成绩选拔，能够成为本科生党员，说明学生在思想、学习方面较其他人更为突出，自律性及规划性也较强，通过研究生入学选拔的概率会更大。二是省前 10 本科院校本身所拥有的生源质量更好，拥有保研机会且保研数量会更高；同时，学校会更愿意鼓励学生继续接受研究生教育以提升知识体系，省前 10 本科院校为学生提供的资源及学习氛围都极大地提高了研究生入学机会。

上述分析支持本章研究假设 8-3。

8.1.4.3 家庭背景对国内研究生入学质量的影响

表 8.6 给出了该省 2018 届毕业生国内读研入学质量的多元 Logistic 估计结果。模型 3 纳入家庭背景因素和控制变量来估计家庭背景对入学质量的总体影响。从回归结果可以发现，家庭背景对研究生入学质量无明显影响。相对于进入

表 8.5　家庭背景影响毕业生选择继续研究生教育的机制识别：党员身份与本科院校等级

项目	党员身份	本科院校等级	毕业选择							
	(11)	(12)	(13)	(14)	(15)	(16)	(17)	(18)	(19)	(20)
父亲职业单位	0.4325*** (0.0211)	0.5029*** (0.0138)	0.5178*** (0.0227)				0.3816*** (0.0233)			
父亲学历程度	0.4835*** (0.0345)	0.6253*** (0.0230)		0.6157*** (0.0361)				0.4300*** (0.0370)		
是否贫困生	-0.4393*** (0.0228)	-0.0980*** (0.0159)			-0.1301*** (0.0268)				-0.1786*** (0.0273)	
是否市区户口	0.2730*** (0.0190)	0.2430*** (0.0123)				0.2645*** (0.0210)				0.2110*** (0.0215)
党员身份			1.5587*** (0.0233)	1.5741*** (0.0233)	1.5817*** (0.0232)	1.5763*** (0.0232)				
本科院校等级							1.9772*** (0.0197)	1.9905*** (0.0197)	2.0031*** (0.0196)	1.9956*** (0.0196)
控制变量	是	是	是	是	是	是	是	是	是	是
Sobel			$Z=20.84$	$Z=15$	$Z=-18.76$	$Z=16.78$	$Z=36.27$	$Z=28.46$	$Z=-4.943$	$Z=22.28$
p-value			0	0	0	0	0	0	0	0
中介效应/总效应（%）			13.23	12.37	39.92	18.45	35.70	36.35	16.66	37.41
样本数	206 428	206 428	206 428	206 428	206 428	206 428	206 428	206 428	206 428	206 428

注：括号内为标准误；*** 表示 $p<0.01$。mlogit 为非线性模型，其检验与线性模型不一致，故本书使用 sobel 检验结果解读中介效应占比。

128

普通院校读研：父亲工作单位是国企、机关事业单位的学生进入"985"院校读研的发生比是非国企、事业单位的 1.306 倍；父亲学历程度仅对毕业生进入"211"院校有显著正向影响，父亲学历程度是本科以上的学生进入"211"院校的发生比是本科以下学生的 1.216 倍；是否贫困生对毕业生进入"211"、"985"读研有负向影响，非贫困生进入"211""985"院校读研的可能性低于贫困生；毕业生拥有城市户口对进入"C9"院校具有显著影响，城市户口的学生进入"C9"院校读研的发生比是农村户口学生的 1.336 倍。

模型 4 在模型 3 的基础上控制本科人力资本：与模型 3 相比，控制本科人力资本后，家庭背景对研究生入学质量的影响降低，是否贫困生对于研究生入学质量的影响消失；相对于普通院校，综合成绩排名在前 40% 的学生进入"985""C9"院校的发生比是综合成绩排名靠后的 1.590 倍和 2.911 倍，即成绩越好，进入的学校等级越高；学生干部经历仅对进入"985"院校有显著正向影响，拥有学生干部经历的学生进入"985"院校读研的发生比是非学生干部的 1.180 倍；相比普通高校，学生党员进入"211""985""C9"院校读研的发生比分别是非党员的 1.263 倍、1.717 倍、1.834 倍。

表 8.6　　　家庭背景对国内研究生入学质量的多元 Logistic 回归结果

高校类型	模型 3	模型 4	模型 5
0（普通高校）			
1（"211"高校）			
父亲工作单位	0.1323 (0.1095)	0.1279 (0.1097)	0.0801 (0.1110)
母亲工作单位	−0.1935 (0.1208)	−0.1916 (0.1209)	−0.1878 (0.1222)
父亲学历程度	0.1956 * (0.1047)	0.1953 * (0.1048)	0.2035 * (0.1060)
是否贫困生	−0.1068 * (0.0609)	−0.0847 (0.0611)	−0.0646 (0.0619)
是否市区户口	0.0399 (0.0508)	0.0305 (0.0509)	0.0276 (0.0515)
综合成绩排名		0.0724 (0.0560)	0.1216 ** (0.0568)
学生干部经历		0.0086 (0.0488)	−0.0300 (0.0494)

续表

高校类型	模型 3	模型 4	模型 5
是否党员		0. 2335 *** （0. 0556）	0. 2293 *** （0. 0562）
本科院校等级			0. 7097 *** （0. 0480）
2 （"985" 高校）			
父亲工作单位	0. 2667 * （0. 1377）	0. 2585 * （0. 1388）	0. 1629 （0. 1431）
母亲工作单位	− 0. 0876 （0. 1504）	− 0. 0841 （0. 1516）	− 0. 0780 （0. 1560）
父亲学历程度	0. 1318 （0. 1318）	0. 1211 （0. 1331）	0. 1433 （0. 1372）
是否贫困生	− 0. 1697 ** （0. 0789）	− 0. 1014 （0. 0797）	− 0. 0635 （0. 0821）
是否市区户口	− 0. 0032 （0. 0666）	− 0. 0331 （0. 0671）	− 0. 0489 （0. 0691）
综合成绩排名		0. 4638 *** （0. 0829）	0. 5644 *** （0. 0847）
学生干部经历		0. 1652 ** （0. 0666）	0. 0839 （0. 0686）
是否党员		0. 5405 *** （0. 0682）	0. 5337 *** （0. 0706）
本科院校等级			1. 8369 *** （0. 0847）
3 （"C9" 高校）			
父亲工作单位	0. 1632 （0. 2981）	0. 1499 （0. 2995）	0. 0121 （0. 3034）
母亲工作单位	0. 1024 （0. 3204）	0. 1160 （0. 3220）	0. 1492 （0. 3255）
父亲学历程度	0. 1035 （0. 2629）	0. 0888 （0. 2654）	0. 1007 （0. 2695）
是否贫困生	0. 0036 （0. 1853）	0. 0999 （0. 1861）	0. 1509 （0. 1879）
是否市区户口	0. 2900 ** （0. 1388）	0. 2553 * （0. 1390）	0. 2248 （0. 1404）
综合成绩排名		1. 0684 *** （0. 2295）	1. 1858 *** （0. 2307）

续表

高校类型	模型 3	模型 4	模型 5
学生干部经历		0.1741 (0.1484)	0.0743 (0.1500)
是否党员		0.6065 *** (0.1419)	0.5942 *** (0.1438)
本科院校等级			2.9085 *** 0.2975）
控制变量	是	是	是
Pseudo R^2	0.004	0.013	0.0524
样本数	10 792	10 792	10 792

注：括号内为标准误；* 表示 $p < 0.1$，** 表示 $p < 0.05$，*** 表示 $p < 0.01$。

模型 5 在模型 4 的基础上加入本科院校等级，此模型为全模型，以检验绩效选择假设。模型 5 的回归结果表明：家庭背景对研究生入学质量几乎没有影响；相较于模型 4，本科人力资本对研究生入学质量的影响降低了；比较普通高校，在省前 10 本科高校的学生在 "211" "985" "C9" 院校读研的发生比是其他院校的 2.033 倍、6.277 倍和 18.329 倍，即本科院校靠前的学生进入各级院校的可能性由高到低依次为 "C9" 院校 > "985" 院校 > "211" 院校 > 普通高校。

综上所述，经历家庭背景在研究生入学机会上的筛选，国内研究生家庭背景相差无几。从而决定研究生入学质量的因素由 EMI 和 MMI 假设转向绩效选择理论，学生本科院校等级以及本科人力资本成为各招生院校更加关注的焦点。因此，本章研究假设 8 - 4 得到数据支持。

8.2　谁进入了学生会

教育是社会流动的动力机制（Jenny Chesters，2018；Shekhar Aiyar & Christian Ebeke，2020），是中下阶层向上流动的主要渠道（Qiyan Wu et al.，2018；Xiang Gu et al.，2022），教育机会在人口中的分配形态在极大程度上决定了社会分层的基本特征和社会不平等的程度（李春玲，2010）。因此，教育机会平等被置于社会分层研究的中心位置（Czarnecki，2018；Duta et al.，2018）。根据 Roemer（1998）的机会不平等理论，不平等是由个体不可控的家庭等 "环境因素" 和个体可控的 "努力程度" 共同造的。现有研究就家庭等 "环境因素" 对教育机会公平三个方面，即教育起点平等、教育过程平等、教育结果平等（倪春梅和盛凤军，2001）进行了深入探讨。

例如，教育起点公平方面，李爽（2011）发现，家庭通过社会资本、经济资本以及社会资本获取优质的教育资源，社会阶层地位不平等被转化成为教育获得的不平等；凯雷等（KairePõder et al.，2017）利用爱沙尼亚、芬兰和瑞典三国数据进行研究，结果表明，家庭背景会影响学生择校选择。教育出口方面，祝建华（2016）、阮草（2019）、李中建和袁璐璐（2019）等研究学者指出，父母的阶层地位对子女的职业存在显著影响；杨宝琰和万明钢（2015）使用甘肃省 Q 县初中毕业教育分流调查数据验证了父亲受教育程度对学生学业成绩的直接影响；浦小松（2020）采用分层抽样问卷调查全国中学生学习成绩情况发现，父母受教育程度与学习成绩显著正相关。

此外，学生干部经历会对大学生个人能力提高、情感培育和人际交往发挥积极的作用，能有力地促进个人的社会化过程（童星，2018），对就业质量（唐小玲，2014；Cellini，S. R. and Turner，N.，2019）、自主创业行为（祝军和岳昌君，2019）、薪酬水平（崔盛和吴秋翔，2018）、就业满意度（岳昌君，2013）具有显著影响。学生干部角色差异已经成为教育过程不平等的重要现象（朱新卓，2013）。

那么，究竟谁在担任学生干部？他们具有何种特征？哪些因素影响了大学生担任学生干部？学生干部的选拔机制如何变革才能促进教育过程相对公平？本书通过 2018 年中部某省高校毕业生就业调查大样本数据对上述问题进行深入分析。

8.2.1 谁在担任学生干部？——基于描述性分析

8.2.1.1 数据来源

本书数据来源于中部某省 2018 届高校毕业生就业调查数据。该数据由省教育厅就业办组织收集，涵盖该省所有高等院校，主要变量包括毕业生性别、民族、户口、在校期间各项表现、毕业院校信息、职业类型、工作环境、父母学历及职业类型等各项信息。删除信息不全样本，已落实就业样本数据 206 428 个。

8.2.1.2 变量描述及说明

（1）因变量：学生干部经历。为避免职务交叉，本调查要求学生选择自身最高职务，并将其命名为学生干部经历。在数据处理中，本书做了一些调整，以班级、院系、校级为区分，分别命名为班干部、院级干部和校级干部，其余的划分为普通学生。本书中班干部有 35.91%，院级干部有 10.81%，校级干部有 4.30%，普通学生有 48.98%。

（2）核心自变量：家庭背景。家庭背景为本书的核心解释变量。家庭背景依据已有文献划分为三部分：社会资源、文化资源和经济资源（邓淑娟等，2012；杜嬙，2018）。关于社会资源，本书将父亲/母亲职业单位为党政机关、科研设计单位、高等教育单位、中初教育单位、医疗卫生单位、文化新闻出版单位、国有企业划分为机关事业和国企，将余下的划分为其他。关于文化资源，本书将父亲文化程度作为家庭文化资源代理变量，分为大专以下学历和大专以上学历。关于经济资源，依据该生是否为贫困生、是否市区户口分为两个指标。

（3）调节变量：综合成绩排名。综合成绩排名为本书的重要调节变量。综合成绩排名通过专业排名来测量，本书将其处理为数值为 0~1 的连续变量，1 表示排名在专业前 40%，0 表示排名在专业后 60%。

（4）控制变量。本书控制变量主要有人口特征维度：性别、民族、生源地；学校层面：学校等级；本科人力资本：政治面貌、是否辅修、是否参加社团。生源地按照《2019 中国城市商业魅力排行榜》划分为一线城市、二线城市、三线城市、四线城市、五线城市。各指标所占比例如表 8.7 所示。

表 8.7　　　　　　　　　　　变量定义及均值分析

项目	学生干部	变量定义及分布（%）	群体均值			
			普通学生	班级干部	院级干部	校级干部
家庭背景	父亲职业单位	0 = 其他（84.43） 1 = 机关事业、国企（15.57）	0.134	0.161	0.210	0.218
	母亲职业单位	0 = 其他（87.90） 1 = 机关事业、国企（12.10）	0.103	0.126	0.165	0.174
	父亲文化程度	0 = 大专以下学历（90.03） 1 = 大专以上学历（9.97）	0.084	0.104	0.138	0.153
	是否贫困生	0 = 是（13.13） 1 = 非（86.87）	0.881	0.856	0.858	0.861
	市区户口	0 = 乡镇（73.00） 1 = 市区（27.00）	0.263	0.265	0.300	0.309
调节变量	综合成绩排名	0 = 非前 40%（42.96） 1 = 前 40%（57.04）	0.487	0.639	0.685	0.657

项目	学生干部	变量定义及分布（%）	群体均值			
			普通学生	班级干部	院级干部	校级干部
本科人力资本	政治面貌	0 = 非党员（92.85） 1 = 党员（7.15）	0.020	0.095	0.202	0.129
	是否辅修	0 = 无（88.23） 1 = 有（11.77）	0.091	0.139	0.150	0.162
	是否参加社团	0 = 没参加过（19.69） 1 = 参加过（80.31）	0.719	0.867	0.920	0.940
学校层面	学校等级	0 = 非省前 10 高校（79.17） 1 = 省前 10 高校（20.83）	0.187	0.204	0.302	0.247
人口特征	性别	0 = 女（50.32） 1 = 男（49.68）	1	0	0	0
	民族	0 = 少数民族（3.28） 1 = 汉族（96.72）	0.968	0.966	0.968	0.966
	生源地	1 = 五线城市（12.81） 2 = 四线城市（32.19） 3 = 三线城市（39.40） 4 = 二线城市（12.82） 5 = 一线城市（2.78）	2.601	2.613	2.612	2.594

从表 8.7 可知，与普通学生相比，在家庭背景维度中，担任学生干部的学生其父母工作在国企、机关事业单位的比例更高，父亲学历程度更高，非贫困生、拥有市区户口人数更多，但学生干部群体中贫困生的比例更高，且学生干部群体的综合成绩在各专业的排名相对靠前；在本科人力资本维度，党员担任学生干部比例更高、社团参与度更高以及辅修第二学位的人数更多；在人口特征维度中，担任学生干部的学生更多是女生。

8.2.2 家庭因素影响学生干部经历的机制分析

8.2.2.1 分析方法

本书所研究的因变量分为四类变量，即普通学生、班级干部、院级干部和校级干部，取值分别为 0、1、2、3，自变量多为分类变量，目的是探究学生担任干部的影响因素，故选择多元 Logistic 回归模型进行估计。除了探究家庭背景对学生干部经历的影响，同时，本书还关注综合成绩排名在家庭背景与学生干部经历中产生的作用，故本书使用综合成绩排名与家庭背景的交互项进行调节效应分析。

8.2.2.2　回归结果分析

表8.8报告了学生干部经历的logistic模型估计结果。模型1纳入了家庭背景因素，此模型为家庭背景对学生干部经历获得的总影响。分析结果表明：相对于普通学生，从父亲职业单位来看，在控制其他因素下，父亲职业单位对于大学生担任学生干部具有显著影响。父亲职业是国企、机关事业单位的学生担任班级干部的发生比是国企、非机关事业单位的1.146（$e^{0.1363}$）倍，担任院级干部的发生比是国企、非机关事业单位的1.469（$e^{0.3846}$）倍，担任校级干部的发生比是国企、非机关事业单位的1.420（$e^{0.3505}$）倍。也就是说，父亲是机关事业或国企单位的，其子女担任学生干部的可能性由高到低分别是院级干部、校级干部、班级干部、普通学生。母亲工作单位是国企、机关事业单位的学生担任班级干部的发生比是国企、非机关事业单位的1.063（$e^{0.0612}$）倍，但母亲工作单位对其子女担任院级和校级学生干部无显著影响。父亲学历程度对学生担任学生干部有显著正向影响。父亲学历在专科以上的学生担任班级干部的发生比是专科以下学历的1.162（$e^{0.1502}$）倍，担任院级干部的发生比是低学历的1.364（$e^{0.3107}$）倍，担任校级干部的发生比是低学历的1.543（$e^{0.4337}$）倍，即子女担任学生干部的可能性由高到低分别是校级干部、院级干部、班级干部、普通学生。是否贫困生对本科生毕业选择有显著负向影响，贫困生担任学生干部的机会更大，也就是说贫困生担任学生干部的可能性由高到低分别是院级干部、校级干部、班级干部、普通学生。市区户口对于学生担任班级干部没有显著影响，但拥有市区户口的学生担任院级干部的发生比是非市区出生的1.131（$e^{0.1234}$）倍，担任校级干部的发生比是非市区出生的1.162（$e^{0.1503}$）倍，即拥有市区户口的学生担任校级干部的概率更大。

表8.8　学生干部经历的logit模型估计结果

学生干部经历	模型1	模型2
0（普通学生）	(base outcome)	
1（班级干部）		
父亲职业单位	0.1363 *** (4.99)	0.1393 *** (4.94)
母亲职业单位	0.0612 ** (2.01)	0.0376 (1.19)

续表

学生干部经历	模型 1	模型 2
父亲学历程度	0.1502 *** (7.85)	0.1261 *** (6.36)
是否贫困生	-0.2468 *** (-17.16)	-0.1250 *** (-8.38)
是否市区户口	-0.0074 (-0.67)	-0.0160 (-1.35)
综合成绩排名	—	0.4833 *** (46.86)
2（院级干部）	—	
父亲职业单位	0.3846 *** (10.15)	0.3555 *** (8.94)
母亲职业单位	0.0478 (1.15)	0.0064 (0.15)
父亲学历程度	0.3107 *** (11.71)	0.2502 *** (8.92)
是否贫困生	-0.2886 *** (-13.28)	-0.0973 *** (-4.28)
是否市区户口	0.1234 *** (7.45)	0.0635 *** (3.54)
综合成绩排名	—	0.5775 *** (34.81)
3（校级干部）	—	
父亲职业单位	0.3505 *** (6.26)	0.3414 *** (6.00)
母亲职业单位	0.0780 (1.28)	0.0430 (0.69)
父亲学历程度	0.4337 *** (11.48)	0.3904 *** (10.09)
是否贫困生	-0.2767 *** (-8.50)	-0.1120 *** (-3.38)
是否市区户口	0.1503 *** (6.13)	0.1378 *** (5.34)
综合成绩排名	—	0.5123 *** (21.31)
控制变量	—	是
Pseudo R^2	0.0040	0.0554
N	206 428	206 428

注：括号内为 z 值；** 表示 $p < 0.05$，*** 表示 $p < 0.01$。

模型 2 在模型 1 的基础上纳入综合成绩排名和控制变量，由此可知，综合成绩排名越高，其担任学生干部的概率越大；在控制综合成绩排名和其他控制变量后，母亲职业单位对学生干部经历无统计意义；家庭背景其余指标对学生干部经历具有显著影响，但相较于模型 1，影响程度有所降低。

8.2.2.3　家庭背景与综合成绩排名的交互影响

家庭背景对学生在校期间的学业成绩具有显著的促进作用已成为共识（陈少毅和陈晓宇，2018；李佳丽和胡咏梅，2021）。相关研究指出，成为学生干部的同学具备较好的素质，学业成绩是影响成为学生干部的主要因素之一，成绩优异的学生获得担任学生干部的机会较大（肖如恩和程样国，2016），李阳等（2003）在研究中称高校学生干部选拔标准应注重成绩的高低。

为了考察家庭背景对于学生干部经历的影响机制，本书将学生干部经历简化为 0（未担任学生干部）、1（担任学生干部）。由表 8.7 可知，母亲职业单位对学生干部经历不具备显著影响，本节将不对此指标进行分析。在模型 1~模型 4 中分别引入综合成绩排名与家庭背景各指标的交互项，其余指标保持不变。回归结果如表 8.9 所示。

表 8.9　家庭背景与综合成绩排名的交互影响对学生干部经历的机制检验

项目	模型 1	模型 2	模型 3	模型 4
父亲职业单位	0.2420 *** (8.24)	0.2012 *** (7.76)	0.2010 *** (7.76)	0.2012 *** (7.76)
父亲学历程度	0.1784 *** (9.79)	0.1767 *** (7.18)	0.1783 *** (9.77)	0.1783 *** (9.78)
是否贫困生	-0.1177 *** (-8.44)	-0.1183 *** (-8.49)	-0.0804 *** (-3.46)	-0.1183 *** (-8.49)
是否市区户口	0.0125 (1.14)	0.0124 (1.13)	0.0123 (1.12)	0.0156 (0.96)
综合成绩排名	0.5150 *** (49.87)	0.5029 *** (50.28)	0.5551 *** (20.50)	0.5048 *** (45.62)
父亲职业单位 综合成绩排名	-0.0761 *** (-2.94)			
父亲学历程度 综合成绩排名		0.0031 (0.10)		
是否贫困生 综合成绩排名			-0.0590 ** (-2.05)	

项目	模型 1	模型 2	模型 3	模型 4
是否市区户口综合成绩排名				−0.0057 (−0.27)
控制变量	是	是	是	是
Pseudo R^2	0.0752	0.0752	0.0752	0.0752
N	206 428	206 428	206 428	206 428

注：括号内为 z 值；** 表示 $p < 0.05$，*** 表示 $p < 0.01$。

回归结果显示，父亲职业单位和是否贫困生与学业成绩的交互项具有统计意义上显著性系数，这是因为：在中国传统的家庭教育中，父亲占据绝对话语权，父亲在国企、机关事业单位工作所获得的教育资源和教育信息高于其他工作者；相对来说，在国企、机关事业单位工作的父亲对子女学习成绩的关注度会更高，即使在大学，也依然不放松对子女学习成绩的监督，并且从小养成的学习习惯使得学生在大学依然保持严谨的学习态度。这表明父亲在国企、机关事业单位工作的学生的综合成绩排名对学生干部经历的积极影响更加明显。贫困生相比非贫困生，就业目的强，学习目标明确，学习成绩更好，并且更愿意担任学生干部以获得实践经验提升就业竞争力。

而父亲学历程度和是否市区户口与学业成绩的交互项不具有统计意义上的显著性，说明父亲学历程度和是否市区户口对大学生担任学生干部的影响不会随着其综合成绩排名的提高而存在显著的变化。

第9章　同伴效应

9.1　大学生就业意愿的同伴效应研究

当今世界正经历百年未有之大变局，经济全球化遭遇逆流，保护主义、单边主义上升，国际大循环发展战略受阻，不仅对我国宏观经济产生巨大影响，对大学生就业市场也造成了巨大冲击。2022年我国高校毕业生人数首次突破1 000万人，单位就业比例仅占5成左右，有高达18.6%的毕业生选择自由职业和15.9%的毕业生选择慢就业。[①] 面对日益严峻的就业形势，大学生普遍采取消极态度，通过选择"慢就业"来逃避就业，甚至最后成了"懒就业"（夏春秋，2021）。因此，如何提高大学生就业意愿，对于促进大学生就业，促进实现以国内大循环为主体、国内国际双循环相互促进的新发展格局具有重要意义。

就业意愿指那些影响就业行为的动机因素，反映出一个人愿意付出多大努力、花费多少时间来找寻工作（Ajezen，1991）。由于惰性、偏见和无知，个体决策常常并非基于理性思考，容易受到环境、他人和自己潜意识的影响，从而偏离经典经济学模型所预测的最优决策（Kahneman，1979；Hansen，2016；句华，2017）。由于信息不充分，寻找就业机会能力不足，就业决策也往往受到周围环境的影响。例如，一方面，大学生工作搜寻行为会依赖身边同伴的帮助；另一方面，他会对身边同伴的工作搜寻努力程度产生比较心理，激励自己搜寻工作。然而，目前关于大学生就业意愿影响因素的文献聚焦在心理因素（N. Z. et al.，2020；Fort，Pacaud and Gilles，2015）、个体特征（Zhang，2019；Tae-hyun，

---

① 资料来源于智联招聘。

2016；徐振，2022）、社会资本（Lee and Cha，2014；尉建文，2009）、学校类型（Song and Yan，2019；刘晏男等，2021）、就业市场（李沙沙，2022）和政策环境（王丽萍和曾祥龙，2021）等，鲜有研究考虑到身边同伴对大学生就业意愿的影响。即使少部分研究涉及了同伴对大学生就业意愿的影响，也大多是定性分析（张宝生和戴思琦，2021），少有实证分析文献准确识别大学生就业意愿中存在的同伴效应。

本书以是否参与实习和参与的实习时间作为就业意愿的衡量变量，考察班级同学的同伴效应，从工作搜寻行为参与角度研究同伴效应的广度边际影响，从工作搜寻努力程度角度研究同伴效应的深度边际影响。考虑到可能存在被动的工作搜寻行为，用大学生在校期间是否参与实习替代是否搜寻工作，则参与实习的大学生就业意愿会更强。用实习时间长短来衡量工作搜寻努力程度，即大学生实习的时间越长，其工作搜寻努力程度越高，则其就业意愿越强。实证结果发现，大学生就业意愿在这两个角度都存在显著的正向同伴效应，班级同伴参与实习的比例每提高 1%，个体参与实习的概率提高 6.667%。班级同伴平均实习时间每增加 1 个单位，个体实习时间增加 0.928 个单位。该结果在更换就业意愿的衡量变量之后仍然稳健。通过分析同伴效应的影响机制发现，学校就业信息提供与发布可增强就业意愿中的同伴效应，父母及家庭背景给予的帮助会减弱就业意愿的同伴效应。异质性分析的结果发现，本科受到的同伴效应更大，理工科学生受到的同伴效应更大，男生受到的同伴效应更小。同伴效应的剂量影响结果显示，同伴效应往往随着时间的延长而增强。

本书可能的贡献在于：一是提供了同伴效应在大学生就业行为中的证据。关于班级同伴效应的现有研究，国内主要集中在学生学业成绩方面，国外学者虽然注意到了学生社会行为中的同伴效应，但也主要集中在学生不良行为中存在的负外部性，鲜有研究分析学生就业行为是否存在同伴效应。二是利用全样本班级数据的分析。国内外关于个人社会行为中同伴效应的研究大多局限于某个具体的特定人群，该结论不能进行推广，从而得出一般性结论；或者是对总体班级进行随机抽取，样本量不多，说服力不强；本书以中部某省全省随机班级的数据为基础，得出的结论更为可靠且更具说服力。三是为解决大学生就业难问题提供了一定的政策启示。高校大学生作为人才资源的重要组成部分，是推动经济社会发展的重要力量。近年来，随着我国教育水平的不断发展与进步，高校大学生数量逐年递增，大学生就业创业形势面临的问题逐渐凸显。面对日益严峻的就业形势以及自身对职业的高期望值，大学生们纷纷热衷于"慢就业"。本书通过机制分析，从父母及家庭背景的帮助和学校就业信息提供与发布方面分析了大学生就业意愿的同伴效应的影响机制，本书的结论对如何正确引导大学生就业具有重要的参考价值。

9.1.1 文献回顾

9.1.1.1 高校大学生就业意愿的文献综述

大学生就业意愿影响因素的文献主要集中在个人、学校、家庭以及政府等方面。国外文献多聚焦个人层面，从计划行为理论出发研究就业意愿的影响因素。阿杰恩（Ajzen，1985）提出计划行为理论，指出就业意愿受态度、主观规范和感知行为控制的影响。福特、帕考德和吉勒斯（Fort，Pacaud and Gilles，2015）验证了该理论变量与就业意愿在法国样本之间的联系，且进一步检验了求职经验和两个人格维度（外向性和责任心）的调节作用。而李和查（Lee and Cha，2014）在企业招聘页面的使用程度对就业意愿的影响的研究中发现，工作搜寻态度、主观规范和行为控制感起到了中介作用。此外，证实企业招聘页面的使用程度对社会资本有正向影响，形成的社会资本对就业意愿有显著影响。

在乡村振兴战略的背景下，国内学者热衷于研究高校大学生农村就业意愿的影响因素。徐振（2022）从个人层面和政府层面出发得出大学生农村就业意愿与个人的性别、所学的专业、薪酬待遇以及农村政策息息相关。王丽萍和曾祥龙（2021）发现农村就业政策环境感知对农业高校大学生农村就业意愿有显著正向影响。其他学者则从家庭、学校因素出发，如尉建文（2009）发现，父母的社会地位和社会资本对大学生就业意愿有显著的影响。刘晏男等（2021）发现，家庭特征和学校类型对大学生就业意愿有显著影响。

现有研究虽然验证了环境因素对于就业意愿的影响，但鲜有研究关于同伴对大学生就业意愿的影响。在为数不多的同伴对大学生就业意愿影响的文献中也只是定性分析，如张宝生和戴思琦（2021）指出，大学生创业意愿受到身边同学的影响，具有强烈的同伴效应，但同伴起到的作用没有通过实证检验。

9.1.1.2 同伴效应的文献综述

科尔曼（Coleman）在 1966 年报告中最早提出同伴在学生教育过程中的潜在

重要性，他发现，除了家庭背景以外，同伴对学生教育的影响最大。同伴效应又称同群效应，指在一个群体内人与人之间的互动会产生人力资本积累的外部性，教育中同伴效应被广义地定义为宿舍、班级、年级或学校内同伴的背景、行为及产出对学生产出或行为的影响（杜育红和袁玉芝，2016）。国内外进行了大量关于学生学业成绩同伴效应的研究，但结论莫衷一是。学者们一开始大多聚焦在同伴群体总体性差异，研究同伴平均学业成绩对学生学业成绩的影响。大多数学者都得到了显著的正向同伴效应（McEwan and Soderberg，2006；Carrell，Fullerton and West，2009；Griffith and Rask，2014；丁延庆和薛海平，2009；冯晗，2022），也有一些学者发现没有显著影响（Ha，2016）。此后，部分学者开始关注到同伴群体的结构性差异，即班级同质性程度对学生的影响。例如，程诚（2021）、杨莉（2021）等发现班级同质性程度不同会对学生产生不同的影响，尤其对于能力不同的学生，同伴效应的作用可能相反，即同伴效应具有异质性；不同性别和不同家庭社会经济地位学生受到的同伴效应规模大小和作用方向也都不尽相同。部分学者在此基础上进一步分析了同伴效应的长期影响。例如，通过对我国一所综合排名前5%高校的研究发现，室友的学业成就对学生自身的人力资本积累具有显著影响，且随着时间推移，同伴效应会逐渐增强（程诚，2017；Jie，Yi and Hong，2019）。但也有学者发现，随着时间的推移，学业发展上的同伴效应逐渐减弱（Sacerdote，2001；马莉萍和黄依梵，2021）。

同伴效应不仅包括同伴对学生学业成绩的影响，还包括对学生社会行为的影响，且同伴对学生的结果变量越接近社会行为，其同伴产生的溢出效应就越大（Sacerdote，2011）。甚至有研究发现，父母对个人行为没有直接的影响，同伴是直接影响个人行为唯一重要的环境因素（Harris，1999）。例如，在学生是否参加学生社团的决策中，有研究发现，同伴是决定学生是否参加的主要因素（Marmaros and Sacerdote，2006）。一些学者发现，同伴对学生专业选择也有显著的影响（Ha，2016）。对于同伴的不良行为方面，如沉迷网络、犯罪、吸毒、酗酒、怀孕等更是显著地存在大量的同伴效应。例如，董彩婷和陈媛媛（2021），宁可、朱哲毅和朱臻（2021）发现，同伴效应是青少年沉迷网络的关键因素，且同伴酗酒行为使学生酗酒次数增加了四倍（J et al.，2005）。

总体来看，关于同伴效应的现有研究，国内主要集中在学生学业成绩方面，国外学者虽然注意到了学生社会行为中的同伴效应，但也主要集中在学生不良行为中存在的负外部性，鲜有研究分析学生就业行为是否存在同伴效应以及其存在的作用机制，探究其存在及作用机制有利于提高大学生就业意愿以及正确引导大学生就业，具有重要的现实意义。与此同时，已有研究多为某特定群体或是总体抽样群体，较少有研究识别全样本同伴效应。本书借鉴上述文献的研究方法和思路，利用大样本数据，研究班级内同伴效应对我国高校大学生就业意愿的广度和深度的边际影响。

9.1.2 研究设计

9.1.2.1 数据描述

在中国的高考制度下，学生根据自己的高考分数和所报考学校专业的排序被录取到相应的大学和专业，然后由大学的各个学院在没有询问新生意愿的情况下，对相同专业学生按照平衡原则进行随机分班。在正常上课期间，大学生们会待在一个教室，不同的老师到教室教授相应的科目。而且中国高校十分强调班级集体建设，班级里同学经常被组织在一起进行团队活动。因此，同一班级的大学生在就业目标上有密集的互动。

本书采用中部某省 2018 年高校毕业生就业调查数据，该调查由省教育厅就业办组织实施，包括毕业生的基本人口统计资料、班级学校信息以及实习情况、投放简历份数、参加招聘会次数、参加面试次数和辅修专业。学生的就业意愿由他们的实习情况来衡量。人口统计特征包括性别、民族、生源地，家庭经济背景，父母亲文化程度等。该数据涵盖全省所有高校的班级，包括 60 所高校 3 746 个班级的 169 037 名毕业生，除去班级的缺失值，有效样本数为 99 132 个。由于样本中每个学生都是随机分配教室的，减轻了学生对教室自选择的担忧。表 9.1 报告了主要结果和控制变量的汇总统计。

表 9.1　　　　　　　　　　变量的描述性统计

变量	观测值	平均值	标准差	最小值	最大值
父母及家庭背景是否给予帮助 （0 = 否，1 = 是）	99 132	0.280	0.449	0	1
班级规模	99 132	31.97	15.61	10	163
父亲受教育程度	99 132	1.415	0.844	0	5
性别（0 = 女，1 = 男）	99 132	0.489	0.500	0	1

变量	观测值	平均值	标准差	最小值	最大值
是否出生在市区（0 = 否，1 = 是）	99 132	0.113	0.316	0	1
专业（0 = 人文社科，1 = 理工科）	99 132	0.541	0.498	0	1
投放简历份数	64 004	1.308	0.779	1	5
参加招聘会次数	64 004	1.381	0.767	1	5
参加面试次数	64 004	1.744	1.010	1	5
实习时间	99 132	3.954	2.312	0	7
学校就业信息提供与发布	99 132	3.719	0.959	1	5
是否少数民族（0 = 否，1 = 是）	99 132	0.0366	0.188	0	1
父亲是否为企事业、机关单位 （0 = 否，1 = 是）	99 132	0.0827	0.275	0	1
母亲是否为企事业、机关单位 （0 = 否，1 = 是）	99 132	0.00516	0.0717	0	1
同伴辅修比例	99 132	0.108	0.108	0	1
同伴平均投放简历份数	64 004	0.904	0.308	0	3
同伴平均参加招聘会次数	64 004	0.955	0.324	0	3
同伴平均参加面试次数	64 004	1.211	0.437	0	3.600
同伴平均实习时间	99 132	3.952	1.404	0.400	7
是否参与实习（0 = 否，1 = 是）	99 132	0.927	0.260	0	1
同伴参与实习比例	99 132	0.926	0.0824	0.300	1
是否党员（0 = 否，1 = 是）	99 132	0.0806	0.272	0	1
是否贫困（0 = 否，1 = 是）	99 132	0.147	0.354	0	1

注：父亲受教育程度为 0 = 没上过学、1 = 初中及以下、2 = 高中、3 = 大专、4 = 本科、5 = 研究生；投放简历份数值为 1 = 1 ~ 15 份、2 = 16 ~ 30 份、3 = 31 ~ 45 份、4 = 46 ~ 60 份、5 = 60 份以上；参加招聘会次数值为 1 = 1 ~ 5 次、2 = 6 ~ 10 次、3 = 7 ~ 9 次、4 = 10 ~ 12 次、5 = 13 次以上；参加面试次数值为 1 = 1 ~ 3 次、2 = 4 ~ 6 次、3 = 7 ~ 9 次、4 = 10 ~ 12 次、5 = 13 次以上。

9.1.2.2 变量测度及解释

（1）被解释变量测度：大学生就业意愿。通过"实习时间"和"是否实习"来衡量大学生就业意愿程度。实习时间的值为 0 ~ 7，变量值越大，则表示实习的时间越长，工作搜寻努力程度越高，就业意愿越强。是否实习为虚拟变量，如果学生参与了实习取值为 1，否则取值为 0。

（2）核心解释变量测度：同伴变量。同伴的就业意愿则表示为（全班学生就业行为 - 第 i 个学生就业行为）/（班级人数 - 1），即同伴的平均实习时间等于（全班实习时间之和 – 第 i 个学生实习时间）/（i 学生所在的班级人数 – 1）；同伴参与实习的比例等于（全班参与实习的人数 – 第 i 个同学是否参与实习）/（i 学生所在的班级人数 – 1）。具体计算公式为：

$$\text{Peer}_{i,cs} = \frac{1}{N-1} \sum_{\substack{j=1 \\ j \neq 1}}^{N} y_j \tag{9.1}$$

其中，N 代表 s 学校 c 班级的总人数，y_j 代表在 c 班级里学生 i 的同伴 j 实习时间的连续变量以及是否实习的虚拟变量。

（3）调节变量测度。调节变量主要包括父母及家庭背景的帮助和学校就业信息提供与发布。父母及家庭背景的帮助是虚拟变量，受到了父母及家庭背景的帮助取值为 1，否则为 0；学校就业信息提供与发布为连续变量，为 1 ~ 5 五个等级，取值越大，表示学校关于就业信息提供与发布的服务越周到、越全面。

（4）控制变量测度。控制变量主要包括个人特征变量、家庭背景特征变量、班级特征变量、学校专业变量以及其他影响大学生就业意愿的变量。

9.1.2.3　研究方法

为了研究同伴的就业行为如何影响学生的就业意愿，本书采用了在文献中被广泛用到的线性均值模型（Jonathan，Kory and J，2009；Lu and Anderson，2015），即：

$$Y_{i,cs} = \beta_0 + \beta_1 \text{Peer}_{i,cs} + \beta_2 X_{i,cs} + \beta_3 P_{i,cs} + \alpha_{cs} + \mu_{i,cs} \tag{9.2}$$

计划行为理论中指出，任何行为的直接先决条件都是执行该行为的意图，而影响意图的决定因素主要包括态度、主观规范和感知行为控制。主观规范是一种社会因素，指的是被感知到的社会压力，要求是否执行该行为（Ajezen，1991）。它反映的是重要他人或团体对个体行为决策的影响。因此，同伴通过主观规范对大学生就业意愿产生作用。

同伴效应主要通过知识溢出和社会压力发生作用（Cornelissen，Dustmann and Schönberg，2017）。一方面，学生们之间就业信息的相互传递减少了工作搜寻成本，使搜寻工作更加简单；另一方面，同伴们积极就业的行为会对大学生产生一定的社会压力，激励个体提高工作搜寻努力程度。基于此，本书从是否搜寻工作和搜寻努力程度两个角度研究大学生就业行为的同伴效应，将搜寻工作比例界定为同伴效应的广度边际效应，将工作搜寻努力程度界定为同伴效应的深度边际效应。考虑到可能存在被动的工作搜寻行为，用大学生在校期间是否参与实习替代是否搜寻工作，则参与实习的大学生就业意愿会更强。对于工作搜寻努力程度，则用参与实习的时间来衡量，大学生实习的时间越长，其工作搜寻努力程度越高，则其就业意愿越强。

用广度边际效应角度被解释变量 $Y_{i,cs}$ 表示 s 学校 c 班级的学生 i 是否参与实习的虚拟变量，如果学生参与实习取值为 1，否则取值为 0。此时，同伴变量表示 s 学校 c 班级内除学生 i 外同伴参与实习的比例。

用深度边际效应角度被解释变量 $Y_{i,cs}$ 表示 s 学校 c 班级的学生 i 参与的实习时间。核心解释变量 $Peer_{i,cs}$ 表示 s 学校 c 班级内除学生 i 外同伴参与的平均实习时间。

$X_{i,cs}$ 是大学生的个人特征变量和家庭背景变量，$P_{i,cs}$ 是班级特征变量；α_{cs} 表示学校专业固定效应，$\mu_{i,cs}$ 为随机扰动项。

本书关注的系数 β_1 反映了同伴就业行为对大学生就业意愿的影响。

曼斯基（Manski，1993）指出，能否通过群体的行为来推断形成该群体的个人的行为时会出现映像问题，即同伴效应的识别问题。通常来说，属于同一群体的个体行为相似的结果包含了三种效应：内生效应、外生效应和相关效应。内生效应指个体行为倾向随着群体行为变化而变化，如个人的成绩随着班级平均成绩的提高而提高；外生效应指个体行为倾向随着群体外生的特征变化而变化，如个体成绩随着班级学生的家庭经济背景的变化而变化；相关效应指在同一群体的个体行为趋同，这是因为他们有相似的个体特征（如成绩好的学生组成一个班级）或者面对相似的制度环境（如学生们面对相同的老师）。

为了解决这个识别问题，本书用随机分班数据来去除相关效应得出 β_1 的无偏估计。然而，由于随机分班是在大学的各个学院内进行的，大学和专业的选择可能不是随机的，因此，在回归中加入学校专业固定效应，控制所有可能影响学生班级选择的学校和专业层面的因素。此外，大学生就业的意愿还可能受到个人特征和家庭因素、班级因素的影响，所以进一步控制了大学生的个人特征变量和家庭背景变量 $X_{i,cs}$ 以及班级特征变量 $P_{i,cs}$，这可以提高估计系数的效率。

9.1.3 实证分析

9.1.3.1 同伴积极就业行为对大学生就业意愿影响的实证分析

表 9.2 显示了大学生就业意愿同伴效应的估计结果，第（1）列和第（2）

列报告了大学生实习时间同伴效应的 OLS 回归结果，第（3）列和第（4）列报
告了参与实习比例同伴效应的 Logistic 回归结果。总体来看，同伴积极就业行为
对大学生就业意愿有显著的促进作用。随着同伴实习时间的增加，大学生实习时
间也会显著上升；同伴参与实习的比例越高，大学生实习的概率就越大。

表 9.2　　　　　　　　　　　　　基准回归结果

变量	实习时间		是否实习	
	（1）	（2）	（3）	（4）
同伴变量	0.925 *** (210.36)	0.928 *** (210.61)	6.709 *** (55.79)	6.667 *** (55.21)
性别	0.055 *** (4.47)	0.063 *** (5.09)	0.024 (0.97)	0.048 * (1.88)
民族	-0.006 (-0.17)	-0.013 (-0.39)	0.118 (1.64)	0.093 (1.29)
是否出生在市区	-0.026 (-1.34)	-0.025 (-1.30)	-0.104 *** (-2.74)	-0.103 *** (-2.72)
是否贫困	0.060 *** (3.45)	0.057 *** (3.30)	0.091 ** (2.48)	0.088 ** (2.41)
出生地编码	-0.000 (-1.36)	-0.000 (-1.17)	0.000 *** (2.59)	0.000 *** (2.93)
父亲受教育程度	0.023 *** (2.86)	0.022 *** (2.72)	0.059 *** (3.55)	0.047 *** (2.81)
父亲单位类别	-0.196 *** (-7.95)	-0.190 *** (-7.68)	-0.173 *** (-3.53)	-0.163 *** (-3.31)
母亲单位类别	0.099 (1.14)	0.093 (1.07)	0.031 (0.18)	0.008 (0.05)
班级规模	0.001 *** (3.62)	0.001 *** (3.54)	0.003 *** (3.55)	0.003 *** (3.59)
学校	-0.000 (-0.14)	0.000 (0.04)	0.000 (1.41)	0.000 ** (1.96)
学校就业信息 提供与发布		0.081 *** (12.80)		0.200 *** (15.80)
父母及家庭背景的 帮助		0.009 (0.68)		0.116 *** (3.97)
是否党员		-0.100 *** (-4.44)		-0.253 *** (-6.04)
常数项 t	0.243 *** (5.63)	-0.074 (-1.50)	-3.943 *** (-28.42)	-4.693 *** (-31.60)
观测值	99 132	99 132	99 132	99 132
R²	0.318	0.320		

注：括号内为 t 值；*** 表示 p<0.01，** 表示 p<0.05，* 表示 p<0.1。

具体来看，在只考虑学生特征、家庭背景特征、班级特征和学校固定效应的情况下，同伴实习时间每增加 1 个单位，大学生实习时间显著增加 0.925 个单位；同伴参与实习比例每提高 1%，大学生实习概率提高 6.709%，参数统计检验均达到 1% 的显著水平。进一步控制其他可能影响结果的变量后，同伴实习时间每增加 1 个单位，大学生实习时间显著增加 0.928 个单位；同伴参与实习的比例每提高 1%，大学生实习概率提高 6.667%，参数统计检验依旧达到 1% 的显著水平。因此，同伴积极就业行为对大学生就业意愿有显著的促进作用。

9.1.3.2 同伴积极就业行为对大学生就业意愿影响的机制分析

本部分通过父母及家庭背景帮助和学校就业信息提供与发布，从家庭层面和学校层面来研究大学生就业意愿同伴效应的机制。从家庭层面来说，父母在子女就业过程中给予帮助，往往直接影响他们的就业意愿（尉建文，2009），家庭经济好的学生，就业压力小，因而不重视与同伴就业信息的交流，会弱化班级同伴对个体在就业过程中的帮助，从而减弱同伴效应。从学校层面来说，学校就业信息提供与发布不仅可以直接减少大学生的工作搜寻成本，为他们搜寻工作提供一个广阔的平台和渠道，而且还有利于营造大学生就业氛围，增强班级同伴之间同伴效应的乘数效应，促进大学生就业意愿。总的说来，学校就业信息提供与发布一方面可以提高大学生的就业意愿，对同伴效应有替代作用；另一方面可以营造就业氛围，增强同伴效应。因此，通过交互项方式将这些机制变量分别与同伴变量相乘来估算同伴效应的影响机制。

如表 9.3 所示，第（1）列和第（3）列报告了学校就业信息提供与发布对同伴效应的调节作用，第（2）列和第（4）列报告了父母及家庭背景的帮助对同伴效应的调节作用。总体来看，学校就业信息提供与发布系数显著为正，其与同伴变量的交互项系数同样显著为正，说明学校就业信息提供与发布不仅直接提高大学生就业意愿，还可以通过增强同伴效应间接提高大学生就业意愿。具体来说，学校就业信息提供与发布每提高 1 个单位，大学生实习时间受到的同伴效应会增大 0.01 个单位，参数统计检验达到 5% 的显著水平；大学生实习概率受到的同伴效应会增大 0.387 个单位，参数统计检验达到 1% 的显著水平。

表 9.3　　　　　　　　　大学生就业意愿同伴效应的机制分析结果

因变量	实习时间		是否实习	
	（1）	（2）	（3）	（4）
影响机制的变量 X	学校就业信息提供与发布	父母及家庭背景的帮助	学校就业信息提供与发布	父母及家庭背景的帮助

续表

因变量	实习时间		是否实习	
	（1）	（2）	（3）	（4）
X×同伴变量	0.010 ** (0.004)	-0.034 *** (0.008)	0.387 *** (0.117)	0.067 (0.258)
X	0.042 ** (0.018)	0.156 *** (0.036)	-0.135 (0.104)	0.079 (0.230)
同伴变量	0.889 *** (0.016)	0.934 *** (0.004)	5.282 *** (0.434)	6.691 *** (0.136)
样本数	99 132	99 132	99 132	99 132
R^2/伪 R^2	0.320	0.318	0.064	0.059
个体、家庭、班级特征	是	是	是	是
学校班级固定效应	是	是	是	是

注：括号内为 t 值；*** 表示 $p < 0.01$，** 表示 $p < 0.05$。

由此可以发现，父母及家庭背景的帮助的系数显著为正，父母及家庭背景的帮助与同伴投放简历份数的交互项系数显著为负，即父母对子女在搜寻工作过程的帮助直接增强大学生就业意愿，但会减弱同伴对其的影响。具体来看，父母及家庭背景的帮助每提高1个单位，大学生实习时间受到的同伴效应会减小0.034个单位，参数统计检验达到1%的显著水平；虽然大学生实习概率受到的同伴效应会增大0.067个单位，但统计上不显著。

9.1.3.3 同伴积极就业行为对大学生就业意愿影响的异质性分析

本部分从学校等级、专业和性别三个方面探讨了大学生就业意愿同伴效应的异质性影响。宋洁（2012）指出，不同性别和不同学科学生的就业意识存在差异，且对同伴就业行为的敏感程度不同，因此受到的同伴效应影响可能不同。刘晏男等（2021）发现，学校类型对学生就业意愿有显著的影响。大学生就读的学校越好，就业氛围更加浓厚，进而学生们的就业意愿也越高，受到同伴的影响也越大。本部分使用分样本回归来估计同伴效应的异质性。

如表9.4所示，可以发现，本科学生、理工科专业学生以及女生受到的同伴效应更大。

表 9.4 大学生就业意愿同伴效应的异质性分析结果

因变量	实习时间		是否实习	
	非本科	本科	非本科	本科
同伴变量	0.827 *** (0.011)	0.943 *** (0.004)	6.082 *** (0.182)	6.986 *** (0.157)
Observations	34 981	64 151	34 981	64 151
R^2/伪 R^2	0.146	0.392	0.053	0.061
	理工科	人文社科	理工科	人文社科
同伴变量	0.947 *** (0.005)	0.879 *** (0.007)	6.475 *** (0.189)	6.790 *** (0.151)
Observations	45 544	53 588	45 544	53 588
R^2/伪 R^2	0.416	0.208	0.054	0.062
	女生	男生	女生	男生
同伴变量	0.951 *** (0.005)	0.888 *** (0.006)	7.858 *** (0.167)	5.622 *** (0.164)
观测值	50 675	48 457	50 675	48 457
R^2/伪 R^2	0.369	0.268	0.080	0.042
个体、家庭、班级特征	是	是	是	是
学校专业固定效应	是	是	是	是

注：括号内为 t 值；*** 表示 p<0.01。

具体来看，对于实习时间存在的同伴效应，本科比非本科学生受到的同伴效应多0.116个单位，理工科专业学生比人文社科专业学生受到同伴的效应多0.068个单位，男生比女生少0.063个单位；对于是否实习中的同伴效应，本科比非本科学生受到的同伴效应多0.904个单位，而理工科专业学生比人文社科专业学生受到同伴的效应少0.315个单位，男生比女生少2.236个单位。

9.1.3.4 同伴效应的剂量影响

本部分通过学校学制的不同来研究大学生就业意愿受到的同伴效应的剂量影响。一方面，在校学习的时间越长，与班级同伴交往越频繁、交流越充分、关系越密切，受到的同伴效应会越来越大（Dahl, Loken and Mogstad, 2014）；另一方面，随着时间的推移，大学生交往的对象不局限于班级同伴，他会根据自己的兴趣爱好，寻找志同道合的人，会逐渐扩展到老乡、参加的学生社团里的成员等，班级同伴的效应会逐渐减弱。剂量影响模型与模型基准基本一致，除了增加学校学制①及其与同伴变量的交互项。

从表 9.5 中可以得出同伴效应往往随着时间的延长而增强的结论。相处的时间每增加 1 年，大学生实习时间受到的同伴效应增加 0.004 个单位，实习比例受到的同伴效应增加 0.228 个单位。以二年制学制为参照可以发现，三年制和四年制大学生受到的同伴效应均在减少，但五年制受到的同伴效应在增加，且增加的幅度大于三年制和四年制减少的，使最终结果呈现正向效应。其中可能的原因是，对比二年制的研究生，三年制的专科生和四年制的本科生没有那么重视和班级同伴的人际关系，受到的同伴效应更小。五年制的学生大部分是医学专业，由于专业的特殊性和重要性，会有大量课程需要学习，因此没有很多的闲余时间来与班级同学之外的同伴交往，其他同伴对班级同伴很难产生很强的替代作用，导致班级同伴效应会很大。

表 9.5　　　　　　　大学生就业意愿同伴效应的长期影响分析结果

变量	（1）	（2）	（3）	（4）
	实习时间		是否实习	
同伴变量	0.909 *** (107.47)	0.927 *** (70.48)	5.755 *** (37.50)	6.720 *** (34.37)
同伴变量 × 两年 （基期）				
同伴变量 × 三年		−0.021 * (−1.68)		−0.332 ** (−2.11)
同伴变量 × 四年		−0.047 *** (−3.70)		−0.180 (−1.14)
同伴变量 × 五年		0.004 (0.28)		0.421 ** (2.48)
同伴变量 × 学制 （连续变量）	0.004 ** (2.27)		0.228 *** (9.71)	
样本数	99 132	99 132	99 132	99 132
R^2/伪 R^2	0.318	0.319	0.061	0.062
个体、家庭、班级特征	是	是	是	是
学校班级固定效应	是	是	是	是

注：括号内为 t 值；*** 表示 $p < 0.01$，** 表示 $p < 0.05$，* 表示 $p < 0.1$。

---

① 学校学制值学生在学校的时间：2 = 专业型研究生、3 = 学术型研究生和专科生、4 = 本科生、5 = 医学生和建筑专业学生。

9.1.3.5 稳健性检验

本部分通过置换就业意愿的衡量变量来检验结果的稳健性。使用大学生投放简历的份数、参加招聘会的次数和参加面试的次数以及是否参与辅修来衡量就业意愿的强弱。

从表 9.6 可以得出无论是投放简历份数、参加招聘会次数、参加面试次数还是参与辅修，同伴变量的系数都显著为正，且参数统计检验均达到了 1% 的显著水平，即验证了本章的结论：大学生就业意愿存在显著的正向同伴效应。

表 9.6   **置换衡量变量的回归结果**

变量	(1) 投放简历份数	(2) 参加招聘会次数	(3) 参加面试次数	(4) 是否参与辅修
同伴变量	0.452 *** (45.62)	0.448 *** (48.39)	0.540 *** (60.37)	5.396 *** (66.95)
性别	0.039 *** (6.26)	0.053 *** (8.70)	0.019 ** (2.40)	0.084 *** (3.86)
是否少数民族	0.045 *** (2.66)	0.048 *** (2.92)	0.024 (1.14)	−0.167 *** (−2.86)
是否出生在市区	−0.047 *** (−4.88)	−0.049 *** (−5.14)	−0.067 *** (−5.43)	−0.061 * (−1.79)
是否贫困	0.079 *** (9.18)	0.094 *** (11.12)	0.132 *** (12.03)	0.107 *** (3.51)
出生地编码	0.000 (1.16)	0.000 (1.52)	0.000 (1.03)	0.000 (0.22)
父亲受教育程度	0.002 (0.47)	0.005 (1.18)	−0.028 *** (−5.29)	0.239 *** (18.90)
父亲单位类别	0.085 *** (6.54)	0.060 *** (4.74)	0.003 (0.19)	0.503 *** (13.77)
母亲单位类别	−0.040 (−0.84)	0.016 (0.34)	−0.043 (−0.71)	−0.084 (−0.69)
班级规模	−0.000 (−0.88)	−0.001 *** (−5.35)	−0.002 *** (−6.11)	0.001 * (1.91)
学校	−0.000 *** (−9.74)	−0.000 *** (−10.29)	−0.000 *** (−11.10)	0.000 *** (6.59)
常数	0.945 *** (44.15)	1.014 *** (48.12)	1.273 *** (46.61)	−3.552 *** (−51.71)
观测值	64 004	64 004	64 004	99 132
R^2	0.037	0.045	0.062	

注：括号内为 t 值；*** 表示 p<0.01，** 表示 p<0.05，* 表示 p<0.1。

9.2 大学生学业表现同伴效应研究

学校是青少年在家庭之外最重要的社会化场所，而学校中的同伴群体与青少年的成长关系密切。良好的学习环境，特别是优秀的同伴群体在青少年学习、成长的过程中具有重要意义。《科尔曼报告》（Coleman，1966）认为，学校中的同伴群体对青少年发展的影响不亚于父母参与、教育质量和班级规模等重要因素（Sacerdote，2011）。大量的实证研究表明，学校或班级的同伴群体越优秀，个体学业成绩越好，也是我们常说的"近朱者赤"效应。根据社会学的参照群体理论，同伴群体还有另外一种功能——社会比较（social contrast）功能（Kelley，1952）。这种功能会带来沮丧效应（discouraging effects），因为同伴之间不仅相互学习和模仿，同时也相互比较，身处于优秀的同伴之中，个体的自我评价（self-conception）或自尊会降低。同伴群体效应的理论探索和经验研究在教育政策讨论和教育项目评估方面引起了越来越多的关注。

同伴中特殊群体——老乡，在《辞海》中被定义为来自同一地区或同一省份的人。关于老乡关系、老乡效应的研究领域涉及广泛。在心理学领域中，老乡心理效应认为老乡效应是一种以情感作为中介，最终通过外在的老乡行为而得到表现。张十根（2019）通过考察 CEO 与董事间的老乡关系对内部控制、代理成本的影响，认为老乡关系将通过提高公司内部控制质量来降低公司的代理成本，并且 CEO 和董事存在老乡关系的比例越高，降低代理成本的效果越明显。陆瑶和胡江燕（2014）在风险管理水平方面的研究表明，当 CEO 和董事会成员存在老乡关系时，这种"友善"的老乡关系会削弱董事会对 CEO 的监督力度，从而增加企业的经营风险，并且东北地区企业中的老乡关系对企业经营风险的影响更大。刘彦君（2022）在上市公司内部关于 CEO 和董事的老乡关系究竟是"狐朋狗友"还是"良朋益友"的问题研究中，从中国历来重视老乡层面关系的社会网络角度出发，根据社会认同理论指出，当 CEO 存在轻微违规时，董事将倾向于偏袒 CEO，从而加大企业的财务风险。老乡关系在企业中违规行为影响的研究逐步兴起。

9.2.1 文献综述

国内在高等教育领域的同伴效应研究相较于西方起步较晚。权小娟（2015）

通过研究发现，对于学业成绩而言，班级层面的同伴效应大于宿舍层面的同伴效应，对于不同的个体来说，同伴效应不仅具有性别差异，而且学习能力上的差异受同伴效应的影响也是不同的。梁耀明和何勤英（2017）同样在对本科生宿舍层面同伴效应的研究中得出了相似的结论，他们认为宿舍同伴效应会对个体成绩产生显著的正向影响，对于不同学习能力的个体，受到的同伴效应影响具有较大差别。包志梅（2020）利用多个不同层次的高校问卷调查数据，将学生的学业成绩分为正向学习获益和负向学习行为，将室友关系分为"共同进步型""负面干扰型""潜移默化型"。对本科生中宿舍层面的室友同伴效应和班级层面的同伴效应展开了研究。结果显示，宿舍层面以及班级层面的同伴效应在学习成绩方面的影响具有显著的正向与负向效应，并且在性别上存在异质性差异。马莉萍和黄依梵（2021）将某所"双一流"大学的两届本科生作为研究对象，通过随机分配宿舍的方式克服同伴效应研究中存在的选择项偏误问题，从四个方面对同伴效应展开研究：室友的平均同伴效应以及变化趋势、同伴效应的异质性、同伴效应的结构性差异、同伴效应的竞争性。研究发现，大学室友的成绩会对同伴产生积极的同伴效应，并且同伴效应的异质性存在于室友学业成绩等级之间以及性别之间。

　　国外对教育领域的同伴效应研究始于 20 世纪 60 年代。科尔曼（1966）进行了同伴对学生成绩的影响研究，布鲁斯 – 撒勒多特（2001）使用达特茅斯学院大一新生寝室的随机分配数据，对大学室友之间的同伴效应展开研究，结果显示，同龄人对平均学业成绩以及加入社团具有显著的影响。艾森伯格等（2014）认为大学同伴的性别构成可能会产生危险行为的同伴效应，进而可能会影响到学业成绩。安德鲁 – 希尔（2017）在对美国大学新生入学率变化的研究中发现，新生组中女性比例增加 10 个百分点，该组男性的毕业率将增加 2 个百分点，而对女生的毕业率则没有影响。

　　查尔斯·曼斯基（Charles Manski）认为在同伴效应研究中导致估计结果不准确的原因可能是存在自我选择问题、反身问题（影像问题）以及共时性问题。自我选择问题指的是个体往往根据自己的兴趣爱好或难以观测的隐性因素进行接触、交流，自我选择问题又称为"人以群分"，所以同伴之间学习行为的"同伴效应"仅仅是因为"自我选择问题"导致的。反射性问题是指同伴群体会对学生个体产生影响，而个体同样会对同伴群体产生影响，从而导致在实证过程中产生双向因果问题。共时性问题是指一个班级的学生在相同环境中学习、生活，其学习行为结果高度相关，这可能是由于受到班级中老师教学水平的影响。

为了解决自我选择问题，部分学者通过随机实验和自然实验来解决自我选择问题，萨切尔多特（Sacerdote，2001）通过对美国达特茅斯大一新生的宿舍安排，进行随机分配这一自然实验来研究该学校宿舍层面的同伴效应。由于本书的研究对象为同一学校同一专业的老乡群体的同伴效应（老乡效应），该老乡群体是经过高考这一随机分配机制而形成的。因此，自我选择问题在本书中对同伴效应估计造成的影响很小。为了解决反身问题，大部分学者使用工具变量法解决基准回归中的双向因果问题（李强，2019；袁舟航，2018），本书借鉴袁舟航的做法，使用老乡父母平均文化程度作为同伴平均成绩的工具变量。为了解决共时性问题，本书借鉴王雪松（2020）的做法，通过控制个体来自的省份、学校、专业等变量来缓解共时性问题。

综上所述，目前国内外关于高等教育领域中同伴效应问题的研究较多，但仍存在以下几点不足：一是多数文献集中于对班级层面、宿舍层面的同伴效应的研究，鲜有学者从同一学校同一专业当中的老乡层面同伴效应进行深入研究；二是部分研究仅仅研究同伴的平均行为、产出对学生个体的影响，不能区分同伴行为或产出的异质性是否对学生个体产生不同的影响以及产生何种不同的影响；三是由于选取的研究对象、样本数据的不同，目前关于同伴效应的产生机制、作用机制的研究尚未达成共识。

9.2.2　老乡效应的作用机制

社会学习理论（阿尔特伯·班杜拉，1952）认为个人行为、环境与个体认知三者之间是相互作用、相互影响的，但这种相互影响并不具有同时性（班杜拉，2018）。社会学习理论认为个体的学习行为具有联结、强化和观察学习这三种机制。其中，观察理论最直接地解释了人们通过观察或模仿来学习某种社会行为，并且个体所处的环境对于观察学习行为来说是一个重要因素。具体到同伴效应的研究中，大量的研究围绕着关于"近朱者赤，近墨者黑"进行讨论。如董彩婷（2021）研究发现，青少年群体之间由于存在使用电子媒介，特别是存在对上网玩游戏的偏好，使得该群体内部产生使用电子媒介的同伴效应，并且同伴之间的关系越密切，青少年受同伴使用电子媒介的影响越明显。上述研究证明了"近朱者赤，近墨者黑"这一说法。

老乡效应是同伴效应中的一种特殊情况。其在心理学的研究中被称为老乡心理效应，这一效应被定义为，"个人身处外地，在面对不熟悉的环境时，对于来自同一地区（籍贯）的人，在心里产生的对对方所持有的语言、文化、情感、生活方式、价值观念、宗教习俗等一种积极的情感卷入和趋同倾向"（张海钟和姜勇志，2012）。区域心理学认为，行政区域和地理区域的划分所形成不同的地理文化观念，进而形成特定区域的文化性格，不同区域的文化性格最终决定了区域心理差异（张海钟，2010）。郭斯萍和张晓冰（2022）从文化心理学的角度提出，文化是一种时刻影响个体行为的潜在因素，当一个群体长时间生活在同一个地方时，群体会受到当地社会环境、文化传统的潜在影响，从而产生"入芝兰之室，久而不闻其香"的现象，只有与受到不同文化影响的人交流时，才能发觉自己所受文化的影响，同样地，张海钟和姜永志（2010）在对老乡观念的心理机制的初步建构过程中认为，只有身处异地，个体才会在情感上进行构建老乡观念，进而产生老乡心理的观念，并且文化、环境的差异将造成行为上的差异（Hong，Morris，Chiu et al.，2000）。

因此，在老乡群体中，所有的人都"携带"共同的观念、文化性格以及区域心理，内部的个体在老乡群体中会表现出相似的行为。具体到本书的研究中，由于高校中的学生来自五湖四海，当学生个体进入一个全新的环境时，会倾向于寻找与自己来自相同地方、具有相同的语言符号的人或组织进行交流，高校中的老乡会、老乡群便由此诞生。高校学生中老乡关系是否会对学生的学习行为产生影响？目前对于高校中老乡效应的研究并不多见，探究高校中老乡效应的研究能进一步丰富同伴效应研究深度，为理解高校学生的学习行为选择提供理论依据。

9.2.3　研究设计

9.2.3.1　模型设定

本书使用如下模型估算高校大学生学习行为中的老乡效应：

$$Y_{ijk} = \beta_0 + \beta_1 Z_{ijp} + \lambda X_{ijk} + \varepsilon_i \qquad (9.3)$$

其中，因变量 Y_{ijk} 表示 i 学校 j 专业学生 k 在该专业的综合学习成绩等级，一共分为 5 个等级。

关于核心解释变量 Z_{ijp}，借鉴杜康（2022）的做法，分别将成绩等级为 1、2、3、4、5 的老乡占全部老乡（省级）人数百分比作为解释变量，即 $Z_{ijp} = \dfrac{m_i}{n}$（$i = 1$，2，3，4，5），其中，n 表示学生个体的所有省级老乡数量、m_i 表示学习成绩等级为 i 的老乡人数，β_1 衡量了各学习成绩等级的老乡对学生个体成绩等级的影响。

控制变量 X_{ijk} 包括省份、学校、专业类型、性别、是否为贫困生、是否出生在市区、政治面貌、第二学位辅修学科类别、参加社团类型、父母的单位类别、父母的文化程度、父母及家庭背景的帮助。

9.2.3.2　数据说明

本书采用中部某省 2018 年高校毕业生就业调查数据。该调查由省教育厅就业办组织实施，涵盖该省所有高等院校，主要变量包括综合成绩排名位于本专业、省份、城市、学校、专业类型、性别、贫困生类别、是否出生在市区、政治面貌、第二学位辅修学科类别、参加社团类型、父母的单位类别、父母的文化程度、父母及家庭背景的帮助、是否为师范生。由于部分专业招生人数在某一省份仅为 1 人，导致该学生个体在该学校、该专业不存在老乡，因此，从样本中剔除了学生个体没有老乡的数据，有效样本量为 179 588 条。变量详细说明如表 9.7 所示。

表 9.7　　　　　　　　　　　　　变量说明

控制变量	指标说明
综合成绩排名 位于本专业	1 = 后 20%，2 = 后 21%～40%，3 = 前 40%～60%，4 = 前 21%～40%，5 = 前 20%
省份	样本一共包含 31 个省份
城市	样本一共包含 360 个城市
学校	样本涵盖该省所有高等院校
专业类型	样本一共包含 687 个细分专业
性别	0 = 女，1 = 男
贫困生类别	0 = 非困难生，1 = 贫困生
是否出生在市区	0 = 出生在农村，1 = 出生在市区
政治面貌	0 = 群众，1 = 共青团员，2 = 预备党员，3 = 党员

控制变量	指标说明
第二学位辅修 学科类别	0 = 无，其他 = 有 1 = 哲学，2 = 经济学，3 = 法学，4 = 教育学，5 = 文学，6 = 历史学，7 = 理学，8 = 工学，9 = 农学，10 = 医学，11 = 军事学，12 = 管理学，13 = 艺术学
参加社团类型	0 = 没参加过，1 = 信仰型，2 = 学术型，3 = 文艺型，4 = 体育型，5 = 科技型，6 = 服务型，7 = 实践型，8 = 联谊型，9 = 职业型，10 = 创业型，11 = 其他
父母的文化程度	0 = 没上过学，1 = 初中及以下，2 = 高中，3 = 大专，4 = 本科，5 = 研究生
父母及家庭背景的 帮助	1 = 基本没帮助；2 = 有，但帮助不大；3 = 有，帮助一般；4 = 有，帮助比较大；5 = 有，帮助非常大
是否为师范生	0 = 非师范生，1 = 师范生

9.2.3.3 描述性统计

表9.8是变量的描述性统计。可以看出，综合成绩排名位于本专业的最大值为5、最小值为1、平均值为3.682。由于各省的招生政策有较大差异，因此，学生个体的同伴人数相差较大，最小值为1人、最大值为2 308人、标准差为339.9人。关于核心解释变量，学生个体省级同伴分数各等级占全部同伴的百分比的平均值分别为0.0045、0.115、0.271、0.251、0.381，标准差分别为0.077、0.115、0.159、0.150、0.177。学生个人特征方面，男女人数基本持平，贫困生人数、出生在市区的人数以及师范生人数相对较少，政治面貌平均值为0.984，大部分学生政治面貌为共青团员。父母的文化程度平均值为1.421、标准差为0.848，可知大部分学生父母接受教育的水平较低，主要集中在初中到高中水平。父母及家庭背景对学生各方面的帮助的水平偏低，平均值为1.951。

表9.8 描述性统计

主要变量	样本量	平均值	最小值	最大值	标准差
综合成绩排名位于本专业	179 588	3.682	1	5	1.164
学生个体省级同伴人数	179 588	166.5	1	2 308	339.9
k = 1	179 588	0.0450	0	1	0.0770
k = 2	179 588	0.115	0	1	0.115

主要变量	样本量	平均值	最小值	最大值	标准差
k = 3	179 588	0.271	0	1	0.159
k = 4	179 588	0.251	0	1	0.150
k = 5	179 588	0.318	0	1	0.177
性别	179 588	0.500	0	1	0.500
是否为贫困生	179 588	0.135	0	1	0.342
是否出生在市区	179 588	0.266	0	1	0.442
政治面貌	179 588	0.984	0	3	0.413
第二学位辅修学科类别	179 588	0.686	0	13	2.353
参加社团类型	179 588	4.284	0	11	3.242
父母的文化程度	179 588	1.421	0	5	0.848
父母及家庭背景的帮助	179 588	1.951	1	5	1.138
是否为师范生	179 588	0.107	0	1	0.309

注：k = i 表示学生个体省级老乡分数等级为 i 占全部老乡的百分比。

9.2.4　实证分析

9.2.4.1　老乡效应 OLS 回归结果

表 9.9 报告了高校中老乡效应对学生个体学业成绩影响 OLS 回归结果。第
（1）~（5）列分别表示将学生个体的省级老乡分数等级为 1~5 的人数占全部同
伴的百分比作为核心解释变量，即本书中研究的老乡效应是研究其对学生个体综
合成绩排名的影响。以上回归均控制了省份、学校、专业以及学生个体参加社团
类型和辅修第二学位学科类别变量。

结果显示：当学生个体的省级老乡成绩等级为 1、2、3（低于总体样本成绩
等级平均值 3.682）时，其对学生个体综合成绩排名的影响显著为负，并且学生
个体的省级老乡分数等级为 1、2、3 的人数占全部老乡的百分比每增加 1% 时，
学生个体位于本专业综合成绩排名分别下降 0.136、0.114 以及 0.107；当学生个
体省级老乡成绩数等级为 4 时，其对学生个体综合成绩排名的影响不显著；当学
生个体省级老乡成绩等级为 5 时，其对学生综合成绩排名的影响显著为正，并且
该成绩等级老乡数量比例每增加 1% 时，学生个体位于本专业综合排名提
高 0.16。

表 9.9 老乡效应对学习成绩影响的回归结果

项目	(1)	(2)	(3)	(4)	(5)
	学生个体位于本专业综合成绩排名				
k = 1	−0.136 *** (0.037)				
k = 2		−0.144 *** (0.024)			
k = 3			−0.107 *** (0.018)		
k = 4				0.030 (0.018)	
k = 5					0.163 *** (0.016)
性别	−0.455 *** (0.007)	−0.455 *** (0.007)	−0.455 *** (0.007)	−0.455 *** (0.007)	−0.455 *** (0.007)
政治面貌	0.381 *** (0.006)	0.381 *** (0.006)	0.381 *** (0.006)	0.381 *** (0.006)	0.381 *** (0.006)
是否为贫困生	0.241 *** (0.008)	0.241 *** (0.008)	0.240 *** (0.008)	0.241 *** (0.008)	0.241 *** (0.008)
是否出生在市区	0.016 *** (0.006)	0.017 *** (0.006)	0.017 *** (0.006)	0.016 *** (0.006)	0.017 *** (0.006)
是否为师范生	−0.113 *** (0.029)	−0.111 *** (0.029)	−0.113 *** (0.029)	−0.114 *** (0.029)	−0.108 *** (0.029)
父母的文化程度	0.001 (0.003)	0.001 (0.003)	0.001 (0.003)	0.001 (0.003)	0.001 (0.003)
父母及家庭背景的帮助	−0.001 (0.002)	−0.001 (0.002)	−0.001 (0.002)	−0.001 (0.002)	−0.001 (0.002)
省份	控制	控制	控制	控制	控制
学校	控制	控制	控制	控制	控制
专业	控制	控制	控制	控制	控制
参加社团类型	控制	控制	控制	控制	控制
第二学位辅修学科类别	控制	控制	控制	控制	控制
_cons	2.545 *** (0.276)	2.561 *** (0.276)	2.587 *** (0.289)	2.521 *** (0.280)	2.579 *** (0.276)
R^2	0.099	0.099	0.099	0.098	0.099
N	179 588.000	179 588.000	179 588.000	179 588.000	179 588.000

注：k = i 表示学生个体的省级老乡分数等级为 i 的人数占全部老乡的百分比；括号中的数字为标准误；*** 表示 $p < 0.01$；以上回归结果均为 robust 回归。

在控制变量方面，老乡效应在性别变量上存在显著的负向影响，这与权小娟（2015）、杨洲和黄斌（2020）等在研究同伴效应方面的结果一致。政治面貌、是否为贫困生、是否出生在市区对学生个体学业成绩均具有显著的正向影响，是否为师范生对学生个体学业成绩具有显著的负向影响。父母文化程度、父母及家庭背景的帮助对学生个体的学业成绩的影响并不显著。

9.2.4.2 分性别老乡效应

从表9.10、表9.11中可以看出，不论男性还是女性，当老乡综合成绩排名等级位于1、2、3时，对学生个体成绩的影响均显著为负；当老乡综合成绩排名等级位于4时，对学生个体成绩不存在显著的影响；当老乡综合成绩排名等级位于5时，对学生个体综合成绩等级存在显著的正向影响。

表9.10 男性老乡对学生个体成绩排名的回归结果

项目	（1）	（2）	（3）	（4）	（5）
	位于本专业综合成绩排名				
k = 1	− 0.160 *** (0.054)				
k = 2		− 0.102 *** (0.035)			
k = 3			− 0.082 *** (0.026)		
k = 4				0.019 (0.027)	
k = 5					0.137 *** (0.024)
政治面貌	0.399 *** (0.009)	0.399 *** (0.009)	0.399 *** (0.009)	0.399 *** (0.009)	0.399 *** (0.009)
是否为贫困生	0.293 *** (0.012)	0.293 *** (0.012)	0.293 *** (0.012)	0.293 *** (0.012)	0.293 *** (0.012)
是否出生在市区	0.031 *** (0.009)	0.031 *** (0.009)	0.031 *** (0.009)	0.031 *** (0.009)	0.031 *** (0.009)
是否为师范生	− 0.134 ** (0.064)	− 0.131 ** (0.064)	− 0.134 ** (0.064)	− 0.135 ** (0.064)	− 0.127 ** (0.064)
父母的文化程度	0.011 ** (0.005)	0.011 ** (0.005)	0.011 ** (0.005)	0.011 ** (0.005)	0.011 ** (0.005)
父母及家庭背景的帮助	0.003 (0.003)	0.003 (0.003)	0.003 (0.003)	0.003 (0.003)	0.003 (0.003)

续表

项目	（1）	（2）	（3）	（4）	（5）
	位于本专业综合成绩排名				
省份	控制	控制	控制	控制	控制
学校	控制	控制	控制	控制	控制
专业	控制	控制	控制	控制	控制
参加社团类型	控制	控制	控制	控制	控制
第二学位辅修学科类别	控制	控制	控制	控制	控制
_cons	1.963 *** （0.298）	1.980 *** （0.298）	1.992 *** （0.307）	1.946 *** （0.300）	1.995 *** （0.298）
R^2	0.1035	0.1035	0.1035	0.1034	0.1037
N	90 179.000	90 179.000	90 179.000	90 179.000	90 179.000

注：k = i 表示学生个体的省级老乡分数等级为 i 的人数占全部老乡的百分比；括号中的数字为标准误；
*** 表示 $p < 0.01$，** 表示 $p < 0.1$；以上回归结果均为 robust 回归。

表 9.11　　　　　　　女性老乡对学生个体成绩排名的回归结果

项目	（1）	（2）	（3）	（4）	（5）
	位于本专业综合成绩排名				
k = 1	− 0.104 ** （0.049）				
k = 2		− 0.175 *** （0.034）			
k = 3			− 0.127 *** （0.025）		
k = 4				0.036 （0.024）	
k = 5					0.183 *** （0.023）
政治面貌	0.360 *** （0.009）	0.361 *** （0.009）	0.360 *** （0.009）	0.360 *** （0.009）	0.360 *** （0.009）
是否为贫困生	0.187 *** （0.011）	0.187 *** （0.011）	0.186 *** （0.011）	0.186 *** （0.011）	0.186 *** （0.011）
是否出生在市区	0.002 （0.008）	0.002 （0.008）	0.002 （0.008）	0.002 （0.008）	0.002 （0.008）
是否为师范生	− 0.099 *** （0.033）	− 0.098 *** （0.033）	− 0.099 *** （0.033）	− 0.100 *** （0.033）	− 0.096 *** （0.033）

续表

项目	(1)	(2)	(3)	(4)	(5)
	位于本专业综合成绩排名				
父母的文化程度	-0.016 ***	-0.016 ***	-0.016 ***	-0.016 ***	-0.016 ***
	(0.005)	(0.005)	(0.005)	(0.005)	(0.005)
父母及家庭背景的帮助	-0.007 **	-0.007 *	-0.007 *	-0.007 *	-0.006 *
	(0.003)	(0.003)	(0.003)	(0.003)	(0.003)
省份	控制	控制	控制	控制	控制
学校	控制	控制	控制	控制	控制
专业	控制	控制	控制	控制	控制
参加社团类型	控制	控制	控制	控制	控制
第二学位辅修学科类别	控制	控制	控制	控制	控制
_cons	2.255 ***	2.261 ***	2.303 ***	2.239 ***	2.211 ***
	(0.230)	(0.230)	(0.230)	(0.230)	(0.230)
R^2	0.102	0.102	0.102	0.102	0.102
N	89 409.000	89 409.000	89 409.000	89 409.000	89 409.000

注：$k=i$ 表示学生个体的省级老乡分数等级为 i 的人数占全部老乡的百分比；括号中的数字为标准误；*** 表示 $p < 0.01$，** 表示 $p < 0.05$，* 表示 $p < 0.1$；以上回归结果均为 robust 回归。

从老乡效应系数上看，男性学生个体老乡效应的系数呈现出逐渐增大的趋势，或者说当老乡分数等级分别为 1、2、3 时，对男性学生个体成绩的负向影响是逐渐递减的；当老乡分数等级分别为 4、5 时，对男性学生个体的成绩的正向影响是逐渐递增的。而女性学生个体老乡效应的系数先减小再逐渐增大的趋势，呈"U"型特征，或者说当老乡分数等级分别为 1、2、3 时，其对女性学生个体的成绩的负向影响是先减小再增大；当老乡分数等级分别为 4、5 时，其对女性学生个体的成绩的正向影响是逐渐递增的。这意味着男性更容易受学业成绩较差老乡的负向影响，而女性受学业成绩较好老乡的正向影响更显著。

在控制变量方面，父母文化程度对男性学生个体的学业成绩具有显著的正向影响，而对女性学生个体的学业成绩具有显著的负向影响。父母及家庭背景的帮助程度对男性学生个体的学业成绩的影响并不显著，而对学生个体的学业成绩具有显著的负向影响。

9.2.4.3　稳健性检验

为确保研究的可靠性，本书将省级层面老乡效应缩小为市级层面老乡效应。描述性分析，尤其要介绍成绩等级均值等。

表 9.12 显示，当市级老乡成绩等级分别为 2、3 时，市级老乡对学生个体综合成绩等级存在显著的负向影响；当市级老乡成绩等级为 5 时，老乡对学生个体综合成绩等级存在显著的正向影响，与上述表 9.11 中省级老乡效应对学生个体综合成绩等级影响的回归结果基本一致，进一步证实了老乡效应的存在。

表 9.12 稳健性检验

项目	(1)	(2)	(3)	(4)	(5)
	位于本专业学生个体综合成绩排名				
k = 1	− 0.026 (− 0.029)				
k = 2		− 0.083 *** (− 0.019)			
k = 3			− 0.069 *** (− 0.013)		
k = 4				0.016 (− 0.013)	
k = 5					0.090 *** (− 0.012)
性别	− 0.458 *** (− 0.008)	− 0.458 *** (− 0.008)	− 0.458 *** (− 0.008)	− 0.458 *** (− 0.008)	− 0.458 *** (− 0.008)
政治面貌	0.375 *** (− 0.007)	0.375 *** (− 0.007)	0.374 *** (− 0.007)	0.375 *** (− 0.007)	0.374 *** (− 0.007)
是否为贫困生	0.231 *** (− 0.009)	0.231 *** (− 0.009)	0.231 *** (− 0.009)	0.231 *** (− 0.009)	0.231 *** (− 0.009)
是否出生在市区	0.005 (− 0.007)	0.005 (− 0.007)	0.005 (− 0.007)	0.005 (− 0.007)	0.005 (− 0.007)
是否为师范生	− 0.092 *** (− 0.033)	− 0.089 *** (− 0.033)	− 0.091 *** (− 0.033)	− 0.091 *** (− 0.033)	− 0.089 *** (− 0.033)
父母的文化程度	0 (− 0.004)	0 (− 0.004)	0 (− 0.004)	0 (− 0.004)	0 (− 0.004)
父母及家庭背景的帮助	0 (− 0.003)	0 (− 0.003)	0 (− 0.003)	0 (− 0.003)	0 (− 0.003)
省份	控制	控制	控制	控制	控制
学校	控制	控制	控制	控制	控制
专业	控制	控制	控制	控制	控制
参加社团类型	控制	控制	控制	控制	控制

续表

项目	（1）	（2）	（3）	（4）	（5）
	位于本专业学生个体综合成绩排名				
第二学位辅修学科类别	控制	控制	控制	控制	控制
_cons	2.126*** （-0.342）	2.142*** （-0.343）	2.166*** （-0.363）	2.118*** （-0.347）	2.148*** （-0.342）
N	149 207	149 207	149 207	149 207	149 207
R²	0.102	0.102	0.102	0.102	0.102

注：k = i 表示学生个体的市级老乡分数等级为 i 的人数占全部同伴的百分比；括号中的数字为标准误；*** 表示 p < 0.01；以上回归结果均为 robust 回归。

与表9.11结果相比，市级老乡成绩数等级为1时，老乡的比例对学生个体学习成绩等级的影响系数并不显著，并且五个核心解释变量的系数均有所减小，这可能有两方面的原因：其一，学生个体的市级层面老乡人数远远小于省级层面老乡人数，因此产生的市级老乡效应小于省级老乡效应；其二，一个省的不同城市之间的语言、文化、生活方式、价值观念、宗教习俗、经济政策以及教育政策等方面相差不大，而各省之间的这些因素则具有较大差异，同样可能导致市级老乡效应小于省级老乡效应。

9.2.4.4　内生性检验

为了解决老乡效应对学生个体学业成绩影响中的影像问题，本书选取了省级老乡父母的平均文化程度作为工具变量。省级老乡父母的平均文化程度会影响老乡学业成绩，而不会对学生个体的学业成绩产生影响。

表9.13报告了使用工具变量的回归结果以及对工具变量有效性的检验结果。结果显示，第一阶段回归结果不显著，并且无法通过识别不足检验和弱工具变量检验，这可能是因为老乡分数等级为1的人数占全部老乡的比例太小所导致的。当学生个体的省级老乡分数等级分别为2、3、4、5时，老乡人数占全部老乡的百分比的第一阶段回归结果显著，并通过了识别不足检验和弱工具变量检验。第二阶段回归结果显示，学生个体的省级老乡分数等级为1的人数占全部老乡的百分比对学生个体学业成绩的影响并不显著。当学生个体的省级老乡分数等级分别为2、3时，老乡人数占全部老乡的百分比对学生个体学业成绩具有显著的负向影响；当学生个体的省级老乡分数等级分别为4、5时，老乡人数占全部老乡的百分比对学生个体学业成绩具有显著的正向影响。与表9.9中OLS回归结果相

比，当学生个体的省级老乡分数等级分别为4时，老乡效应对学生学业成绩的正向影响在10%的水平下变得显著。

表 9.13　　　　　　　　　　工具变量两阶段回归结果

项目		被解释变量				
	解释变量	位于本专业学生个体综合成绩排名				
第二阶段回归结果	k = 1	−48.83 (88.67)				
	k = 2		−2.552159* (1.3893)			
	k = 3			−1.957523* (1.067101)		
	k = 4				2.87871* (1.62722)	
	k = 5					1.736795* (0.942754)

项目		被解释变量				
	解释变量	k = 1	k = 2	k = 3	k = 4	k = 5
第一阶段回归结果	省级老乡父母的平均文化程度	0.0003 (0.00053)	0.0058*** (0.00079)	0.0076*** (0.00106)	−0.0052*** (0.00104)	−0.0086*** (0.00115)
识别不足检验	LM statistic	0.330	54.614	52.179	24.846	55.841
	p-val	0.566	0.000	0.000	0.000	0.000
弱工具变量检验	Cragg-Donald Wald F statistic	0.328	54.385	51.959	24.737	55.607
	Stock-Yogo bias critical values (15%)	8.96	8.96	8.96	8.96	8.96

注：$k = i$ 表示学生个体的省级老乡分数等级为 i 的人数占全部老乡的百分比；控制变量与 OLS 回归结果一致；*** 表示 $p < 0.01$，* 表示 $p < 0.1$，括号内数字为标准误。

9.2.5　进一步讨论

在表9.9～表9.12的回归结果中，当核心解释变量为学生个体省级老乡成绩等级为4占全部同伴的百分比时，该变量对学生个体学业成绩的影响均不显著，这可能的原因是样本中学生个体综合成绩排名位于本专业的均值为3.682，不能说明成绩等级为4的老乡不会对成绩等级接近该均值的学生个体产生影响。

为此，本书通过随机抽样，将样本中学生个体综合成绩等级由3.682调整为2.985，调整后的均值接近3。根据表9.14中调整平均值后的回归结果，学生个体的省级老乡分数等级为 4 的人数占全部老乡的百分比对学生个体学业成绩的影响由原来的不显著变为显著的正向影响，而学生个体的省级老乡分数等级为 3 的人数占全部老乡的百分比对学生个体学业成绩的影响由原来显著的负向影响变为不显著。因此，本书认为当学生个体的学业成绩与老乡学业成绩差距不大时，老乡效应对学生个体学业成绩产生的影响并不明显，只有当学生个体的学业成绩与老乡学业成绩差距较大时，老乡效应对学生个体学业成绩才能产生明显的影响效果。

表 9.14　　　　　　　　　　　　调整平均值后的回归结果

项目	（1）	（2）	（3）	（4）	（5）
	位于本专业学生个体综合成绩排名				
k = 1	− 0.056 * （0.032）				
k = 2		− 0.086 *** （0.022）			
k = 3			− 0.022 （0.017）		
k = 4				0.039 * （0.022）	
k = 5					0.097 *** （0.021）
性别	− 0.392 *** （0.009）	− 0.393 *** （0.009）	− 0.392 *** （0.009）	− 0.392 *** （0.009）	− 0.392 *** （0.009）
政治面貌	0.323 *** （0.010）	0.323 *** （0.010）	0.324 *** （0.010）	0.323 *** （0.010）	0.323 *** （0.010）
是否为贫困生	0.167 *** （0.011）	0.167 *** （0.011）	0.167 *** （0.011）	0.167 *** （0.011）	0.166 *** （0.011）
是否出生在市区	0.047 *** （0.008）	0.047 *** （0.008）	0.047 *** （0.008）	0.047 *** （0.008）	0.047 *** （0.008）
是否为师范生	− 0.084 ** （0.037）	− 0.082 ** （0.037）	− 0.085 ** （0.037）	− 0.084 ** （0.037）	− 0.081 ** （0.037）
父母的文化程度	0.002 （0.004）	0.002 （0.004）	0.002 （0.004）	0.002 （0.004）	0.002 （0.004）
父母及家庭背景的帮助	0.000 （0.003）	0.000 （0.003）	0.001 （0.003）	0.000 （0.003）	0.001 （0.003）
省份	控制	控制	控制	控制	控制

续表

项目	（1）	（2）	（3）	（4）	（5）
	位于本专业学生个体综合成绩排名				
学校	控制	控制	控制	控制	控制
专业	控制	控制	控制	控制	控制
参加社团类型	控制	控制	控制	控制	控制
第二学位辅修学科类别	控制	控制	控制	控制	控制
_cons	2.598 *** (0.114)	2.603 *** (0.114)	2.593 *** (0.114)	2.556 *** (0.114)	2.592 *** (0.114)
N	95 757.000	95 757.000	95 757.000	95 757.000	95 757.000

注：$k = i$ 表示学生个体的省级老乡分数等级为 i 的人数占全部老乡的百分比；括号中的数字为标准误；*** 表示 $p < 0.01$，** 表示 $p < 0.05$，* 表示 $p < 0.1$；以上回归结果均为 robust 回归。

第 10 章　城市吸引力

在当今知识经济时代，人才作为创新产生的重要因素之一，是一个城市保持竞争力和创造力的关键，是一切经济社会活动的基础（翟思涵等，2019；吕拉昌等，2016）。在制造业增长动能转换、人口红利逐渐消失、建设创新型国家和城市大背景下（王家庭等，2019；陆旸和蔡昉，2016；聂飞和刘海云，2019），全国多个城市先后掀起"抢人大战"，各城市陆续实施的人才和户籍新政，不仅吸引众多人才落户，提高了城市人口基数，同时也吸引了相当数量的大学生、高端人才（孙文浩和张益丰，2020）。

恒大研究院联合智联招聘在 2021 年发布的《中国城市人才吸引力排名》报告中指出，中国城市人才吸引力排名前十名中，京杭沪居前三，后七位分别是深圳、广州、南京、苏州、成都、宁波和长沙。报告中同时指出人才流动趋势为：长三角、珠三角人才集聚，京津冀人才流出，反映出"人随产业走、人往高处走"的逻辑，指出人口正持续向大城市及大都市圈集聚。而对参与人才争夺战的城市来说，如何使城市对人才的吸引力上升，让更多的人才来到本城市工作是重中之重。其中，深圳早在 2010 年 10 月就推出了"孔雀计划"，为推动高新技术、金融、物流和文化等支柱产业的发展，培育新能源、互联网、生物和新材料等战略性新兴产业提供人才支撑。深圳南山区大力实施"人才强区"战略，于 2016 年 12 月发布了《深圳市南山区人力资源事业发展"十三五"规划（2016－2020 年）》，实施了政府投入帮助就业、引进高端人才、政府公务人员管理、处理劳动纠纷等一系列推动吸引人才的措施。

基于以上内容，如何衡量一个城市人才吸引能力的大小？具有何种特点？城市人才吸引能力的影响因素有哪些？本书利用 2018 年中国中部某省高校毕业生就业行政数据，使用空间计量方法对我国城市人才吸引能力的大小、人才吸引能力的空间分布特征以及城市人才吸引能力的影响因素作出讨论，从而指导政策制定。

10.1 地区人才吸引研究述评

关于城市人才吸引能力问题的研究一直是国内外学者关注的热点，人才是具有高人力资本的人口，所以国外学者较早关注人口流动现象，莱文斯坦（Ravenstein）提出的"推拉理论"和刘易斯（Lewis）提出的"城乡二元经济理论模型"，都指出地区间经济发展水平是影响人口流动的重要因素。而对于教育制度、社会保障制度与医疗卫生制度等对人口流动的影响，梅贝尔（Mabel）和萨拉（Sara）通过对欧盟学生在 2011～2014 年间的国内和国外流动数据分析后发现，教育制度比地区的城市化水平、就业机会具有更强的人口吸引力。

而国外对于人才吸引能力研究最早的是莫布利（Mobley），他建立的 Mobley 模型对人才流动的影响因素进行了分析，使之成为人才吸引力影响模型理论的基础。之后，勒帕夫斯基等（Lepawsky et al.）研究加拿大某一城市中受过高等教育工人的吸引力影响因素后得出人才将会被那些提供更多就业机会和更好生活质量的地区所吸引的结论。

国内学者王运红等认为，城市经济环境、人才市场环境等是最具有影响的因素，他还通过排序来区分重要程度的大小。宋鸿和张培利得出城市和人才资源相辅相成的结论，他们主要从三个方面着手归纳出工作岗位宜居环境和发展机会的作用。在以城市为主体的研究方面，刘玉雅、李红艳等建立了地区生产总值、城市绿化率、教育投资占比等 15 个指标，指明地区吸引人才的基本要素包括经济、生态、环境和发展空间等。黄怡淳划分了 6 个主要方面，并且在这 6 项要素下又设立了 32 个评价指标。于飞等建立了 2 个一级指标、9 个二级指标及 22 个三级指标来评价京津冀的人才吸引力。再如，引进和留住人才一直是中国西部地区所面临的难题，陈利用人才吸引理论和人才流动理论探析了西部 12 省人才吸引力的影响因素。通过德尔菲法向专家询问，确定主要影响因素，建立了西部地区人才吸引力评估指标体系，使用 AHP 方法定量评估了西部某些省份的人才吸引力，并获得整体人才吸引力情况。接着还对这些省的整体人才吸引情况及各省内部人才吸引力指标进行了比较分析，这项研究为西部地区决策者和其他人才工作提供了一定的依据和参考。高子平基于制度环境、社会文化氛围和生活环境三个方面建立了上海市人才吸引力的评价指标体系，并根据上海城市吸引力的调查数据，运用层次分析法，深入分析影响上海人才吸引力的各种外部因素及其重要性，为"十二五"时期上海人才政策思路调整和工作重心转移提供了一定的理论依据。李乃文与李方正总结了人才吸引力影响因素，借助系统动力学建立了人才集聚载体与人才吸引力的互动关系模型，从而建立了由主体载体、服务载体、保障载体组成的人才集聚载体体系，并结合辽西北地区的具体情况进行模拟分析，从建设人才集聚载体的角度提出了增加辽西北地区人才吸引力的若干措施。张炜等深入全面地分析了当前一线城市人才吸引力的主要影响因素，构建出四维度整体分析框架，采用随机森林方法进行了异常点度量和特征变量选取，设计出一线城市人才吸引力影响因素的 Logistic 回归模型，对影响方式和影响程度进行深入的定量分析。该研究结果为中国一线城市探究人才吸引力的影响因素、发挥地区比较优势，从而进一步吸引人才提供了启示。综合来看，这些研究虽然意识到一个国家或地区的人才吸引力程度是多种因素共同作用的结果，但仍存在着定性分析偏多、定量分析偏少，并在分析内容上存在单一评价多、综合评价少等问题。此外，多数研究只针对某地某一年的人才吸引力现状作出解读，对于影响因素的动态变化情况缺乏分析。

　　对于人才吸引力水平模型，现在主要存在的问题是定性研究多、定量研究少。定量模型很少讨论变量的作用机理，大多进行因子分析、主成分分析或者盲目的函数回归，对变量之间的关系讨论不足，仅考察区域人口吸引力要素的独立影响效应，而没有考虑影响因素之间的综合性作用机制。而对于政策分析，基于主观评价及经验的研究较多，缺乏采用客观方法并对政策效力进行量化评价的研究。此外，现有研究成果多是对大量政策进行的综合评估，对特定政策的针对性研究不足，也无法对政策产生的影响作出预测。所以本书利用 2018 年中国中部某省高校毕业生就业行政数据，因为高校毕业生就业作为高等教育与产业间的重要知识交互方式（Schartinger et al.，2002），通过加快技术创新与模仿的速度推动地区全要素生产率的提高（黄燕萍等，2013），实现高校对于区域创新和经济增长的溢出效应（Abramovsky et al.，2007；Faggian and McCann，2009；Felicia，2009；Wei et al.，2016），利用空间计量方法对我国城市人才吸引能力的大小、人才吸引能力的空间分布特征以及城市人才吸引能力的影响因素作出讨论，从而指导政策制定。

10.2 基于 ESDA 的城市人才吸引能力空间分布研究

10.2.1 空间自相关分析

全局空间自相关分析是在给定要素和要素相关属性的情况下，基于 Moran's I 指数并使用 z 得分或 p 值显示统计显著性，如果 Moran's I 指数值为正则指示聚类趋势，如果 Moran's I 指数值为负则指示离散趋势。具体公式为：

$$I = \frac{n}{S_0} \frac{\sum\limits_{i=1}^{n} \sum\limits_{j=1}^{n} w_{i,j} z_i z_j}{\sum\limits_{i=0}^{n} z_i^2} \tag{10.1}$$

其中，z_i 是要素 i 的属性与其平均值（$x_i - X$）的偏差，$w_{i,j}$ 是要素 i 和 j 之间的空间权重，n 是要素总和，S_0 是所有空间权重的聚合，即：

$$S_0 = \sum\limits_{i=1}^{n} \sum\limits_{j=1}^{n} w_{i,j} \tag{10.2}$$

Moran's I 指数的值在 [−1, 1] 之间，如果数据值倾向于在空间上发生聚类，则 Moran's I 指数将为正；如果高值不与高值发生集聚，而倾向于与低值发生集聚，则该指数将为负；Moran's I 指数为 0 意味着研究对象的属性值在空间分布上相互独立，即零空间自相关。

相比于全局莫兰指数对研究对象总体空间关联性的衡量，局部莫兰指数（Anselin Local Moran's I）对研究对象中的每一个要素都记录相应值，并根据得到的指数、z 得分、p 值对具有统计显著性的高值或低值要素空间聚类和空间异常值进行识别。根据安丝林（Anselin）的定义，每个空间观测单元的局部莫兰指数值对具有相似属性的邻近地区集聚程度进行了度量，且这种相似性通过了空间统计分析中的显著性检验。具体公式为：

$$I_i = \frac{x_i - \overline{X}}{S_i^2} \sum\limits_{j=1, j \neq 1}^{n} w_{i,j} (x_j - \overline{X}) \tag{10.3}$$

其中，$w_{i,j}$ 是要素 i 和 j 之间的空间权重，n 是要素总和，则 S_i^2 为：

$$S_i^2 = \frac{\sum\limits_{j=1, j \neq 1}^{n} (x_j - \overline{X})}{n - 1} - \overline{X}^2 \tag{10.4}$$

局部莫兰指数中，正值 I 表示要素具有包含同样高或同样低的属性值的邻近要素，该要素是聚类的一部分；负值 I 表示要素具有包含不同值的邻近要素，该要素是异常值。

10.2.2　城市人才吸引能力空间分布的实际测度

10.2.2.1　城市人才吸引能力的确定

城市人才吸引能力难以统一量化，所以本身是一个抽象概念，本书参考《2021 中国城市人才吸引力排名》报告中的人才吸引力计算方法，以及参考聂晶鑫和刘和林（2018）、孔高文等（2017）的研究将城市人才吸引能力转换成为一个可进行量化和度量的概念。高校毕业生就业作为高等教育与产业间的重要知识交互方式（Schartinger et al.，2002），通过加快技术创新与模仿的速度推动地区全要素生产率的提高（黄燕萍等，2013），实现高校对于区域创新和经济增长的溢出效应（Abramovsky et al.，2007；Faggian and McCann，2009；Felicia，2009；Wei et al.，2016）。本书将城市对劳动力的吸引力解释为：假设有 n 个城市，每个城市 i 对应当年高校毕业生数为 S_i，每个城市 i 吸引其他城市 j（i≠j）的高校毕业生数是 M_j，则城市 i 的城市人才吸引能力可以表示为：

$$F(i) = \frac{M_j}{S_i} \qquad (10.5)$$

其中，F（i）表示城市 i 的城市人才吸引能力，S_i 表示城市 i 当年的高校毕业生的数量，M_j 表示城市 i 吸引除城市 i 以外的所有其他城市当年高校毕业生的数量。

10.2.2.2　城市人才吸引能力的空间分布特征

为了描述城市人才吸引能力的集中趋势以及空间位置关系，本书利用 GeoDa 软件作出 344 个城市人才吸引能力的空间七分位图。城市人才吸引能力的空间分布呈现出遵循一定的集聚规律：东南部沿海城市（东部沿海城市如上海、杭州、南京等，南部沿海城市如广州、厦门、东莞以及福州等）以及中部部分省会城市（如合肥、太原、武汉和长沙等）大多处于最高值分位，且相邻城市具有块状集聚的特点，如上海和江苏省的南京、连云港、南通、苏州和无锡以及浙江省的杭州、湖州、金华和宁波等；西部和东北地区城市人才吸引能力较弱，大多处于最低和次低分位，比如白银、武威、大庆、鸡西、信阳、漯河以及周口、阳泉、运城、达州、广安等，并且低分值城市也具有明显的块状集聚的特征，比如四川省的巴中、达州、广安、眉山、宜宾等，山西省的大同、临汾、忻州、运城等，河南省的漯河、信阳、周口，黑龙江省的佳木斯、鸡西、大庆、牡丹江等。

10.2.2.3 城市人才吸引能力的空间自相关分析

为了进一步探析这种集中趋势是否显著以及相邻城市的关联特征，利用 Geoda 对我国 344 个城市 2018 年的城市人才吸引能力进行全局空间自相关检验和局部空间自相关检验。

如前所述，基于 Global Moran's I 的全局空间自相关检验计算完成之后，获得了关于研究对象全部数据相关性的数值。表 10.1 给出了我国 344 个城市 2018 年城市人才吸引能力的 Moran's I、p 值和 z 值。通过表 10.1 可以看出，全局莫兰指数为正值且通过了 1% 的显著性检验，说明检验对象具有较高的空间正相关性，即随着空间分布位置（距离）的靠近，相关性也就越发显著，因此，可以拒绝城市人才吸引能力在空间上随机分布的原假设。

表 10.1   **城市人才吸引能力全局莫兰指数表**

年份	Global Moran's I	p 值	z 值
2018	0.368	0.001	13.669

全局莫兰指数给出了总体空间相关性，为了更清晰地说明每个城市人才吸引能力与周边城市的关系，通过绘制莫兰散点图揭示这一特征。落入第一象限（High-High）的城市表明该城市与周围城市的创新能力均较高，并且差异性小；落入第二象限（Low-High）的城市表明该城市创新能力较低，而周围城市创新能力较高，且存在较大差异；落入第三象限（Low-Low）的城市表明该城市与周围城市的创新能力均较低，差异性小；落入第四象限（High-Low）的城市表明该城市创新能力较高，但周围城市创新能力低，差异性大。具体如图 10.1 所示。

从图 10.1 可以看出，大部分城市位于第一象限和第三象限，说明这些城市的城市人才吸引能力在地理空间上有很高的正向相关性。第一象限的城市从区域角度来看大多属于东南部沿海城市及中部部分省会城市，第三象限的城市大多位于东北三省、山西省、安徽省、甘肃省、四川省等中西部地区城市，而落入第二象限和第四象限的城市较为分散。

莫兰散点图定性地描述了各个城市与其周围城市人才吸引能力的相关关系，每个城市落到相应象限中，但并不代表所有城市的空间集聚和异值特征具有统计显著性，为了深入研究城市创新能力的空间自相关性，采用 Anselin Local Moran I 对我国 344 个城市 2018 年城市人才吸引能力局部莫兰指数进行分析。

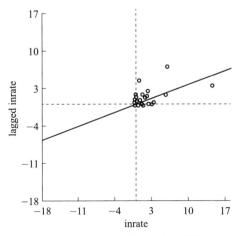

图 10.1 城市人才吸引能力莫兰散点

我国 2018 年 344 个城市人才吸引能力的局部自相关检验在 5% 的显著性水平下主要反映出两种集聚：一种为高值集聚（High-High），具体城市为上海、嘉兴、湖州、广州、深圳、珠海、东莞、惠州、江门、珠海。这些城市自身人才吸引能力高，同时其周围城市的人才吸引能力也较高，因此形成人才吸引能力较强的集聚区域。另一种为低值集聚（Low-Low），具体城市为朝阳、白城、辽源、黑河、鹤岗、兰州、平凉、赤峰、锡林郭勒、亳州、阜阳、漯河、驻马店、延安、榆林、巴中、绵阳、自贡。这些城市的人才吸引能力在全国处于较低水平，且周围城市人才吸引能力也不强，无法起到促进作用，因此成为我国城市人才吸引能力的低集聚区域。

通过局部空间自相关检验发现，我国城市人才吸引能力集聚发生在少数城市，尤其是高值集聚区域，仍然是东南部沿海城市群——长三角以及粤港澳部分城市群，说明这些地区在人才吸引能力方面联系较强，存在一定的溢出效应。值得注意的是，北京市人才吸引能力虽然较高，但并没有出现预期的北京市周围高值集聚现象，因为与北京相邻的城市如廊坊、保定、张家口等人才吸引能力低且与北京有较大差距，降低了这一区域高值集聚的显著性。

但是局部空间自相关分析中预期的（Low-High）清远、韶山以及南通的城市人才吸引能力也通过了 0.05 的显著性检验，说明这三个城市的人才吸引能力被较高的人才吸引能力所包围，是主要的人才输出地，同时（High-Low）大连以及沈阳也通过了 0.05 的显著性检验，说明大连以及沈阳被较低的人才吸引能力的城市所包围，是局部的人才聚集地。

综上所述，我国城市人才吸引能力较强的城市主要集中在东南部沿海等经济发展快速的区域，是主要的人才输入地，而西部和中部地区城市人才吸引能力偏低，是主要的人才输出地，且都有人才吸引能力集聚现象。

10.3　基于 CSDA 的城市人才吸引能力空间分布研究

10.3.1　空间计量模型探析

空间计量经济学模型在发展中由于实用性和科学性被应用于各个学科研究中，在这个过程中，研究者们提出了很多的模型。空间计量模型可以分为横截面的空间计量模型和面板空间计量模型。考虑到本书研究对象为横截面数据，因此，重点探讨空间滞后模型（SLM）和空间误差模型（SEM），这两个模型均可对空间异质性进行量化。

10.3.1.1　空间滞后模型

空间滞后模型的使用范围是通过估计分析来检验变量在一个地区是否存在知识溢出效应，其具体计算公式为：

$$y = a + \rho W_y + X\beta + \varepsilon \tag{10.6}$$

其中，y 表示因变量；α 表示常数项；ε 表示随机误差项；X 表示外生影响因素自变量；β 值表示自变量对因变量的影响表现；W 表示空间权重矩阵；W_y 为空间滞后的自变量，表示空间距离的影响程度；ρ 表示因变量空间滞后项的代估计参数。

10.3.1.2　空间误差模型

空间误差模型是通过扰动误差项中的空间依赖作用，从而体现研究对象之间的相互影响，其具体公式为：

$$y = \beta + X\beta + \varepsilon \tag{10.7}$$

$$\varepsilon = \lambda W_\_ \varepsilon + \mu \tag{10.8}$$

其中，y 表示因变量；α 表示常数项；ε 表示随机误差项；X 表示外生影响因素自变量；β 值表示自变量对因变量的影响表现；λ 表示空间自相关误差项的待估计系数，也被称为空间自相关系数，μ 表示误差项。

10.3.1.3　模型估计

在空间计量经济学建模研究的步骤中，先要从普通最小二乘法模型开始进行 OLS 回归之后得到残差，然后进行拉格朗日检验（LM test），得到 LM-Lag 和 LM-Error，对于模型的选择有以下三种结果：第一，如果这两个统计量不显著，则说明不适合使用空间计量模型进行估计，直接采用普通最小二乘法回归即可。第二，如果 LM-LAG 显著，则使用空间滞后模型；如果 LM-Error 显著，则使用空间误差模型。第三，如果两个统计量均显著，运用 Anselin 提出的稳健性拉格朗日检验（Robust LM-test）同样得到两个统计量 Robust LM-Lag 和 Robust LM-Error，若前者显著则使用空间滞后模型，若后者显著则使用空间误差模型。此外，赤池信息准则（AIC）、施瓦茨准则（SC）和对数似然值（LogL）也经常被用来作为检验标准，用以衡量空间滞后模型和空间误差模型哪个更适宜。根据 Anselin 的验证标准显示，AIC 和 SC 越小，LogL 越大，说明模型具有越好的拟合优度。

10.3.2　变量、数据选择与模型设定

10.3.2.1　变量选择与数据来源

本书利用中国中部某省 2018 年高校毕业生全部行政数据，包含毕业生生源地城市以及就业地城市相关信息，定义城市人才吸引能力 INRATE 为：

$$INRATE_i = \frac{M_i}{S_i} \tag{10.9}$$

其中，$INRATE_i$ 表示城市 i 的城市人才吸引能力，S_i 表示城市 i 当年的高校毕业生的数量，M_i 表示城市 i 吸引除城市 i 以外的所有其他城市当年高校毕业生的数量。

探究城市人才吸引能力可以从城市的收入水平、经济发展程度、基础设施建设、开放程度等多方面进行讨论。莱文斯坦（Ravenstein）提出的"推拉理论"和刘易斯（Lewis）提出的"城乡二元经济理论模型"都指出地区间经济发展水平是影响人口流动的重要因素，而人才是具有高人力资本的人口，影响人才流动的是收入水平，所以选择城市人均收入（SALARY）作为影响城市人才吸引能力的一个驱动因素。我国城市人才吸引能力在空间分布上表现为经济发达城市集聚现象，城市的经济发展水平是城市人才吸引能力的基础，所以用城市人均 GDP（PGDP）来表示城市经济发展程度指标。一个城市的人才吸引能力与其创新能力

密切相关，城市创新能力与其城市的发展密不可分，因此，选择城市专利授权数量（PATENT）作为城市创新程度指标。同时，本书认为一个地区的产业结构也会影响到城市的人才吸引能力，所以选择第三产业 GDP（THIRDGDP）占比以及第三产业从业人员占比（WORK）分别表示城市产业结构以及产业人员结构表示城市产业结构影响因素。外商实际投资金额是指外国投资者在我国境内采用共同进行相关项目的合作开发以及设立外国公司分支机构等方式进行投资，为了探究外商直接投资金额（INVESTMENT）在地理空间视角下对城市人才吸引能力的影响，本书选择将其纳入模型进行检验。综上所述，解释变量的相关信息如表 10.2 所示。

表 10.2   解释变量表

变量	变量	变量解释
INRATE	城市人才吸引能力	城市除本地生源的外地毕业生/本地生源地人数
SALARY	人均收入	人均收入的对数
PGDP	人均 GDP	人均 GDP 的对数
PATENT	专利授权数	专利授权数的对数
THIRDGDP	第三产业所占 GDP 的比重	第三产业所占 GDP 的比重的对数
WORK	第三产业从业人员所占比重	第三产业从业人员所占比重的对数
INVESTMENT	外商实际投资金额	外商实际投资金额的对数

实证分析中所用样本包括除港澳台地区之外我国 285 个地级及以上城市，各解释变量数据通过查阅当年经济和社会统计公报以及统计年鉴获得，其中，由于西藏地区各解释变量统计数据缺失，没有将其纳入统计分析。为使统计数据序列平稳，对解释变量中非比值数据取对数，对数据表中缺失的数据的对数参照 Jaffe 的做法以 -1 代替。

10.3.2.2 模型设定

本书在理论模型部分参考的是翟思涵等（2019）基于柯布－道格拉斯函数的模型，通过将发展前景、收入、环境指标作为解释变量得到的评价人才吸引力的非线性模型的一般形式为：

$$Ui = AX_{1_i}^{\beta_1} X_{2_i}^{\beta_2} X_{3_i}^{\beta_3} e^{u_i} \qquad (10.10)$$

本书通过对解释变量和被解释变量的转换得到：

$$INRATE_i = \beta_0 + \beta_1 SALARY_i + \beta_2 PGDP_i + \beta_3 PATENT_i + \beta_4 THIRDGDP_i$$

$$+ \beta_5 WORK_i + \beta_6 INVESTMEN_i + u_i \qquad (10.11)$$

其中，$INRATE_i$ 表示城市 i 的人才吸引能力，为被解释变量；SALARY、PGDP、PATENT、THIRDGDP、WORK、INVESTMENT 分别表示城市 i 的人均收入的对数、人均 GDP 的对数、专利授权数的对数、第三产业所占 GDP 的比重的对数、第三产业从业人员所占比重的对数、外商实际投资金额的对数，为解释变量；β_i 刻画了每个解释变量的偏好强度，是回归系数；u_i 表示随机误差。

10.3.3　空间统计分析

为了检验空间计量模型是否具有更好的拟合效果，首先进行普通最小二乘法（OLS）估计分析，得到回归结果如表 10.3 所示。

表 10.3　　　　　　　　　　普通最小二乘回归估计结果

自变量	系数	标准差	t 统计值	P 值
SALARY	1.58	0.40	4.01	0.000
PGDP	1.17	0.17	6.93	0.000
PATENT	0.44	0.06	6.93	0.000
THIRDGDP	-0.31	0.27	-1.12	0.261
WORK	1.04	0.42	2.45	0.015
INVESTMENT	-0.05	0.03	-1.34	0.180
Constant	-33.5	3.67	-9.14	0.000
R-squared	0.71			
LogL	-318.261			
AIC	650.5			
SC	675.25			

从表 10.3 中可以看出，回归模型整体在 1% 显著性水平下通过了 F 检验，R^2 为 0.71，具有较高的拟合优度。自变量中通过 1% 显著性水平检验的变量有 SALARY、PGDP、PATENT，通过 5% 显著性水平检验的有 WORK，但是 THIRDGDP 和 INVESTMENT 没有通过显著性检验。从回归结果的系数可以看出来，城市人均收入（SALARY）对城市人才吸引力具有最大的正向贡献作用，城市人均收入每增加 1%，城市人才吸引率约上升 1.58 个百分点。另外，城市人均 GDP（PGDP）也对城市人才吸引力具有显著影响水平，城市人均 GDP 每上升 1%，城市

人才吸引率（PGDP）会上升 1.17 个百分点，这说明城市对人才吸引力的大小不仅与这个城市的工资待遇有关，也与城市的经济发展水平密切相关。同时，城市的创新水平（PATENT）每上升 1%，城市人才吸引率会上升 0.44 个百分点，这说明城市人才吸引率与城市的创新程度也是密切相关的，即创新程度越强，越会吸引更多的人才来到这个城市。而城市第三产业从业人员占比（WORK）也会对城市人才吸引率产生正向影响，城市第三产业从业人员占比越高，城市人才吸引率也会越高，说明从业人员结构也会对城市人才吸引率产生影响。但是城市第三产业 GDP 占比（THIRDGDP）以及城市外商直接投资额（INVESTMENT）都没有通过显著性检验，猜想是否是由于没考虑地理区位的原因所致，可在空间计量模型中检验。

接着引入空间计量模型进行拉格朗日检验以及稳健性拉格朗日检验，结果如表 10.4 所示。

表 10.4 空间回归模型检验

空间自相关检验	MI/DF	统计值	P 值
Moran's I（error）	0.3205	7.81	0.000
Lagrange Multiplier（lag）	1	32.14	0.000
Robust LM（lag）	1	2.21	0.137
Lagrange Multiplier（error）	1	53.97	0.000
Robust LM（error）	1	24.03	0.000
Lagrange Multiplier（SARMA）	2	56.18	0.000

根据表 10.4 中的空间依赖性检验的数据可以发现，LM-Lag 和 LM-Error 均通过了 1% 水平下的显著性检验。根据前面提及的判别标准，当 LM-Lag 和 LM-Error 均通过显著性检验时，采用稳健性拉格朗日检验，读表发现 Robust LM-Error 通过了 1% 的显著性检验，而 Robust LM-Lag 没有通过检验，因此，对空间误差模型进行回归估计，并分析其回归结果，详细结果如表 10.5 所示。

表 10.5 空间误差模型回归估计结果

自变量	系数	标准差	t 值	P 值
SALARY	0.91	0.44	2.06	0.039
PGDP	1.24	0.16	7.32	0.000
PATENT	0.33	0.05	5.54	0.000

续表

自变量	系数	标准差	t 值	P 值
THIRDGDP	1.71	0.36	4.67	0.000
WORK	-0.19	0.25	-0.76	0.445
INVESTMENT	-0.014	0.03	-0.39	0.694
LAMBDA	0.456	0.06	6.59	0.000
Constant	-33.29	3.72	-8.94	0.000
R-squared	0.76			
LogL	-297.51			
AIC	609.02			
SC	633.75			
Breusch-Pagan test	12.58			0.05
Likelihood Ratio Test	41.49			0.000

根据表 10.5，可以得到如下结论：选择空间误差模型对城市人才吸引率影响因素进行回归分析要优于 OLS 模型，回归结果更加科学合理；整体上看，各个自变量的回归系数相较于 OLS 模型中的系数呈现下降趋势；空间误差模型中城市经济发展水平（PGDP）、城市创新程度（PATENT）以及城市 GDP 结构（THIRDGDP）均通过了 1% 的显著性检验，且都表现为正向影响；城市人均工资（SALARY）相对于 OLS 回归来说，系数以及显著性都下降了，但是也依然在 5% 水平上显著；城市第三产业从业人员占比（WORK）在空间滞后回归模型下的系数为负值，由 OLS 回归下的 1% 显著变成不显著了，另外，城市外商直接投资额（INVESTMENT）也依然没有经过显著性检验。

立足于人才是一个城市保持竞争力和创造力这一理论背景，从城市吸引高校毕业生角度出发，借鉴国内城市人才吸引力、地区吸引力等相关研究成果，同时结合我国城市人才吸引能力的总体集群特征，从地理空间角度探析我国城市人才吸引能力的空间分布与影响因素，主要得到以下研究结果。

第一，本书利用我国中部某省 2018 年高校毕业生就业行政数据（毕业生生源城市和就业城市相关数据）作出 344 个城市人才吸引能力的空间七分位图，其中，东部沿海城市以及部分中西部省会和次省会城市大多处于最高值分位，且相邻城市的人才吸引能力具有块状集聚的特征；部分西部和东北地区城市的人才吸引能力较弱，大多处于最低和次低分位。

第二，本书对我国 2018 中部某省高校毕业生就业行政数据中 344 个城市的人才吸引能力进行了基于全局莫兰指数和局部 LISA 值的空间自相关分析。结果显示，我国城市人才吸引能力指标的测量值在 1% 的显著性水平下通过检验，说明城市人才吸引能力具有显著的空间自相关性，即城市人才吸引能力强的城市彼此相邻、人才吸引能力弱的城市彼此相邻。高值集聚出现在"资深"城市群——长三角、珠三角，低值集聚大多位于我国西部以及东北部地区。从 Moran's 散点图中可以看出，大部分城市位于第一象限（H-H）和第三象限（L-L），说明这些城市的人才吸引能力在地理空间上有很高的正向相关性。第一象限的城市从区域角度来看大多属于京津冀、山东半岛、长三角和珠三角城市圈，第三象限的城市大多位于东北三省、山西、陕西、甘肃、四川等中西部地区，而落入第二象限（L-H）和第四象限（H-L）的城市较为分散。

第三，通过探索性数据分析方法可知，我国城市人才吸引能力具有显著的自相关性，这是在地理空间视角下对城市人才吸引能力影响因素建立模型分析的基础，通过比较经典回归模型 OLS 和空间计量模型得出，对于城市人才吸引能力影响因素的分析在空间模型中能够得到更好的估计，其准确性和科学性高。在拉格朗日检验和稳健性拉格朗日检验的基础上最终选择空间误差模型进行回归分析，结果表明，总体上城市人才吸引能力产生了明显的近邻空间溢出效应，对影响因素的分析表明，城市经济发展水平（PGDP）、城市创新程度（PATENT）、城市 GDP 结构（THIRDGDP）以及城市人均工资（SALARY）表现为对城市人才吸引能力具有正向影响。

参考文献

［1］敖山，丁小浩．基于性别差异的我国高校毕业生就业特征研究［J］．教育与经济，2011，(2)：1－7.

［2］鲍威，张倩．扩招后我国研究生入学选择的实证研究［J］．复旦教育论坛，2009，7 (5)：5－11.

［3］边燕杰，张文宏．经济体制、社会网络与职业流动［J］．中国社会科学，2001 (2)：77－89，206.

［4］蔡昉，都阳．迁移的双重动因及其政策含义——检验相对贫困假说［J］．中国人口科学，2002 (4)：3－9.

［5］蔡昉．人力资本的质量已至关重要［J］．中国人力资源社会保障，2015 (11)：12.

［6］曹立，王声啸．精准扶贫与乡村振兴衔接的理论逻辑与实践逻辑［J］．南京农业大学学报（社会科学版），2020，20 (4)：42－48.

［7］曾国华，吴培瑛，秦雪征．谁在子承父业？——高校毕业生职业代际传递性差异及成因［J］．劳动经济研究，2020，8 (3)：97－119.

［8］陈东，张郁杨．家庭背景会影响大学生的毕业去向吗？——基于机会不平等的视角［J］．南开经济研究，2019 (4)：167－187.

［9］陈芳妹，龙志和．相对贫困对农村劳动力迁移决策的影响研究——来自江西的经验分析［J］．南方经济，2006 (10)：62－68.

［10］陈恢忠．市场过渡期中国大城市居民职业地位获致中的先赋因素与自致因素［J］．管理世界，2005 (1)：70－76.

［11］陈少毅，陈晓宇．家庭背景对本科生学业成绩的影响会随年级改变吗——基于我国 85 所院校的实证研究［J］．国家教育行政学院学报，2018，

（11）：62 – 71.

[12] 陈晓东，张卫东．机会不平等如何影响技术效率——基于社会资本视角 [J]．当代财经，2018（5）：3 – 14.

[13] 陈钊，陆铭，佐藤宏．谁进入了高收入行业？——关系、户籍与生产率的作用 [J]．经济研究，2009，44（10）：121 – 132.

[14] 程诚．求同还是存异？——同质性视角下的学业成就研究 [J]．社会学研究，2021，36（1）：180 – 202，230.

[15] 程诚．同伴社会资本与学业成就——基于随机分配自然实验的案例分析 [J]．社会学研究，2017，32（6）：141 – 164，245.

[16] 迟景明，任祺．基于赫芬达尔 – 赫希曼指数的我国高校创新要素集聚度研究 [J]．大连理工大学学报（社会科学版），2016，37（4）：5 – 9.

[17] 楚永生，王云云，高颀．否定之否定：刘易斯模型与托达罗模型比较与改进——兼论中国农村劳动力转移的政策选择 [J]．南京审计大学学报，2019，16（5）：103 – 111.

[18] 褚翠翠，孙旭．中国职业代际流动的趋势及子代教育的作用 [J]．劳动经济研究，2019，7（2）：122 – 139.

[19] 崔彬．高校毕业生创业行为及其影响因素研究——基于扬州大学 947 名本科毕业生的调查 [J]．国家教育行政学院学报，2011（11）：76 – 80.

[20] 崔盛，吴秋翔．信号识别还是能力提升：高校学生干部就业影响机制研究 [J]．北京大学教育评论，2018，16（1）：138 – 158，19.

[21] 崔永涛．我国高等教育学科结构优化调整研究——基于产业结构调整的视角 [J]．教育发展研究，2015，35（17）：8 – 14.

[22] 邓峰，郭建如．人才竞争，跨省流动与高校毕业生就业——毕业生跨省流动的路径，空间分布与就业状况分析 [J]．国家教育行政学院学报，2020（7）：24 – [12] 33.

[23] 邓淑娟，戴家武，辛贤．家庭背景对大学生毕业去向的影响 [J]．中国农业大学学报（社会科学版），2012，29（3）：109 – 117.

[24] 迪帕，纳拉扬．谁倾听我们的声音 [M]．付岩梅，等译．北京：中国人民大学出版社，2001.

[25] 翟思涵，叶嘉程，袁临风，等．城市人才吸引力水平的量化评价

［J］. 数学建模及其应用，2019，8（2）：36－49，79.

［26］丁雪儿，周毕芬. 农民工职业流动的代际差异及影响因素分析——基于福州、厦门、泉州的调查数据［J］. 福建农林大学学报（哲学社会科学版），2017，20（2）：83－91.

［27］丁延庆，薛海平. 高中教育的一个生产函数研究［J］. 华中师范大学学报（人文社会科学版），2009，48（2）：122－128.

［28］丁颖，王存同. 流动与固化：我国代际职业地位传递分析［J］. 当代财经，2017（2）：3－11.

［29］董彩婷，陈媛媛. 青少年使用电子媒介的同伴效应——基于班级社交网络的视角［J］. 财经研究，2021，47（10）：125－139.

［30］董良. 教育、工作经验与家庭背景对居民收入的影响——对明瑟方程和"布劳—邓肯"模型的综合［J］. 中国社会科学院研究生院学报，2016（4）：103－109.

［31］都阳. 新冠病毒肺炎"大流行"下的劳动力市场反应与政策［J］. 劳动经济研究，2020，8（2）：3－21.

［32］豆小红，黄飞飞. "穷二代"大学生职业地位的代际流动与道德风险——基于湖南省的实证研究［J］. 中国青年研究，2010（12）：58－62.

［33］杜嫱. 谁家的孩子进入了"985"院校——关于优质高等教育机会分配的纵向研究［J］. 山东高等教育，2018，6（5）：54－65.

［34］杜育红，袁玉芝. 教育中的同伴效应研究述评：概念、模型与方法［J］. 教育经济评论，2016，1（3）：77－91.

［35］封世蓝，谭娅，黄楠，等. 户籍制度视角下的大学生专业与就业行业匹配度异质性研究——基于北京大学2008～2014届毕业生就业数据的分析［J］. 经济科学，2017（5）：113－128.

［36］冯晗. 基于关系网络的教育中同伴效应估计——来自一所初中的证据［J］. 教育与经济，2022，38（1）：49－59.

［37］付非. 家庭资本对毕业生就业地选择的影响研究［J］. 中国商论，2018（35）：167－168.

［38］高文娟，蒋承. 国内读研还是出国留学——家庭背景对本科生升学选择的影响及趋势分析［J］. 教育发展研究，2019，39（Z1）：45－53.

［39］高耀．人力资本与家庭资本对高校学生就业的影响［D］．南京：南京农业大学，2011．

［40］高永辉，温晶晶．城市少数民族人口的行业结构分析——以乌鲁木齐市为例［J］．中南民族大学学报（人文社会科学版），2017，37（3）：39－44．

［41］郭丛斌，丁小浩．职业代际效应的劳动力市场分割与教育的作用［J］．经济科学，2004（3）：74－82．

［42］郭丛斌，闵维方．教育与代际流动的关系研究——中国劳动力市场分割的视角［J］．高等教育研究，2011（9）：5．

［43］郭睿，周灵灵，苏亚琴，等．学历、专业错配与高校毕业生就业质量［J］．劳动经济研究，2019，7（2）：78－100．

［44］郭润萍，李树满，韩梦圆．大学生机会型创业意愿形成机理研究［J］．外国经济与管理，2021，43（3）：135－152．

［45］郭玉娟．疫情防控背景下高校毕业生就业工作的形势与创新［J］．中国高等教育，2020（Z2）：76－77．

［46］郭云飞，郑旭，舒超．人口自然增长率的聚类分析［J］．统计与管理，2016（5）：153－154．

［47］韩雷，陈华帅，刘长庚．"铁饭碗"可以代代相传吗？——中国体制内单位就业代际传递的实证研究［J］．经济学动态，2016（8）：61－70．

［48］郝雨霏，陈皆明，张顺．中国高校扩大招生规模对代际社会流动的影响［J］．西北大学学报（哲学社会科学版），2014，44（2）：122－129．

［49］何凡，张克中．个人禀赋、学业表现与教育不平等［J］．经济学（季刊），2021，21（5）：1731－1752．

［50］何微微，胡小平．非经济预期因素对农村劳动力转移的影响——托达罗模型的修正与实证检验［J］．农业技术经济，2017（4）：4－15．

［51］洪大用．扎根中国大地加快建设研究生教育强国［J］．学位与研究生教育，2019（3）：1－7．

［52］侯利明．教育系统的分流模式与教育不平等——基于 PISA 2015 数据的国际比较［J］．社会学研究，2020，35（6）：186－211，245－246．

［53］胡德鑫，王漫．高等教育学科结构与产业结构的协调性研究［J］．高教探索，2016（8）：42－48．

［54］黄宏伟，胡浩钰．人力资本投资与农村家庭收入流动性［J］．当代财经，2019（12）：17-26.

［55］黄晓波．职业流动的性别差异及其成因探究——以广西为例［J］．经济研究导刊，2010（9）：95-96.

［56］黄衍华，乔晓春．子女职业地位获得更依赖于父亲还是母亲？——来自1990年人口普查的历史证据［J］．人口与发展，2017，23（2）：40-50.

［57］黄燕萍，刘榆，吴一群，等．中国地区经济增长差异：基于分级教育的效应［J］．经济研究，2013，48（4）：94-105.

［58］贾洪波．央—地政府博弈、激励相容与流动人口社会保障制度协调机制［J］．城市发展研究，2020，27（6）：124-131，140.

［59］蒋慧峰．学科结构与产业结构的协调性评价与预测［J］．现代教育管理，2015（1）：100-103.

［60］解雨巷，解垩．教育流动、职业流动与阶层代际传递［J］．中国人口科学，2019（2）：40-52，126-127.

［61］靳振忠，王亮，严斌剑．高等教育获得的机会不平等：测度与分解［J］．经济评论，2018（4）：133-145.

［62］句华．助推理论与政府购买公共服务政策创新［J］．西南大学学报（社会科学版），2017，43（2）：74-80.

［63］孔高文，刘莎莎，孔东民．我们为何离开故乡？家庭社会资本，性别，能力与毕业生就业选择［J］．经济学（季刊），2017，16（2）：621-648.

［64］赖德胜，吉利．大学生择业取向的制度分析［J］．宏观经济研究，2003（7）：34-38.

［65］赖德胜，孟大虎，苏丽锋．替代还是互补——大学生就业中的人力资本和社会资本联合作用机制研究［J］．北京大学教育评论，2012，10（1）：13-31，187-188.

［66］雷云．供给侧改革视域下区域高等教育学科结构与产业结构的适切性研究［J］．黑龙江高教研究，2017（3）：68-71.

［67］李爱国，曾宪军．成长经历和社会支撑如何影响大学生的创业动机？——基于创业自我效能感的整合作用［J］．外国经济与管理，2018，40（4）：30-42.

[68] 李春玲. 高等教育扩张与教育机会不平等——高校扩招的平等化效应考查 [J]. 社会学研究, 2010, 25 (3): 82 - 113, 244.

[69] 李春玲. 各阶层的社会不公平感比较分析 [J]. 中国党政干部论坛, 2005 (9): 13 - 15.

[70] 李春玲. 疫情冲击下的大学生就业: 就业压力、心理压力与就业选择变化 [J]. 教育研究, 2020, 41 (7): 4 - 16.

[71] 李宏彬, 孟岭生, 施新政, 等. 父母的政治资本如何影响大学生在劳动力市场中的表现? ——基于中国高校应届毕业生就业调查的经验研究 [J]. 经济学 (季刊), 2012, 11 (3): 1011 - 1026.

[72] 李辉. 迈向党委统领的乡村善治: 中国乡村治理范式的新飞跃 [J]. 探索, 2021 (5): 92 - 102, 189.

[73] 李佳丽, 胡咏梅. "望子成龙" 何以实现? ——基于父母与子女教育期望异同的分析 [J]. 社会学研究, 2021, 36 (3): 204 - 224, 230.

[74] 李俊, 兰传海. 基于区位商的区域优势文化产业选择研究——以东北地区为例 [J]. 经济问题探索, 2012 (5): 41 - 44, 167.

[75] 李黎明, 张顺国. 影响高校大学生职业选择的因素分析——基于社会资本和人力资本的双重考察 [J]. 社会, 2008 (2): 162 - 180, 224.

[76] 李力行, 周广肃. 代际传递、社会流动性及其变化趋势——来自收入、职业、教育、政治身份的多角度分析 [J]. 浙江社会科学, 2014 (5): 11 - 22, 156.

[77] 李琳琳. "微时代" 背景下优秀传统文化融入大学生思想政治教育的路径探究 [J]. 黑龙江教育 (理论与实践), 2021 (2): 44 - 45.

[78] 李路路. 制度转型与分层结构的变迁——阶层相对关系模式的 "双重再生产" [J]. 中国社会科学, 2002 (6): 105 - 118, 206 - 207.

[79] 李璐, 杨钋. 影响本科生进入 985 院校读研的因素分析——以北京地区为例 [J]. 教育学术月刊, 2016 (1): 41 - 50.

[80] 李明磊, 王战军. 新时代一流专业建设应转向成效式评价 [J]. 江苏高教, 2020 (9): 20 - 23.

[81] 李瑞琴. 个人素质、家庭背景、社区状况与青年农民就业选择——基于 Multinomial Logit 模型的实证分析 [J]. 农村经济, 2014 (12): 105 - 109.

［82］李沙沙．大学生就业意向及影响因素分析［J］．黑龙江科学，2022，13（10）：156－158．

［83］李爽．义务教育的分化与阶层地位的再生产［D］．北京：北京工业大学，2011．

［84］李天舒，王广慧，封军丽，等．代际职业流动及代际教育流动——对中国城乡家庭的比较研究［J］．统计与管理，2017（5）：48－53．

［85］李晚莲．社会变迁与职业代际流动差异：社会分层的视角［J］．求索，2010（6）：62－64．

［86］李阳，林炜，严绮丽，等．大学生干部素质现状、分析与建议［J］．思想·理论·教育，2003（12）：49－52．

［87］李永刚，王海英．我国高校毕业生工作流动的特征及影响因素——基于全国高校毕业生调查数据的分析［J］．高等教育研究，2017，38（4）：25－34，90．

［88］李煜．制度变迁与教育不平等的产生机制——中国城市子女的教育获得（1966—2003）［J］．中国社会科学，2006（4）：97－109，207．

［89］李中建，袁璐璐．体制内就业的职业代际流动：家庭背景与学历［J］．南方经济，2019（9）：69－83．

［90］李忠路，邱泽奇．家庭背景如何影响儿童学业成就？——义务教育阶段家庭社会经济地位影响差异分析［J］．社会学研究，2016，31（4）：121－144，244－245．

［91］梁霄羽．社会资本与代际职业流动的实证研究［D］．南宁：广西大学，2018．

［92］廖祥忠，谭笑．"一流专业"群：争创"双一流"的核心竞争力［J］．中国高等教育，2018（9）：43－45．

［93］林健．一流本科教育：认识问题，基本特征和建设路径［J］．清华大学教育研究，2019，40（1）：22－30．

［94］刘畅．基于产业发展的高校学科结构优化设计［J］．中国高教研究，2011（8）：46－49．

［95］刘非非，梁岩．中国居民职业代际继承效应的实证分析［J］．统计与决策，2014（10）：102－104．

［96］刘海宁，刘畅，方园．高校工科毕业生创业驱动影响因素研究：基于定性比较分析的方法［J］．现代教育管理，2021（3）：36－43.

［97］刘红晓．广西居民职业地位代际流动的研究［D］．南宁：广西大学，2014.

［98］刘焕，秦鹏．脱贫攻坚与乡村振兴的有机衔接：逻辑、现状和对策［J］．中国行政管理，2020（1）：155－157.

［99］刘林，张勇．科技创新投入与区域经济增长的溢出效应分析［J］．华东经济管理，2019，33（1）：62－66.

［100］刘新民，张亚男，范柳．创业认知、创业教育对创业行为倾向的影响——基于CSM的实证研究［J］．软科学，2020，34（9）：128－133.

［101］刘旭杰．对影响高校毕业生职业生涯工作流动因素的实证研究［J］．河北学刊，2013（5）：121－124.

［102］刘彦林，马莉萍．体制内工作的代际传递及机制研究——基于全国高校毕业生就业调查数据［J］．教育与经济，2018（5）：40－47.

［103］刘艳艳，朱梅红．中国城乡及年代间职业分布的代际差异与流动性的比较研究——基于CHARLS2013数据［J］．教育现代化，2017，4（5）：165－167.

［104］刘晏男，张家旗，韩春旭，等．大学生就业意愿影响因素分析［J］．合作经济与科技，2021（5）：110－112.

［105］刘一伟．职业流动、人力资本对流动人口收入影响及其代际差异［J］．西北人口，2016，37（2）：29－34.

［106］刘迎辉．基于区位熵理论的陕西省乡村旅游集聚度研究［J］．中国农业资源与区划，2020，41（4）：203－208.

［107］刘志国，James Ma.劳动力市场的部门分割与体制内就业优势研究［J］．中国人口科学，2016（4）：85－95，128.

［108］刘志国，范亚静．教育的代际流动性影响因素分析［J］．教育科学，2013，29（1）：1－5.

［109］刘志龙．农村教育与代际收入流动性传导机制研究［J］．东北财经大学学报，2014（5）：56－63.

［110］卢盛峰，陈思霞，张东杰．教育机会、人力资本积累与代际职业流动——基于岳父母/女婿配对数据的实证分析［J］．经济学动态，2015（2）：

19 – 32.

[111] 卢现祥，尹玉琳．代际职业流动的制度分析［J］．广东社会科学，2018（3）：185 – 198，256.

[112] 芦千文．"十四五"时期农业农村优先发展的重要意义、主要任务和措施选择——"十四五"规划与农业农村优先发展研讨会暨第十五届全国社科农经协作网络大会会议综述［J］．中国农村经济，2020（1）：132 – 143.

[113] 陆学艺．研究社会流动的意义［J］．中国党政干部论坛，2004（8）：20 – 22.

[114] 罗必良，洪炜杰，耿鹏鹏，等．赋权、强能、包容：在相对贫困治理中增进农民幸福感［J］．管理世界，2021，37（10）：166 – 181，240，182.

[115] 吕姝仪，赵忠．高校扩招、职业代际流动与性别差异［J］．劳动经济研究，2015，3（4）：52 – 69.

[116] 马传松，朱挢．阶层固化、社会流动与社会稳定［J］．重庆社会科学，2012（1）：35 – 39.

[117] 马莉萍，黄依梵．"近朱者赤"还是"排他性竞争"——精英大学学生学业发展的室友同伴效应研究［J］．北京大学教育评论，2021，19（2）：41 – 63，189.

[118] 马莉萍，潘昆峰．留还是流？——高校毕业生就业地选择与生源地，院校地关系的实证研究［J］．清华大学教育研究，2013，34（5）：118 – 124.

[119] 马莉萍．流动与工作匹配［J］．复旦教育论坛，2015，13（2）：73 – 79.

[120] 马颖，朱红艳．地区收入差距、剩余劳动力流动与中西部城镇化战略——基于中国区域发展的经验对托达罗 – 菲尔茨模型的扩展［J］．福建论坛（人文社会科学版），2007（3）：10 – 15.

[121] 马永霞，张雪．先赋还是后致：什么在影响大学生就业能力？［J］．教育经济评论，2019，4（1）：74 – 97.

[122] 孟令奎．论硕士生专业实践与就业实习［J］．研究生教育研究，2018（2）：54 – 59.

[123] 莫艳清．改革开放以来居民代际间职业地位流动性分析——基于浙江省居民社会流动问卷调查数据［J］．浙江树人大学学报（人文社会科学），2017，17（3）：60 – 67.

［124］缪子梅．高等教育场域中社会流动和阶层固化的社会学思考［J］．黑龙江高教研究，2015（11）：14-16.

［125］倪春梅，盛凤军．对当前教育机会不平等现象的思考［J］．职教论坛，2004（17）：7-8.

［126］宁德鹏，葛宝山．创业教育对创业行为的影响机理研究［J］．中国高等教育，2017（10）：55-57.

［127］宁可，朱哲毅，朱臻．青少年网络成瘾的同伴效应与家庭调节效应［J］．世界经济文汇，2021（5）：67-85..

［128］浦小松．STEM 兴趣，家庭背景与学习成绩——基于全国 14418 名中学生的无序多分类 Logit 模型分析［J］．基础教育，2020，17（5）：72-88.

［129］乔学斌，赵丁海．高校毕业生就业学科结构与产业结构的相关性研究——基于江苏省的数据［J］．高教探索，2013（2）：140-144.

［130］秦晓岚．城乡受高等教育者职业代际流动比较研究［D］．湖北：华中师范大学，2019.

［131］曲海慧，冯珺．经济新常态背景下我国自主创业的意义、现状和对策研究［J］．学习论坛，2019（8）：48-55.

［132］阮草．父母职业类型对大学生就业表现的影响研究——基于 2017 年全国高校毕业生就业状况调查数据［J］．江西财经大学学报，2019（6）：16-25.

［133］邵挺，王瑞民，王微．中国社会流动性的测度和影响机制——基于高校毕业生就业数据的实证研究［J］．管理世界，2017（2）：24-29.

［134］沈红，张青根．我国个人教育收益中文凭效应的计量分析［J］．教育与经济，2015（1）：29-36.

［135］盛玉雪，赵晶晶，蒋承．我国高校毕业生跨省就业流动的空间相关性研究［J］．北京大学教育评论，2018（1）：159-178，192.

［136］时昱．当代中国大学生创业意愿与创业实践——基于全国 12 所高校调查数据的经验发现［J］．青年研究，2017（3）：1-11，94.

［137］孙凤．职业代际流动的对数线性模型［J］．统计研究，2006（7）：61-65.

［138］孙颖．大学生就业意向：问题与原因［D］．大连：东北财经大学，2011.

［139］谭远发.父母政治资本如何影响子女工资溢价："拼爹"还是"拼搏"？［J］.管理世界，2015（3）：22-33.

［140］唐红祥.交通基础设施视角下西部地区制造业集聚的区位熵分析［J］.管理世界，2017（6）：178-179.

［141］唐小玲.应用型经管类大学生就业能力调查分析［D］.衡阳：南华大学，2014.

［142］童星.谁在大学担任学生干部？——大学生担任学生干部的影响因素研究［J］.高等理科教育，2018（6）：94-101.

［143］汪雅霜，矫怡程.高等教育入学机会质量获得影响因素研究［J］.江苏高教，2016（3）：31-35..

［144］汪燕敏，金静.我国教育对代际收入流动的影响——基于代际数据的观察［J］.管理现代化，2013（3）：123-125.

［145］王超恩，符平.农民工的职业流动及其影响因素——基于职业分层与代际差异视角的考察［J］.人口与经济，2013（5）：89-97.

［146］王春光.中国职业流动中的社会不平等问题研究［J］.中国人口科学，2003（2）：27-36.

［147］王军，柯文进，孙珊珊，等.2022冬奥会背景下北京体育及相关产业集聚研究——基于区位熵及空间基尼系数方法［J］.地域研究与开发，2019，38（3）：23-26.

［148］王凯，胡赤弟."双一流"建设背景下创新人才培养绩效影响机制的实证分析——以学科—专业—产业链为视角［J］.教育研究，2019，40（2）：85-93.

［149］王丽萍，曾祥龙.农业高校大学生农村就业意愿研究［J］.高教探索，2021（6）：121-128.

［150］王守法，王云霞.高等教育与区域经济发展关系的理论探讨［J］.北京工商大学学报（社会科学版），2006（3）：89-92.

［151］王婷，苏兆霖.中国特色社会主义共同富裕理论：演进脉络与发展创新［J］.政治经济学评论，2021，12（6）：19-44.

［152］王文龙.反向留守、逆城市化与中国新型城镇化［J］.中州学刊，2014（1）：35-39.

[153] 王心焕，薄赋徭，雷家骕．创业教育对大学生创业意向的影响研究——兼对本科生与高职生的比较 [J]．清华大学教育研究，2016，37（5）：116－124.

[154] 王学龙，袁易明．中国能否跨越中等收入陷阱——制度公平和人力资本的视角 [J]．经济评论，2015（6）：3－16.

[155] 王子成，杨伟国．就业匹配对大学生就业质量的影响效应 [J]．教育与经济，2014（3）：44－52，57.

[156] 尉建文．父母的社会地位与社会资本——家庭因素对大学生就业意愿的影响 [J]．青年研究，2009，（2）：11－17，94.

[157] 魏月皎，葛深渭．相对贫困理论及其治理对策的研究进展 [J]．贵州师范大学学报（社会科学版），2020（3）：76－86.

[158] 文东茅．家庭背景对我国高等教育机会及毕业生就业的影响 [J]．北京大学教育评论，2005（3）：58－63.

[159] 文琦，郑殿元．西北贫困地区乡村类型识别与振兴途径研究 [J]．地理研究，2019，38（3）：509－521.

[160] 吴雯雯，曾国华．高等教育学科结构与产业结构适配问题——以江西省为例 [J]．教育学术月刊，2015（5）：37－45.

[161] 吴雯雯，曾国华．欠发达地区高校毕业生跨省就业流动总体特征与群体差异 [J]．新余学院学报，2019，24（5）：133－139.

[162] 吴晓波，张超群，王莹．社会网络、创业效能感与创业意向的关系研究 [J]．科研管理，2014，35（2）：104－110.

[163] 吴晓刚．中国的户籍制度与代际职业流动 [J]．社会学研究，2007（6）：38－65，242－243.

[164] 夏春秋．高校毕业生"慢就业"现象透视及其引导策略 [J]．和田师范专科学校学报，2021，40（5）：62－67.

[165] 夏怡然，陆铭．跨越世纪的城市人力资本足迹——历史遗产、政策冲击和劳动力流动 [J]．经济研究，2019，54（1）：132－149.

[166] 向辉，雷家骕．大学生创业教育对其创业意向的影响研究 [J]．清华大学教育研究，2014，35（2）：120－124.

[167] 肖如恩，程样国．谁进入了学生会——家庭背景、个人特征与担任学

生干部机会的关系研究 [J]. 教育学术月刊, 2016 (6): 78-83.

[168] 辛斐斐, 范跃进. "双一流" 建设背景下高校人才流动失序的反思及矫治 [J]. 高教探索, 2017 (10): 25-29.

[169] 邢春冰. 中国农村非农就业机会的代际流动 [J]. 经济研究, 2006 (9): 103-116.

[170] 熊建练, 吴茜, 任英华. 文化产业空间集聚特征与动态规律的实证分析 [J]. 统计与决策, 2016 (19): 84-88.

[171] 熊艳艳, 刘震, 周承川. 初始禀赋、资源配置、教育扩展与教育公平——关于教育不平等影响因素实证研究的述评 [J]. 清华大学教育研究, 2014, 35 (3): 96-103.

[172] 徐银凤, 汪德根. 中国城市空间结构的高铁效应研究进展与展望 [J]. 地理科学进展, 2018, 37 (9): 1216-1230.

[173] 徐振. 乡村振兴战略背景下大学生农村就业意愿研究 [J]. 农业经济, 2022 (4): 125-126.

[174] 许春东, 黄崴. 产业结构调整背景下广东高校学科设置优化 [J]. 高教探索, 2016 (5): 44-49+68.

[175] 许申. 高职与本科毕业生的职业代际流动比较分析 [J]. 教育学术月刊, 2011 (1): 36-40.

[176] 许祥云, 张茜. 从本科与研究生教育共存度看一流本科专业建设——基于 2018 年卡内基高校分类数据的研究 [J]. 中国高教研究, 2020 (7): 40-46.

[177] 薛凯. 职业的代际流动及其影响因素的研究 [D]. 杭州: 浙江工商大学, 2015.

[178] 严善平. 大城市社会流动的实态与机制——来自天津市居民问卷调查的实证分析 [J]. 中国社会科学, 2000 (3): 104-114, 205.

[179] 阳义南, 连玉君. 中国社会代际流动性的动态解析——CGSS 与 CLDS 混合横截面数据的经验证据 [J]. 管理世界, 2015 (4): 79-91.

[180] 杨宝琰, 万明钢. 父亲受教育程度和经济资本如何影响学业成绩——基于中介效应和调节效应的分析 [J]. 北京大学教育评论, 2015, 13 (2): 127-145, 192.

[181] 杨娟, Sylvie Démurger, 李实. 中国城镇不同所有制企业职工收入差

距的变化趋势［J］．经济学（季刊），2012，11（1）：289 - 308.

［182］杨莉．同伴对初中生学业成绩的异质性影响——基于 CEPS 数据的实证研究［J］．教育与经济，2021，37（4）：38 - 47.

［183］杨林，陈书全，韩科技．新常态下高等教育学科专业结构与产业结构优化的协调性分析［J］．教育发展研究，2015，35（21）：45 - 51.

［184］杨岭，毕宪顺，赵光锋．新旧动能转换背景下地方"双一流"建设大学社会责任实现的机制研究［J］．江苏高教，2020（7）：79 - 84.

［185］杨频萍，汪霞．"双一流"建设背景下我国学科专业评价创新研究［J］．高校教育管理，2018，12（6）：65 - 73.

［186］杨小忠，罗乐．城市人力资本空间分层：异质性公共服务视角［J］．当代财经，2021（2）：3 - 14.

［187］姚静．比较与借鉴：闽台高等教育学科专业结构与产业结构匹配度研究［J］．黑龙江高教研究，2017（6）：48 - 52.

［188］尹秀．代际收入流动的职业传递效应分析［D］．济南：山东财经大学，2016.

［189］尹志超，甘犁．公共部门和非公共部门工资差异的实证研究［J］．经济研究，2009，44（4）：129 - 140.

［190］于澄清，李小玲．就业竞争力对大学生跨区域流动的影响研究［J］．现代商业，2019（25）：188 - 190.

［191］于菲，邱文琪，岳昌君．我国研究生就业状况实证研究［J］．学位与研究生教育，2019（6）：32 - 38.

［192］余秀兰，韩燕．寒门如何出"贵子"——基于文化资本视角的阶层突破［J］．高等教育研究，2018，39（2）：8 - 16.

［193］袁彬悠，吕红波．波士顿矩阵应用扩展研究［J］．经营与管理，2012（6）：85 - 89.

［194］岳昌君，白一平 .2017 年全国高校毕业生就业状况实证研究［J］．华东师范大学学报（教育科学版），2018，36（5）：20 - 32，165 - 166.

［195］岳昌君，程飞．人力资本及社会资本对高校毕业生求职途径的影响分析［J］．中国高教研究，2013（10）：21 - 27.

［196］岳昌君，李欣．高校毕业生跨省流动的特征分析［J］．教育与经济，

2016（4）：11-20.

［197］岳昌君，邱文琪．高校毕业生城际流动的特征分析［J］．北京大学教育评论，2019，17（3）：88-104，189-190.

［198］岳昌君，邱文琪．高校毕业生就业的学科差异研究［J］．西北工业大学学报（社会科学版），2019（1）：31-39.

［199］岳昌君，邱文琪．规模扩大与优质高等教育入学机会均等化［J］．高等教育研究，2020，41（8）：22-34.

［200］岳昌君，杨中超．我国高校毕业生的就业结果及其影响因素研究——基于2011年全国高校抽样调查数据的实证分析［J］．高等教育研究，2012，33（4）：35-44.

［201］岳昌君．毕业生就业难的影响因素与趋势分析［J］．中国高等教育，2013（Z2）：25-28.

［202］岳昌君．大学生跨省流动的特点及影响因素分析［J］．复旦教育论坛，2011，9（2）：57-62.

［203］岳昌君．高校毕业生就业状况的城乡差异研究［J］．清华大学教育研究，2018，39（2）：92-101.

［204］岳昌君．高校毕业生跨省流动的性别比较［J］．教育与经济，2014（1）：31-39.

［205］岳昌君．中国高校毕业生就业满意度的影响因素分析［J］．北京大学教育评论，2013，11（2）：84-96，189.

［206］张宝生，戴思琦．大学生创业意向的影响因素及提升措施分析［J］．黑龙江教师发展学院学报，2021，40（2）：4-6.

［207］张国诚．我国城镇居民代际职业继承与流动［D］．湘潭：湘潭大学，2019.

［208］张剑宇，谷雨．东北地区高学历人口流失及原因——基于吉林大学2013-2017年毕业生就业数据的分析［J］．人口学刊，2018，40（5）：55-65.

［209］张杰飞．托达罗模型的修正与"民工荒"现象分析［J］．企业经济，2008（7）：122-124.

［210］张锦华．教育溢出，教育贫困与教育补偿——外部性视角下弱势家庭和弱势地区的教育补偿机制研究［J］．教育研究，2008（7）：21-25.

［211］张抗私，周晓蒙．大学毕业生就业的省际流动特征及其影响因素［J］．人口与经济，2018（1）：69 – 78.

［212］张抗私．大学毕业生就业的省际流动特征及其影响因素［J］．人口与经济，2018（1）．

［213］张丽，吕康银，王文静．人力资本积累对青年劳动者职业选择的影响——基于劳动力市场新形态的考察［J］．税务与经济，2018（4）：40 – 46.

［214］张明皓，叶敬忠．脱贫攻坚与乡村振兴有效衔接的机制构建和政策体系研究［J］．经济学家，2021（10）：110 – 118.

［215］张瑞玲．农村居民代际职业流动影响因素分析——基于河南省蔡寨村的调查［J］．江西农业大学学报（社会科学版），2010，9（2）：36 – 41.

［216］张晞，顾永安，张根华．地方应用型高校一流本科专业推进策略——基于江苏20所高校特色专业建设的调研［J］．中国高校科技，2019（11）：58 – 61.

［217］张翼．中国人社会地位的获得——阶级继承和代内流动［J］．社会学研究，2004（4）：76 – 90.

［218］张永丽，徐腊梅．中国农村贫困性质的转变及2020年后反贫困政策方向［J］．西北师大学报（社会科学版），2019，56（5）：129 – 136.

［219］张优良，刘腾飞．大学生能力发展与就业部门选择的实证研究——基于首都高校大学生发展状况的调查［J］．国家教育行政学院学报，2016（7）：77 – 84.

［220］张宗益，周勇，卢顺霞，等．西部地区农村外出劳动力回流：动因及其对策［J］．统计研究，2007（12）：9 – 15.

［221］赵晶晶，盛玉雪，蒋承．区域差距、就业选择与人力资本流动——基于高校毕业生的实证研究［J］．人口与发展，2016（1）：28 – 37.

［222］赵晶晶，盛玉雪．产业转型升级背景下的我国高校毕业生失业特征研究［J］．中国高教研究，2016（11）：28 – 32.

［223］赵晶晶．我国高校毕业生就业流动研究——基于空间流动网络的视角［J］．教育发展研究，2016，36（3）：45 – 51.

［224］赵秀丽，马早明．创业环境与创业意向的关系：一个有调节的中介模型［J］．高教探索，2020（11）：106 – 112.

［225］郑庆华．通识教育与专业教育融合发展：新时代中国特色一流本科人

才培养路径探索［J］. 中国大学教学，2018（10）：9－14.

［226］钟水映，李春香. 乡城人口流动的理论解释：农村人口退出视角——托达罗模型的再修正［J］. 人口研究，2015，39（6）：13－21.

［227］周力，邵俊杰. 非农就业与缓解相对贫困——基于主客观标准的二维视角［J］. 南京农业大学学报（社会科学版），2020，20（4）：121－132.

［228］周力，沈坤荣. 相对贫困与主观幸福感［J］. 农业经济问题，2021（11）：102－114.

［229］周丽萍，岳昌君. 从入口到出口：家庭背景对高等教育公平的影响——来自2017年全国高校毕业生就业调查的证据［J］. 江苏高教，2019（8）：47－58.

［230］周涛，刘继生. 吉林省农产品加工产业集群布局和发展模式研究［J］. 地理科学，2013，33（7）：815－823.

［231］周晓辉，刘莹莹，彭留英. 数字经济发展与绿色全要素生产率提高［J］. 上海经济研究，2021（12）：51－63.

［232］周兴，张鹏. 代际间的职业流动与收入流动——来自中国城乡家庭的经验研究［J］. 经济学（季刊），2015，14（1）：351－372.

［233］周玉. 社会网络资本与干部职业地位获得［J］. 社会，2006（1）：83－97＋207－208.

［234］朱晨. 职业代际继承与流动：基于中国人口普查数据的实证分析［J］. 劳动经济研究，2017（6）：87－106.

［235］朱菲菲，丁小浩. "双习"投入对高校毕业生起薪的影响研究［J］. 教育发展研究，2018，38（21）：40－47.

［236］朱红，凯伦·阿诺德，陈永利. 制度的基石、保障与功能——中美大学生实习比较及对就业的启示［J］. 北京大学教育评论，2012，10（1）：107－123，190.

［237］朱新卓，石俊华，董智慧. 家庭背景对大学生担任学生会干部的影响［J］. 高等教育研究，2013，34（4）：67－74.

［238］朱云章. 城乡劳动力流动对收入差距变化的影响——机理分析与实证检验［J］. 华东经济管理，2010，24（11）：40－44.

［239］祝建华. 贫困代际传递过程中的教育因素分析［J］. 教育发展研究，

2016，36（3）：36－44

[240] 祝军，李家华. 精准服务助力大学生就业 [J]. 中国高等教育，2020
（7）：48－49.

[241] 祝军，岳昌君. 家庭背景、人力资本对高校毕业生自主创业行为的影响关系研究——基于 2017 年高校毕业生就业状况调查的实证分析 [J]. 中国青年研究，2019（1）：107－113.

[242] 卓玛草，孔祥利. 农民工代际职业流动：代际差异与代际传递的双重嵌套 [J]. 财经科学，2016（6）：84－96.

[243] 邹薇，马占利. 家庭背景、代际传递与教育不平等 [J]. 中国工业经济，2019（2）：80－98.

[244] Abramovsky L，Harrison R，Simpson H. University Research and the Location of Business R&D [J]. The Economic Journal，2007，117（519）：c114－c141.

[245] Afridi F，Li S X，Ren Y. Social Identity and Inequality：The Impact of China's Hukou System [J]. Journal of Public Economics，2012，123（3）：17－29.

[246] Allen，Jim & Rolf van der Velden. Educational Mismatches versus Skill Mismatches：Effects on Wages，Job Satisfaction，and On-the-Job Search [J]. Oxford Economic Papers，2001，53（3）：434－452.

[247] Alvesson，Jorgen，London I R，et al. Ajzen，I. . The Theory of Planned behavior. Organizational Behavior and Human Decision Processes [J]. 1991，50（2）：179－211.

[248] Ambad S N A，Damit D H D A. Determinants of Entrepreneurial Intention among Undergraduate Students in Malaysia [J]. Procedia Economics and Finance，2016，37：108－114.

[249] Anderberg，D. & F. Andersson，Stratification，Social Networks in the Labour Market，and Intergenerational Mobility [J]. Economic Journal，2007，117（520）：782－812.

[250] Ann L. Mullen，Kimberly A. Goyette，Joseph A. Soares. Who Goesto Graduate School？ Social and AcademicCorrelates of Educational Continuation after College [J]. Sociology of Education，2003，76（2）：143－169.

[251] Anselin L. Spatial Econometrics：Methods and Models [M]. Dordrecht，

Netherlands: Kluwer Academic Publishers, 1988.

［252］Aydemir A, Chen W H, Corak M. Intergenerational Earnings Mobility Among the Children of Canadian Immigrants ［J］. Review of Economics and Statistics, 2009, 91 (2): 377 – 397.

［253］Becker G S, Tomes N. An Equilibrium Theory of the Distribution of Income and Intergenerational Mobility ［J］. Journal of Political Economy, 1979, 87 (6): 1153 – 1189.

［254］Bennedsen M. , Nielsen K. M. , Perez-Gonzalez F. , Wolfenzon D. Inside the Family Firm: The Role of Familiesin Succession Decisions and Performance ［J］. The Quarterly Journal of Economics, 2007, 122 (2): 647 – 691.

［255］Bird B. Implementing Entrepreneurial Ideas: The Case for Intention ［J］. Academy of management Review, 1988, 13 (3): 442 – 453.

［256］Blau P M. , Duncan O D. The American Occupational Structure ［M］. New York: John Wiley & Sons. Inc, 1967.

［257］Booij A S, Leuven E, Oosterbeek H. Ability Peer Effects in University: Evidence from a Randomized Experiment ［J］. The Review of Economic Studies, 2017, 84 (2): 547 – 578.

［258］Breen R, Jonsson J O. Explaining Change in Social Fluidity: Educational Equalization and Educational Expansion in Twentieth-Century Sweden ［J］. American Journal of Sociology, 2007, 112 (6): 1775 – 1810.

［259］Breen R, Luijkx R, Muller W, et al. Long-term trends in educational inequality in Europe: Class inequalities and gender differences ［J］. European Sociological Review, 2010, 26 (1): 31 – 48.

［260］Breen R, Luijkx R, Muller W, et al. Non-persistent Inequality in Educational Attainment: Evidence from Eight European Countries' ［J］. American Journal of Sociology, 2009, 114 (5): 1475 – 1521.

［261］Breen, Richard and John H. Goldthorpe. Explaining Educational Differentialstowards a Formal Rational Action Theory ［J］. Rationality and society, 1997, 9 (3): 275 – 305.

［262］Bruce S. Peer Effects with Random Assignment: Results for Dartmouth Roommates [J]. Quarterly Journal of Economics, 2001 (2): 681 – 704.

[263] Cellini S R, Turner N. Gainfully Employed? Assessing the Employment and Earnings of For-Profit College Students Using Administrative Data [J]. Journal of Human Resources, 2019, 54 (2): 342 – 370.

[264] Corak M, Piraino P. The Intergenerational Transmission of Employers [J]. Journal of Labor Economics, 2010, 29 (1): 37 – 68.

[265] Cornelissen T, Dustmann C, Schnberg U. Peer Effects in the Workplace [J]. Cesifo Working Paper, 2017, 107 (2): 425 – 456.

[266] Czarnecki, Krzysztof. Less Inequality Through Universal Access? Socioeconomic Background of Tertiary Entrants in Australia after the Expansion of University Participation [J]. Higher Education, 2018, 76 (1): 501 – 518.

[267] D. Schartinger, C. Rammer, M. M. Fischer, J. Frhlich. Knowledge Interactions Between Universities and Industry in Austria: Sectoral Patterns and Determinants [J]. Research Policy, 2002, 31 (3): 303 – 328.

[268] Dahl, Gordon B. , Katrine V. Loken, and Magne Mogstad. Peer Effects in Program Participation [J]. American Economic Review, 2014, 104 (7): 2049 – 74.

[269] Deng, Zhong and Donald J. Treiman. The Impact of the Cultural Revolution on Trends in Educational Attainment in the People's Republic of China [J]. American Journal of Sociology, 1997, 103 (2): 391 – 428.

[270] Duta A, An B, Iannelli C. Social Origins, Academic Strength of School Curriculum and Access to Selective Higher Education Institutions: Evidence from Scotland and the USA [J]. Higher Education, 2017, 75: 769 – 784.

[271] Faggian, A. , & McCann, P. Human Capital, Graduate Migration and Innovation in British Regions [J]. Cambridge Journal of Economics, 2008, 33 (2): 317 – 333.

[272] Faggian A, Mccann P, & Sheppard S. Human Capital, Higher Education and Graduate Migration: Analysis of Scottish and Welsh Students [J]. Urban Studies, 2007, 44 (13): 2511 – 2528.

[273] Felicia Ionescu, Linnea A. Polgreen. A Theory of Brain Drain and Public Funding for Higher Educationin the United States. American Economic Review: Papers

& Proceedings 2009, 99 (2): 517 −521.

[274] Ferreira F. H. G. , Gignoux J. The Measurement of Educational Inequality: Achievement and Opportunity [J]. The World Bank Economic Review, 2014, 28 (2): 210 −246.

[275] Fleurbaey M. , Schokkaert E. . Unfair Inequalities in Health and Health Care [J]. Journal of Health Economics, 2009, 28 (1): 73 −90.

[276] Flippen Chenoa. Relative Deprivation and Internal Migration in the United States: A Comparison of Black and White Men. [J]. American journal of sociology, 2013, 118 (5): 1161 −1198.

[277] Fort I, Pacaud C, Gilles P Y. Job Search Intention, Theory of Planned Behavior, Personality and Job Search Experience [J]. International Journal for Educational & Vocational Guidance, 2015, 15 (1): 1 −18.

[278] Ganzeboom Harry B G, Treiman D J, Ultee W C. Comparative Intergenerational Stratification Research: Generations and Beyond [J]. Annual Review of Sociology, 1991, 17 (1): 277 −302.

[279] Gong J, Lu Y, Song H. Gender Peer Effects on Students' Academic and Noncognitive Outcomes: Evidence and Mechanisms [J]. The Journal of Human Resources, 2019, 56 (3): 0918 −9736R.

[280] Gottlieb P D and Joseph G. College to Work Migration of Technology Graduates and Holders of Doctorates with in the United States [J]. Journal of Regional Science, 2006, 46 (4): 627 −659.

[281] Griffith A L, and K N Rask. Peer effects in Higher Education: A Look at Heterogeneous Impacts [J]. Economics of Education Review, 2014, 39 (C): 65 −77.

[282] Gu X, Hua S, Mckenzie T, et al. Like Father, Like Son? Parental Input, Access to Higher Education, and Social Mobility in China [J]. China Economic Review, 2022, 72 (9): 101761.

[283] Guest A M. et al. Intergenerational Occupational Mobility in the late 19th century United State [J]. Social Forces, 1989, 68 (2): 351 −378.

[284] Guryan J, Kroft K, Notowidigdo M J. Peer Effects in the Workplace: Evidence from Random Groupings in Professional Golf Tournaments [J]. NBER Working Papers,

2007, 1 (4): 34 - 68.

[285] Ha W, Yi J, Zhang J. Brain Drain, Brain Gain, and Economic Growth in China [J]. China Economic Review, 2016, 38 (C): 38322 - 337.

[286] Ha, Wei. Quasi-experimental Evidence of Academic Peer Effects at an Elite University in People's Republic of China [J]. Asia Pacific Education Review, 2016, 17 (4): 1 - 16.

[287] Hansen, Pelle Guldborg. The Definition of Nudge and Libertarian Paternalism: Does the Hand fit the Glove? [J]. European Journal of Risk Regulation, 2016, 7 (1), 155 - 174.

[288] Harris, J. R. The Nurture Assumption: Why Children Turn out the Way They Do [J]. Politics and the Life Sciences, 19 (1), 112 - 114.

[289] HEBERLE R. The Causes of Rural-urban Migration a Survey of German Theories [J]. American Journal of Sociology, 1938, 43 (6): 932 - 950

[290] Hensen MM, De VRIES MR, CO · RVERS F. The Role of Geographic-mobility in Reducing Education-job Mismatches in the Netherlands [J]. Papers in Regional Science, 2009, 88 (3): 667 - 682.

[291] J, Duncan Greg, Boisjoly Johanne, Kremer Michael, Levy Dan M, and Eccles Jacque. Peer Effects in Drug Use and Sex Among College Students [J]. Journal of abnormal child psychology, 2005, 33 (3): 375 - 85.

[292] Jason L, Joseph F. The Path to Convergence: Intergenerational Occupational Mobility in Britain and the US in Three Eras [J]. The Economic Journal, 2007, 117 (519): 61 - 71.

[293] Carrell S E, Fullerton R L, West J E. Does Your Cohort Matter? Measuring Peer Effects in College Achievement. NBER Working Paper No. 14032 [J]. Journal of Labor Economics, 2008, 27 (3): 439 - 464.

[294] Jenny C. Alleviating or Exacerbating Disadvantage: Does School Attended Mediate the Association Between Family Background and Educational Attainment? [J]. Journal of Education Policy, 2018: 1 - 20.

[295] Jeremy R. Magruder. Intergenerational Networks, Unemployment, and Persistent Inequality in South Africa [J]. American Economic Journal: Applied Economics,

2010, 2 (1): 62 – 85.

[296] Jesus M. Valencia. Migration and its Determinants: A Study of Two Communities in Colombia. [J]. Atlantic Economic Journal, 2008, 36 (2): 247 – 260.

[297] John E. Roemer, Equality of Opportunity [M]. Harvard University Press, 1998.

[298] Kodrzycki Y K. Migrationof Recent College Graduates: Evidence from the National Longitudinal Survey of Youth [J]. New England Economic Review, 2001, 15 (2): 13 – 34.

[299] Kramarz F, Skans O N. When Strong Ties are Strong: Networks and Youth Labour Market Entry [J]. Review of Economic Studies, 2014, 81 (3): 1164 – 1200.

[300] Krueger A B. Are Public Sector Workers Paid More Than Their Alternative Wage? Evidence from Longitudinal Data and Job Queues [M], University of Chicago Press, 1988: 217 – 242.

[301] Krueger, Norris F. The Cognitive Infrastructure of Opportunity Emergence [J]. Entrepreneurship Theory & Practice, 2000, 24 (3): 5 – 2.

[302] Lewis W. A.. Economic Development with Unlimited Supplies of Labor [J]. The Manchester School, 1954, 72 (5): 139 – 191.

[303] Li H, Meng L, Shi X, et al. Does Having a Cadre Parent Pay? Evidence from the First Job Offers of Chinese College Graduates [J]. Journal of Development Economics, 2012, 99 (2): 513 – 520.

[304] Linan F, Fayolle A. A Systematic Literature Review on Entrepreneurial Intentions: Citation, Thematic Analyses, and Research Agenda [J]. International Entrepreneurship and Management Journal, 2015, 11 (4): 907 – 933.

[305] Lipset S M, Zetterberg H. A Theory of Social Mobility in Transactions of the Third World Congress of Sociology [J]. London: International Sociological Association, 1956 (3): 155 – 177.

[306] Liu Y, Shen J, Xu W, & Wang, G. From School to University to Work: Migration of Highly Educated Youthsin China [J]. The Annals of Regional Science, 2017 (3): 651 – 676.

[307] Liu Z. Institution and Inequality: The Hukou System in China [J]. Jour-

nal of Comparative Economics, 2005. 33 (1): 133 – 57.

[308] Lu F, Anderson M. Peer Effects in Microenvironments: The Benefits of Homogeneous Classroom Groups [J]. Journal of Labor Economics, 2015, 33 (1): 91 – 122.

[309] Lucas R. On the Mechanics of Economic Development' [J]. Journal of Monetary Economics, 1988, 22 (1): 3 – 39.

[310] Luis, Fernando, Gamboa, et al. Inequality of Opportunity for Educational Achievement in Latin America: Evidence from PISA 2006 – 2009 [J]. Economics of Education Review, 2012, 31 (5): 694 – 708.

[311] Maczulskij T. Employment Sector and Pay Gaps: Genetic and Environmental Influences [J]. Labour Economics, 2013, 23: 89 – 96.

[312] Manski C F. Identification of Endogenous Social Effects: The Reflection Problem [J]. The Review of Economic Studies, 1993, 60 (3): 531 – 542.

[313] McEwan, Patrick J. , and Kristen A. Soderberg. Roommate Effects on Grades: Evidence from First-Year Housing Assignments [J]. Research in Higher Education, 2006, 47 (3): 347 – 370.

[314] Michel Beine, Frédéric Docquier, Hillel Rapoport. Braindrain and economic growth: theory and evidence [J]. Journal of Development Economics, 2001, 64 (1): 275 – 289.

[315] Mouw, T. , Social Capital and Finding a Job: Do Contacts Matter?, American Sociological Review [J], 2003, 68 (6): 868 – 898.

[316] Navarro L, Selman J. Wage Differentials between the Public and Private Sectors in Chile: Evidence from Longitudinal Data [J]. CEPAL Review, 2014, (112): 89 – 106.

[317] Nondli H M. Social and Economic Inequality in the Educational Career: Do the Effects of Social Background Characteristics Decline? [J]. European Sociological Review, 1997 (3): 305 – 321.

[318] Oded Stark, Maja Micevska, Jerzy Mycielski. Relative Poverty as a Determinant of Migration: Evidence from Poland [J]. Economics Letters, 2009, 103 (3): 119 – 122.

［319］ Permani R. The Role of Education in Economic Growth in East Asia: a survey ［J］. Asian-Pacific Economic Literature, 2009, 23 (1): 1－20.

［320］ Pfeifer C. Risk Aversion and Sorting into Public Sector Employment ［J］. German Economic Review, 2011, 12 (1): 85－99.

［321］ Roemer J. E.. Equality of Opportunity ［M］. Cambridge: Harvard University Press, 1998.

［322］ Rowntree B S. Poverty: A Study of Town Life ［M］. Macmillan, 1902.

［323］ Ruiz A C. The Impact of Education on Intergenerational Occupational Mobility in Spain ［J］. Journal of Vocational Behavior, 2016: 94－104.

［324］ Sacerdote B. Peer Effects in Education: How Might They Work, How Big Are They and How Much Do We Know Thus Far? ［J］. Handbook of the Economics of Education, 2011, 3 (4): 249－277.

［325］ Sacerdote M B. How Do Friendships Form? ［J］. The Quarterly Journal of Economics, 2006, 121 (1): 79－119.

［326］ Salami S O. Influence of Culture, Family and Individual Differences on Choice of Gender-dominated Occupations among Female Students in Tertiary Institutions ［J］. Gender and Behaviour, 2007, 4: 814－833.

［327］ Schultz T. Investment in Human Capital ［J］. The American Economic Review, 1961 (1): 1－17.

［328］ Simpson W. Urban Structure and the Labour Market: Worker Mobility, Commuting and Underemployment in Cities ［M］. Oxford: Clarendon Press, 1992.

［329］ Smith E, White P. Where Do All the STEM Graduates Go? Higher Education, the Labour Market and Career Trajectories in the UK ［J］. Journal of Science Education & Technology, 2019, 28 (1): 1－15.

［330］ Todaro M P. A Model of Labor Migration and Urban Unemployment in Less Development Countries ［J］. American Economic Review, 1969, 59 (1): 138－148.

［331］ Tony van Ravenstein. The Three Gap Theorem (Steinhaus Conjecture) ［J］. Journal of the Australian Mathematical Society, 1988, 45 (3): 360－370.

［332］ Tversky K A. Prospect Theory: An Analysis of Decision under Risk ［J］. Econometrica, 1979, 47 (2): 263－291.

［333］ Vroom V. H. Work and Motivation ［M］. New York：Wiley，1964.

［334］ Wei Ha，Junjian YI，Junsen Zhang. Brain Drain，BrainGain，and Economic Growth in China ［J］. China Economic Review，2016（38）：322 – 337.

［335］ Wilson J D. Optimal Income Taxation and International Personal Mobility ［J］. The American Economic Review，1992，82（2）：191 – 196.

［336］ Wright R，Ellis M. Where Science，Technology，Engineering，and Mathematics（STEM）Graduates Move：Human Capital，Employment Patterns，and Interstate migration in the United States ［J］. Population Space and Place，2018，25（4）：e2224.

［337］ Wu Q，Edensor T，Cheng J. Beyond Space：Spatial（Re）Production and Middle-Class Remaking Driven by Jiaoyufication in Nanjing City，China ［J］. International Journal Of Urban And Regional Research，2018，42（1）：1 – 19.

［338］ Yui Suzuki，Yukari Suzuki. Interprovincial Migration and Human Capital Formation in China ［J］. Asian Economic Journal，2016，30（2）：171 – 195.

［339］ Zainal N Z，Hairuddin H，Kassim E. Psychological Determinants of Job Search Intention Among Fresh Graduates for the Supply of Labour Force in the Digital Era ［J］. Asia Proceedings of Social Sciences，2020，6（3）：204 – 210.

［340］ Zhonglu Li，Zeqi Qiu. How does Family Background Affect Children's Educational Achievement? Evidence from Contemporary China ［J］. The Journal of Chinese Sociology，2018，5（1）：1 – 21.

［341］ Zhou，Xueguang，Phyllis Moen and Nancy Brandon Tuma. Educational Stratification in Urban China：1949 – 1994 ［J］. Sociology of Educatian，1998，71（3）：199 – 222.